中州古代医家评传

王安邦　著

河南科学技术出版社
·郑州·

图书在版编目（CIP）数据

中州古代医家评传/王安邦著. —郑州：河南科学技术出版社，2019.8
ISBN 978-7-5349-9512-5

Ⅰ. ①中…　Ⅱ. ①王…　Ⅲ. ①中医学-医学家-评传-河南-古代　Ⅳ. ①K826.2

中国版本图书馆CIP数据核字（2019）第076478号

出版发行：河南科学技术出版社
地址：郑州市郑东新区祥盛街27号　邮编：450016
电话：（0371）65788613　65788629
网址：www.hnstp.cn

策划编辑：马艳茹
责任编辑：邓　为
责任校对：董静云
封面设计：张　伟
责任印制：朱　飞
印　　刷：郑州环发印务有限公司
经　　销：全国新华书店
开　　本：787 mm × 1092 mm　1/16　印张：18.75　字数：260千字
版　　次：2019年8月第1版　2019年8月第1次印刷
定　　价：58.00元

前　言

河南省，向有中州之称。这里水土丰衍，杏林葱郁，医史上有许多名震华夏、声扬海外的医学家，如医中之圣张仲景，攻下宗师张从正，医学泰斗滑寿，临证学家范汪，伤寒学家郭雍，温病学家杨栗山，食疗专家孟诜，药物学家吴其濬，等等，他们为祖国医药学的发展做出了重大贡献，功垂万古。据初步考证，载于史册的中州名医有一千余位，其医学著作有五六百部。这是河南人民的骄傲，是河南人民珍贵的精神财富。

中医界历来重视对医家及其著作的研究，且成为推动医学进步的一个重要手段。尤其是千余年来对张仲景及其学说的研究，更具代表性，可以说代代硕果累累，世世成效斐然，同时，对中州其他医家的研究也取得了可喜的成就。然而，在此之前，还没有人将中州医家比较系统地综合性地进行研究。这不能不是河南中医界的一大缺憾。同时，为了更好地继承、发扬祖国医学遗产，振兴河南中医事业，也必须对中州古代医家做更全面的研究。基于上述认识，我编著了《中州古代医家评传》。

为写好这部书，我学习和研究了东汉·张仲景的《伤寒杂病论》；晋·范汪的《范东阳杂药方》；南朝·褚澄的《褚氏遗书》；唐·甄权的《药性论》，孟诜的《食疗本草》，刘禹锡的《传信方》；五代·和凝的《疑狱集》；宋·王怀隐等的《太平圣惠方》，郭雍的《伤寒补亡论》，阎孝忠的《阎氏小儿方论》，王贶的《全生指迷方》，张锐的《鸡峰普济方》，程迥的《医经正本书》，郑克的《折狱龟鉴》，继洪的《岭南卫生方》《澹寮集验秘方》，张从正的《儒门事亲》；金·宋云公的《伤寒类证》，郑春敷的《女科济阴要语万金方》；元·倪维德的《原机启微》，滑寿的《十四经发挥》《读素问钞》《诊家枢要》《难经本义》；明·兰茂的《滇南本草》，寇平的《全幼心鉴》，李濂的《医史》，刘全备的《注解病机赋》《注解药性赋》，李中立的《本草原始》，高我冈的《痘疹真传奇书》，张昶的《百病问对辨疑》，乔采的《幼幼心裁》；清·景日昣的《嵩崖尊生全书》，刘璞的《医学集要》，袁句的《天花精言》，李守先的《针灸易学》，杨璇的《伤寒瘟疫条辨》，吕田的《瘟疫条辨摘要》，吴其濬的《植物名实图考》，刘鸿恩的《医门八法》，王燕昌的《王氏医存》，龙子章的《蠢子医》等。此外，又参考了历代有关文献，特别是吸收了当今学者的有关研究成果。

本书的内容主要是对以上三十八位医学家的生平事迹、治学精神、著作内容、学术成就及临证经验等，做较全面的、简明扼要的介绍和评论；其次是对中州古代一千零七十余位名医，列《中州医林人物一览表》，介绍其姓名、字号、生活时代、职官、里居、著述及技术专长等。

《中州古代医家评传》，由中州古籍出版社于1991年3月出版。现在应中医发展之需，由河南科学技术出版社二次出版。

在本书二次出版之际，我感谢郑玉玲教授对本书再版的支持。感谢当年赵清理先生帮助审稿和周振来先生的支持。感谢当年国家图书馆、北京中医研究院图书馆、河南省图书馆、河南省档案馆、河南中医药大学图书馆和河南省中医药研究院图书馆给予的方便。

由于我水平所限，文献涉猎又多有遗漏，所以本书的缺点和错误之处在所难免，热诚希望读者、专家斧正。

王安邦

2018年9月12日

于河南中医药大学

目　录

张仲景…… 001
范汪…… 006
褚澄…… 011
甄权…… 016
孟诜…… 021
刘禹锡…… 024
和凝…… 028
王怀隐…… 032
郭雍…… 035
阎孝忠…… 039
王贶…… 042
张锐…… 048
宋云公…… 053
郑春敷…… 056
程迥…… 063
郑克…… 070
张从正…… 073
继洪…… 081
倪维德…… 085
滑寿…… 091
兰茂…… 099
寇平…… 105
李濂…… 110
刘全备…… 116
李中立…… 126
高我冈…… 131

张昶……136
乔采……141
景日昣……145
刘璞……153
袁句……159
李守先……164
杨璇……168
吕田……177
吴其濬……182
刘鸿恩……188
王燕昌……196
龙子章……201
附：中州医林人物一览表……206
参考目录……287

张仲景

张仲景，名机，南郡涅阳（今河南省邓州市）人，约150—219年（东汉和平一年至建安二十四年），据传当过长沙太守，故有张长沙之称（《名医录》），是我国古代一位最伟大的医学家。

张仲景在少年时期就聪敏、稳重、善思、好学，时人何颙赞扬他“用思精而韵不高”（《何颙别传》）。他爱读司马迁的《史记·扁鹊列传》，颇受启发。他“每览越人入虢之诊，望齐侯之色，未尝不慨然叹其才秀”，仰慕扁鹊“起死回生”的神奇医术。于是立志终身致力于发展祖国医学事业。他“学医于同郡张伯祖”。“青出于蓝而胜于蓝”，很快“仲景之术精于伯祖”（《襄阳府志》）。而后，他又把医术传给了他的学生卫汎和杜度。他从事医疗活动的地方除涅阳外，还有洛阳、许昌、襄阳、修武等地。

张仲景生活在东汉末年，当时社会经济遭到严重破坏，政治极端黑暗，农民起义此起彼伏，军阀混战绵绵不断。“大兵之后，必有凶年”。建安年间瘟疫大流行，人民死亡惨重，“家家有僵尸之痛，室室有号泣之哀；或合门而殪，或覆族而丧”（《曹集诠评·说疫气》），真是“千里无鸡鸣”，“白骨蔽原野”！张仲景的家族也未能幸免。故《伤寒论》自序中说：“余宗族素多，向余二百，建安纪年以来，犹未十稔，其死亡者，三分之二，伤寒十居其七。”在这种情况下，他“感往昔之沦丧，伤横夭之莫救，乃勤求古训，博采众方，撰用《素问》《九卷》《八十一难》《阴阳大论》《胎胪药录》，并平脉辨证，为《伤寒杂病论》合十六卷。”

张仲景淡于利禄，厌恶官场角逐。《伤寒论》“自序”中说：“怪当今居世之士，曾不留神医药，精究方术。……但兢逐荣势，企踵权豪，孜孜汲汲，惟名利是务；崇饰其末，忽弃其本，华其外而悴其内。”指出这些人“进不能爱人知人，退不能爱身知己，遇灾值祸，身居厄地；蒙蒙昧昧，蠢若游魂”。

张仲景主张医学要不断进步，医生对患者要热情负责。《伤寒论》“自序”中说：“观今之医，不念思求经旨，以演其所知；各承家技，始终顺旧。省疾问病，务在口给，相对斯须，便处汤药。按寸不及尺，握手不及足；人迎、趺阳、三部不参；动数发息，不满五十。短期未知决诊，九候曾无仿佛；明堂阙庭，尽不见察，所谓窥管而已。夫欲视死别生，实为难矣！”张仲景同庸医截然相反。相传，即使他做了长沙太守，也时刻不忘救治人民的疾苦。在封建时代，做官的不能入民宅，又不能随便接近老百姓。这怎么办呢？他想出一个办法，择定每月初一和十五两天，大开衙门，不问政事，让有病的群众进来。他堂堂正正地坐在大堂上，挨个仔细给群众治病。时间久了，形成惯例。每逢初一、十五的日子，他的衙门前就聚集了许多来自各方的病人等候看病。为纪念张仲景，后来人们就把医生坐在药铺里给病人看病，通称“坐堂”，那医生就叫“坐堂医生”。（《名医治学录》）

东汉时期，巫神、巫医盛行，张仲景同他们进行了坚决的斗争。认为疾疫流行是有物质因素和一定社会原因的，与鬼神无关。并认为疾病是能够认识的，“可以见病知源”，战而胜之。他激烈地抨击那些无视医药、迷信鬼神的儒生们，生了病只知“降志屈节”，拜倒在巫婆脚下，束手等死的愚蠢行为和可怜相。民间流传着一些张仲景同巫医做斗争的故事，有一个妇女患了精神病，疯狂得老是见神见鬼，请张仲景诊治。张仲景仔细地调查了她的生活，观察了她的病态，笑着说：“这不是鬼神作怪，这只是病；有些巫婆在装神作鬼，倒是活鬼，他们在害人。”他研究了治疗方法，便给患者扎金针，患者的病就慢慢地好了，见鬼见神的样子也无形消失。

张仲景的医疗技术是异常高明的。晋代医学家皇甫谧在其《甲乙经》序中，记述了张仲景运用精湛的望诊，指出青年文学家王灿患有麻风病。序中说：“仲景见侍中王仲宣，时年二十余，谓曰：‘君有病，四十当眉落，眉落半年而死。’令服五石汤可免。仲宣嫌其言忤，受汤勿服。居三日，见仲宣，谓曰：‘服汤否？’曰：‘已服。’仲景曰：‘色候固非服汤之诊。君何轻命也！’仲宣犹不言。后二十年果眉落，后一百八十七日而死，终如其言。”皇甫谧为此赞叹道：“虽扁鹊、仓公无以加也！”

张仲景善于学习，“博采众方”。除了深研各种医学典籍外，还尽力采集民间验方。青年时代就相当有名气了，但当他听到襄阳同济药堂有个名医“王神仙”有治疗瘩背疮的经验时，他就立即带着行李跋涉几百里拜“王神仙”为师。对王神仙在药性、医道各方面的独到之处，他都一一牢记，仔细琢磨研究。救治自谥者的人工呼吸法等便是从老乡们那里学到的。“青龙汤”“真武汤”“白虎汤”等据说也是从道士那里采集的。

《伤寒杂病论》成书于公元205年（一说219年）包括“伤寒论”二十二篇和“杂病论”二十五篇两部分。“伤寒论”专论外感；“杂病论”专论内伤杂病。成书之后，由于当时还没有印刷工具，仅能辗转传抄，所以流传不广，且有散佚和窜乱。后经晋代王叔和把“伤寒论”部分整理编次，到宋代林亿做了校正，并由政府刊行。从此，《伤寒论》才广泛地流传于后世。《伤寒论》通行本，目前仅有两种：一是成无己的《注解伤寒论》；一是林亿校宋版的《伤寒论》。宋本原刻，国内早已不见，只有明朝赵开美的复开本。成本和赵本比较起来，赵本为佳。

北宋初年，翰林学士王洙在翰林院所存的残旧书籍（所谓“蠹”）中得到《金匮玉函要略方》，这是《伤寒杂病论》的节略本，共分三卷，上卷论伤寒，中卷论杂病，下卷载方剂及妇科理论。林亿等人在校订此书时，鉴于《伤寒论》已有传本，便将上卷删去，而将中、下两卷重新加以整理编次，并将后世各家所引仲景治杂病方附于后，编成《金匮要略方论》，这就是后世通行的《金匮要略》。目前流传的本子亦是明·赵开美的复开本。

张仲景还著有《辨伤寒》《评病要方》《黄素药方》《疗伤寒身验方》《疗妇人方》二卷、《五脏荣卫论》一卷、《口齿论》一卷、《脉经》一卷、《张仲景方》十五卷等书，可惜都已失传。

张仲景在医学上成就是巨大和多方面的。他以古代辩证法为指导，确立了祖国医学的辨证施治原则。这是他一生中最伟大的贡献。在他的整个著作里，自始至终贯穿着这一大法，至今辨证施治仍是中医的核心部分、临证医学之准绳。

张仲景在《伤寒论》中，对临床出现的各种证候，运用古代辩证法思想，加以分析、认识，从疾病错综复杂、变化多端的过程中，找出它的属性（阴阳）、部位（表里）、邪正消长（虚实）和病态表现（寒热），归纳为八个纲领，作为辨识疾病的大纲。在这八纲之中，又以阴阳为纲中之纲，亦称之为总纲。用阴阳这个总纲，去认识疾病发展过程中各个阶段的普遍规律。同时，仲景又用三阳（即太阳、阳明、少阳）和三阴（即太阴、少阴、厥阴）来归纳疾病所呈现的不同类型，并依它的发展规律加以整理，分为六个较大的证候群，即所谓“六经”。掌握了“六经”辨证，就能较全面地把握疾病发展变化的普遍规律。

在临床实践中，他认识到，以上用六经归纳的每一经证候群，并不能包括每一阶段的全部症状和特殊变化情况，于是他又把那些具有一经的主要症状，同时又杂以他经症状的病，和两三经证候同时并见的情况，称之为“合病”或“并病”。把那些证候顺着六经次序演变的，称为“传经”，不依六经次序演变的，叫作“越经”，从而进一步总结出疾病每一发展阶段的特殊规律。掌握疾病发展的普遍规律和特殊规律，对疾病做出正确诊断，这就是“辨证”。

“论治”，就是在辨证的基础上进行治疗。可概括为消除病邪（驱邪）和恢复抗病能力（扶正）两个方面。三阳病以消除病邪为主，三阴病则以恢复机体抗病能力为其基本治疗原则。仲景的“论治”原则有其严格的规律性，又有相当大的灵活性。当病情不断变化，证候混同出现时，主张权衡病变的表里先后和轻重缓急，随证施治。而且根据疾病的属性，相应地制定出汗、吐、下、温、清、补、消、和等八种治疗方法。从而使辨证施治的特有体系更加系统、更加完备，更切合于临床实际。

《金匮要略》是以整体观念为指导思想，以脏腑经络学说为理论依据，认为疾病证候的产生，都是整体功能失调，即脏腑经络病理变化的反应。从这一基本观点出发，提出了根据脏腑经络病机结合八纲进行病与证相结合的辨证方法。《脏腑经络先后病篇》充分体现出这一点。例如：在病因、发病和病理传变方面，以脏腑经络为内外，提出了“千般疢难，不越三条”的病因分类；从整体观念出发，根据正与邪，人体内脏腑间的相互关系，提出了“若五脏元真通畅，人即安和”，以及“见肝之病，知肝传脾”等有关发病和病理传变的理论。在诊断方面，通过四诊的举例，结合八纲，把疾病的种种临床表现，都具体地落实到脏腑经络的病变上，示范性地运用了病与证相结合的辨证方法。这一方法贯穿全书各篇，在他所述的四十多种疾病中得到了体现。

张仲景在方剂学上做出了卓越贡献。医方配伍的理论与辨证施治原则的形成和发展是密切相关的。《内经》之前的《五十二病方》和西汉初年的《治百病方》，虽几乎全是复方，但医方配伍还缺乏系统理论。张仲景《伤寒杂病论》问世，辨证施治的原则确立以后，才有了系统的医方配伍理论。《伤寒论》载方113首，《金匮要略》载方262首，其中使用药物达214种之多，制方法度谨严，简练精当，疗效显著。如治胆道蛔虫的乌梅丸，治热性便秘的承气汤，治乙脑（热性病）高热的白虎汤，治虚弱性消化不良的理中汤，治肠痈的大黄牡丹皮汤，治温疟的白虎加桂枝汤，治寒疟的蜀漆散，治痢疾的白头翁汤，治急性肾炎初期浮肿的越婢汤，治黄疸的茵陈蒿汤、消石矾石散、栀子大黄汤，用于心律不齐的炙甘草汤，用于冠心病心绞痛的栝楼薤白白酒汤、栝楼薤白半下汤，等等，都是历代医家公认的。

《伤寒杂病论》所记剂型种类，也大大超过前人，如汤剂、丸剂、散剂、酒剂、洗剂、浴剂、熏剂、滴耳剂、灌鼻剂、吹鼻剂、软膏剂、肛门栓剂、灌肠剂、阴道栓剂等。对汤剂的煮法、服法和丸剂等剂型的制法也都有详细记载。因此，对仲景在方剂学方面的贡献，历来医家都给予极高的评价，如晋代皇甫谧说："仲景垂妙于定方。"（《晋书本传·释劝篇》）南北朝时陶弘景说："惟仲景一部，最为众方之祖。"清代喻嘉言说他是"众法之宗，群方之祖"。

张仲景对预防医学也有精辟的论述。《金匮要略》里开宗明义第一条第一句就写道：师曰："上工治未病"，并阐明治未病的道理。从而提出："若人能养慎，不令邪风干忤经络。"

张仲景的著作中有许多可贵的医疗经验，如高烧和极度衰弱的病人禁用下法；抢救吊死病人，用人工呼吸；对昏晕病人，施行刺激疗法；对于一些疾病，提出了禁忌，并呼吁人们不要食用腐败变质的食物等，这些都是有科学价值的。

自仲景《伤寒论》问世以后，历代医家研究、注释、整理、发挥者约有八百家之多，注释《金匮要略》者也近二百家，形成了所谓伤寒学派和经方派，他们对于继承发扬仲景学说起了一定作用。

仲景及其著作对世界一些国家，特别是日本、朝鲜、越南和蒙古的医学的发展，产生过一定的作用。

总之，张仲景全面继承了古代医学的理论知识，并通过自己的临床实践，系统地总结和发展了东汉以前我国医学的成就，尤其是他确立了辨证施治原则，《伤寒杂病论》成为一部理、法、方、药俱备的理论联系实际的最优秀、最出色的医学经典，它过去、现在一直指导着中医临床，今后在我国医学的发展长河中仍会产生极其深远的影响，"如日月之光华，旦而复旦，万古常明"（《中国医籍考》）。

范　汪

范汪，字玄平，晋代颍阳（今河南许昌）人，因曾任东阳太守，故又称范东阳。

《晋书·本传》记载，范汪乃“雍州刺史晷之孙也，父稚早卒，汪少孤贫，六岁过江，依外家新野庾氏。荆州刺史王澄见而奇之曰：‘兴范族者必是子也。’年十三丧母，……及长好学。外氏家贫，无以资给，汪乃庐于园中，布衣蔬食，燃薪写书，毕，诵读亦遍，遂博学通，善谈名理”。二十岁左右，范汪步入“仕途”，曾任参军、长史、中书侍郎和太守等职，曾晋爵都乡侯、亭侯等。任东阳太守期间，“在郡大兴学校，甚有惠政”。后因同朝臣桓温不和，被免为“庶人”，“汪屏居吴郡，从容讲肆”。“年六十五卒于家，赠散骑常侍，谥曰‘穆’。”

《古今医统》称范汪“性仁爱，善医术，尝以诊恤为事，凡有疾，不以贵贱皆治之，所治十愈八九，撰方书百余卷”。

范汪的主要著作是《范东阳杂药方》，又称《范汪方》，或《杂药方》。该书名字可能始录于《隋书·经籍三》，谓“《范东阳方》一百五十卷”。《新唐志三》载有“《范东阳杂药方》一百七十卷”。该书早佚，其内容散见于后代一些医著中。任应秋教授编著《中医各家学说》讲义，列举引用《范汪方》者有《外台秘要》《医心方》《证类本草》，它们分别引了八十三条、一百五十一条、五条。就笔者所知，目前全国仅有《范汪方》一册，且系手抄本。此本为何人于何时辑录，因辑录者既未写序，又未署名，亦未落时间，故一时难以定论，犹待专家考证。但有一点可以肯定，即“手抄本”只是原《范汪方》整个内容的一小部分，这个手抄本现幸藏于“北京中医研究院图书馆”。

《范汪方》是继3世纪葛洪《玉函方》之后的又一医方巨著，其学术思想和贡献如下。

第一、该书所载疾病及治法非常广泛

书中载有各科疾病，其中，内科病包括：风病、哮喘、吐血、九窍出血、腹疼、腰疼、脱肛等三十余种。

外科病包括：疮瘢、阴疮、手皲裂、痈肿、发背、血瘤、恶疮、金创等二十余种。

妇科病包括：乳痈、乳疮、阴疮等。

儿科病包括：头疮、疮疡、牙齿出血、卒死、丹疮等。

五官科病包括：饲面、疣目、耳聋、鼻中息肉、口舌生疮、龋齿等近二十种。

此外，还记载了有关整容等内容。

有些病还包括多种证型，除风病、水肿分为许多类型外，如痢疾就分为杂痢、冷痢、白滞痢、脓血痢、休息痢、重下、利后不食、利后逆满、利后谷道痛等；疟疾又分为鬼疟、痰实疟、连年疟等。

所采取的治疗方法也是多种多样的，如服药、灸法、熏蒸、热熨、洗浴、涂抹、栓塞、点眼、含漱、烧烙等。有时对一种病采取数种疗法。如治风舌强不语方就用了三个方法：（1）豉煮汁渐服，一日可数十过，不顿多；（2）新好桂先去皮捣、下筛，以指撮者，舌下咽之；（3）灸廉泉穴在颊下结喉上舌本。有时一种病采用多方。治乳痈就介绍了四个方子：（1）大黄治筛和生鸡子敷肿上，燥复更敷，不过三愈；（2）灶中黄土以鸡子黄和涂之；（3）□火粉水和敷之；（4）大黄、鹿角二物等分烧，鹿角与大黄筛，以鸡子白和敷之。

可见《范汪方》的内容是相当丰富的，可以推测原书百余卷所载疾病种类、治疗方法应该是包罗万象、应有尽有了，可谓一部名副其实的《杂药方》。

第二、范汪所用方药既简且验

据统计，“手抄本”载有二百多首方剂，其中单味药几乎占三分之一，三味药以下的约占百分之六十，六味药以下者约占百分之八十，七味药的有六首，八、九、十、十二味药者各有三首，十一味药者一首，十五味药者二首，药味最多的处方是十六味，但仅有一首。

对许多疾病的治疗所用的方法很简便，如治阴疮方：芜菁一把，切，水煮令熟，食之。治蛲虫方：楝实淳苦酒中再宿，以绵裹之，塞谷道中令入二寸，日愈。治小便血方：乌芋根五升，捣取汁，服一升。至于灸法那就更简便了。

对有些病的治疗根本不用药物，而是用所谓“单方”。如治霍乱转筋方：鼠壤土和涂其上。治龋齿方：齿有孔，取细铁，大小如孔中也，曲铁头火烧，令热以内（纳）孔中，不过四五便，疼止。

用药不仅简单，而且一般效果良好。可称之为验方者有：治休息痢方：酸石榴皮捣取汁服之；治淋用滑石散：葵子、滑石、通草；治大便下血方：干地黄、阿胶，水煎服；治烧伤方：食蜜、乌贼骨，外涂；治卒心腹痛用张仲景的三物备急丸，等等。

第三、首次提出“十水”及其治法

关于水肿，该书记载：“治十水肿丸方：第一之水，先从面目肿遍一身，名曰青水，其根在肝，大戟主之。第二之水，先从心肿，名曰赤水，其根在心，葶苈子主之。第三之水，先从腹肿，名曰黄水，其根在脾，甘遂主之。第四之水，先从脚肿，名曰白水，其根在肺，藁本主之。第五之水，先从足趺肿，名曰黑水，其根在肾，连翘主之。第六之水，先从面肿至足，名曰玄水，其根在胆，芫花主之。第七之水，先从四肢起肿满大身尽肿，名曰风水，其根在胃，泽漆主之。第八之水，四肢水，其腹肿独大，名曰石水，其根在膀胱，桑根白皮主之。第九之水，从肠满，名曰果水，其根在小肠，巴豆主之。第十之水，乍盛乍虚，乍来乍去，名曰气水，其根在大肠，赤小豆主之。”

范汪对水肿的这种认识和分类方法，即把水肿病的主要发病、证候，逐一落实于脏或腑，是比较合理的，而且对每类水肿所给主药准确性较大。

诚然，水肿早在《黄帝内经》里已有论述，且有分类。《灵枢·邪气脏腑病形篇》载有“石水”，《素问·水热穴论篇》载有“风水”，《素问·气厥论篇》载有“涌水”。但是，把各种水肿的病因、病变集中地加以论述者，见于《金匮要略》。《金匮要略·水气篇》就对本证做了详述，从病因脉证而分为风水、皮水、正水、石水；又按五脏证候而分为心水、肝水、肺水、脾水、肾水。《金匮要略·水气篇》说：“风水其脉自浮，外证骨节疼痛，恶风；皮水其脉亦浮，按之没指，不恶风，其腹如鼓，不渴，当发其汗；正水其脉沉迟，外证自喘；石水其脉自沉，外证腹满不喘，黄汗其脉沉迟，身发热，胸满，四肢头面肿，久不愈，必致痈脓。”祖国疾病史上所谓“五水”的说法即源于此。可以看出，范汪关于水肿的论述，是以《黄帝内经》《金匮要略》的有关理论为依据的，然后，结合自己的临床实践，或收集当时医学界的新经验，总结出了“十水”及其治则。

第四、发展了前人对风病的认识

《范汪方》在“治一切风病方”中倡言“治风有十品”。“一曰：入头，头重、耳塞、鼻衄、目视茫茫。”即风气侵入头部，则头面诸窍不通。“二曰：入胞，肤皮隐疹、发痒、生疮。”即风邪侵袭皮肤、肌肉，络脉受阻，而致血行不畅，出现隐疹发痒，长之生疮。“三曰：入筋，筋急缩痛。”即风淫于筋，筋脉不利，收缩弛张受阻而挛急疼痛。“四曰：入脉，脉动上下无常。”即脉为血液流动的渠道，若为风所扰，则血行不畅，血液流动周身则失其所常。“五曰：入骨，齿摇、胫疼酸不能久立。”即风淫于骨，多是由肝肾不足，髓海空虚而致骨弱，风邪乘虚而侵袭。“六曰：入心，憔悴憘怒、自悲自喜。”即风淫于心，心气逆乱，血脉受损，神明失常，故悲喜憘怒无常。“七曰：入肺，令人咳逆、短气、昼倦、夜剧。”即风淫于肺，肺气不畅，肃降受阻，治节不行，故咳逆短气，白天尚可倦卧，夜间阴寒较盛，影响肺气宣散，故加剧。“八曰：入肝，头眩、目视不明。”即肝开窍于目，风淫于肝，肝血不能正常上注于目，目失所养，故视物不清。“九曰：入脾，令人肠鸣、舌上疮，两胁下心满坚闭不利。”即风淫于脾，脾气不畅，运化失常，则肠鸣而心胁之气机不行，中焦生化减弱，血液来源不足，致使心苗阴血不充，阳亢郁热成毒而生疮。“十曰：入肾，令人耳中雷鸣，鸣止则脓，脓出，治之防风丸方。”即风淫于肾，肾开窍于耳，风邪善行，故耳鸣。风又为阳邪，阳气受阻，郁而化热，血肉腐败，则为脓液。

以上《范汪方》所论中风，是承袭《黄帝内经》之意而加以阐发的，是从广义角度上去认识风病的，与《伤寒论》所述之中风，名同而质异。它把许多风病都囊括进来，这又是其对风病认识的一大特点。

第五、柴胡汤的运用和痰饮病的治法

《范汪方》对张仲景所说的少阳、阳明、太阳诸经病症都有发挥，最突出的是对小柴胡汤、大柴胡汤的具体运用和对痰饮病的治疗。

关于小柴胡汤，《伤寒论》中固然规定了加减变化，但对“伤寒四五日，身热恶风，颈项强，胁下满，手足温而渴者”，只提到“小柴胡汤主之”。而《范汪方》对此条，一方面袭用其方名，一方面把原方柴胡、黄芩、人参、半夏、甘草、生姜、大枣，改为柴胡、瓜蒌、桂心、牡蛎、黄芩、干姜、炙甘草。这样既继承了张仲景用药的法度，又因证制方，针对性更强。

关于大柴胡汤，本方是小柴胡汤去人参、甘草，加枳实、芍药、大黄，主治少阳病兼阳明里实证者。《范汪方》在治疗“伤寒七八日不解，默默烦闷，腹中干粪，谵语”时，也是袭用“大柴胡”的名字，而实际方药组成为：知母、芍药、大黄、葳蕤、黄芩、炙甘草、柴胡、人参、枳实、生姜，即原方去大枣，加知母、葳蕤，这样既增强了荡涤肠胃热邪的力量，又避免了热邪伤阴之遗患。

关于痰饮病的治疗，《金匮要略·痰饮咳嗽病脉证并治》中说：“病痰饮者，当以温药和之。”但只规定其治法，而未遣方用药。《范汪方》引了上段经文之后，又接着说：“疗心腹虚冷、痰气上、胸胁满、不食、呕逆、胸中冷，半夏汤方：半夏、生姜、橘皮。”这就补充了《金匮要略》的方子。半夏汤是行之有效的方剂，也可用于痰饮病的兼症。

综上所述，范汪是晋代著名的医学家。《范汪方》是一部在前人成就的基础上，搜罗广博，用药简且验的方书，对祖国医学的发展产生了一定影响。但是，由于历史条件的限制，书中也有迷信的东西，如在“治鬼疟方”中说：“平旦发者市死鬼……食时发者缢死鬼……日中发者溺死鬼。”则是应该批判的。

褚　澄

褚澄，字彦道，阳翟（今河南省禹州市）人，出生时间不详，卒于南朝萧齐永明元年（483年）。其祖父褚秀之，父亲褚湛之及本人均系大官僚。其生母为宋武帝第五女吴郡公主。褚澄娶宋文帝刘义隆女庐江公主，拜驸马都尉。齐高帝建元（479—482年）中，出任吴郡（今江苏省苏州市）太守，后迁左户尚书，再后任侍中、领右军将军。历官清显，以勤谨见知。其女为东昏褚皇后。褚澄死后追赠金紫光禄大夫。

澄善医术，精于望诊和切诊。《南史·本传》记载：为吴郡太守时，百姓李道念以公事到郡，澄见谓曰："汝有重疾。"答曰："旧有冷疾，至今五年，众医不差。"澄为诊脉，谓曰："汝病非冷非热，当是食白瀹鸡子过多所致。"令取蒜一升煮之。始一服，乃吐出一物，如升，涎裹之动，开看是鸡雏，羽翅爪距具足，能行走。澄曰："此未尽。"更服所余药，又吐得如向者鸡十三头，而病都差，当时称妙。豫章王子尚（字孝师，孝武第二子）感病，高帝（齐高帝萧道成）召澄为疗，立愈。前案谓吐鸡雏，且"羽翅爪距具足，能行走"，实属荒诞不经，但此事能流传于世，并载于史书，亦从侧面说明褚澄"望""切"超人之绝技，在群众中确实拥有崇高的声望。

褚澄于483年著《医论十篇》，世称《褚氏遗书》（以下简称《遗书》）。

《遗书》的发见，是一则奇闻。该书后唐清泰二年（935年）萧渊序云：黄巢造变，从乱群盗，发人冢墓，掘取金宝。遇太穴焉，方丈余中环石十有八片，形制如椁，其盖六石，题曰："有齐褚澄所归。"启盖棺，骨已蛇蚁，所穴环石内向，文字晓然。盗疑兵书，移置穴外，视之弃去。先人遇见，读彻，嘱乡邻慎护，明年，具舟载归。欲送官以广其传，遭时兵革不息，先人亦不幸。遗命：'异物终当化去，神书理难久藏，其以褚石为吾棺椁之实，隐则骸骨全，褚石或兴，吾名亦显。渊募能者调墨，治刻百本散之。馀遵遗戒，先人讳广，字叔常。又有北宋靖康（1126年）初释义堪序云：石刻得之萧氏冢中，凡十有九片，其一即萧渊序也。又有南宋嘉泰元年（1201年）丁介跋称此书"初得萧氏父子护其石而始得全，继得僧义堪笔之纸而始存，今得刘义先锓之木而始传”云云。《四库全书提要·医家类》讲：“考《周密癸辛杂识》引其‘非男非女之身’一条，则宋代已有此本。”以上说明《遗书》的发见、问世，有一个曲折的过程，且始著录于《宋史·艺文志》。

目前能见到的版本有：明万历（1573—1619年）间复刻正德本，明胡文焕校本，口延宝元年（1673年）京都吉田四郎右卫门翻刻，四库全书（文津阁本）（文溯阁本），六体斋医书褚本，清光绪十一年乙酉（1885年）石林书屋刊本、1914年印本等。

《遗书》是继《内》《难》之后，《巢氏病源》以前的一部基础理论著作，内容比较丰富，包括论文十篇，即：

受形：论胚胎的形成和女赢男弱的调理措施。

本气：论阴阳二气的运转周于一身（包括运行的起止部位和途径）和气的生理功能、病理变化。

平脉：论两手寸、关、尺的脏腑定位，以五行生克为顺序，以及体质与脉象的关系。

津润：论津液在人体的作用。

分体：把体表分为窍、肢、关、余、附五部分，并加以概述。

精血：论精血的来源及其在人体的作用，同时指出精血对妇女生理病理的特殊意义。

除疾：论“除疾之道”，包括如何才能“穷其病之始终”，做到辨证准确和制剂的法度及用药的常变。

审微：讲审疾慎微，万无一失，是为良工。

辨书：讲他对五运六气学说的看法和对《内经》的成书、汉代前后医学发展的认识，以及他的治学态度。

问子：从生理上阐明“男三十而娶”“女二十而嫁”的道理。

褚澄的学术思想有以下特点。

一、源于《内经》又异于《内经》

我国《内经》以后的医学论著，都是在《内经》基础上的发展，《遗书》也不例外。但《遗书》的内容和观点又有些是不同于《内经》的。

关于气的运行：《内》《难》均载有“天地之气周于一年，人身之气周于一日”等内容，对于阴阳二气的起止部位及运行途径则叙述得很笼统，而《遗书》讲得很具体。《遗书》说：“人身阳气以子中自左足而上，循左股、左手指、左臂、左肩、左脑，横过右脑、右肩、右臂、手指、胁、足，则又入子中矣。阴气以午中自右手心通右肩、右臂，横过左肩、左胁、左足、外肾、右足、右胁，则又入午中矣。阳气所历充满周流；阴气上不过脑，下遗指趾。二气之行，昼夜不息。”

关于切脉部位：《内》《难》对于脉诊已有全面论述，尤其是《难经》“独取寸口”的主张，为我国脉学的一大进步。不过，两手寸关尺的脏腑定位，以五行生克为顺序，确实系《遗书》所首倡。《遗书》说：“左手之寸极上，右手之尺极下。男子阳顺，自下生上，故极下之地，右手之尺为受命之根本，如天地未分，元气混沌，既受命矣，万物从头而出，唯脾为先，故尺上之关为脾，脾上土生金，故关上之寸为肺，肺金生水，故自右手之寸越左手之尺为肾，肾水生木，故左手尺上关为肝；肝木生火，故关上之寸为心。”又说：“……同化五谷，故胃为脾府，而脉从脾；同气通泄，故大肠为肺府，而脉从肺；同主精血，故膀胱为肾府，而脉从肾；同感交合，故小肠为心府，而脉从心；同以脉为窍，故胆为肝府，而脉从肝。”

关于体表部位：《遗书》将体表分为窍、肢、关、余、附五部分，这种分法，也为前人著作所不载。《遗书》说：“耳目鼻口阴尻，窍也；臂股指趾，肢也；双乳外肾，关也；齿发爪甲，余也；枝指旁趾，附也。”它还指出了养生方法：“养耳力者常饱，养目力者常瞑，养臂指者常屈伸，养股趾者常步履。夏藏宜凉，冬藏宜温，背阴肢末，虽夏宜温。”

二、尊古而不泥古

褚澄对《内经》等前人的著述有一个辨证的认识，主张一方面必须学习古代的医学理论，并用以指导临证实践，另一方面又不拘泥于古人的说教，要通过努力，积累经验，胜过古人。如他所说：“师友良医，因言而识变，观省旧典，假筌以求鱼，博涉知病，多诊识脉，屡用达药，则何愧于古人！”又说：“说不乖理，方不违议，虽出后学，亦是良医。”他本人也是这样治学的。所以他能够做出一定的贡献，在《遗书》中也能够提出一些前人不曾提出过的医学观点，而且其中有的是很有见地的。如他认为《黄帝内经》之所以冠以黄帝，那是由于后人的假托，用他自己的话说，即是“后书之托名于圣哲也”。其理由是：“尼父删经，三坟犹废，扁鹊卢医，晚出遂多，尚有岐黄之经籍乎？”这个看法是符合历史实际的。同时，在他那个时代能够有如此的认识，那也是了不得的。又如，他对汉代前后祖国医学的发展线索给予了高度的概括。他指出：“由有汉而上，有说无方；由汉而下，有方无说。”他的这一结论基本上是正确的。再如，他认为：“合男女必当其年。男虽十六而精通，必三十而娶；女虽十四而天癸至，必二十而嫁。皆欲阴阳气实而交合，则交而孕，孕而育，育而为子，坚壮强寿。”也就是说，按照人体的发育，结婚的年龄必须是男子三十岁，女子二十岁。这样方可保障后代“坚壮强寿”。试想，一千五百年前他的这个理论，不是也可以作为我们今天提倡晚婚的根据吗？甚至于对“运气学说”也敢于提出他的见解。他说：“气难预期，故疾难预定；气非人为，故疾难预测。推验多舛，拯救易误，俞扁弗议，淳华未稽，吾未见其是也。”他的这一见解，是否与金代医家张元素的“运气不齐，古今异轨，古方新病，不相能也”的主张相通？值得继续研究。

三、辨证用药至周至详

《遗书》仅有三千多字，有关“辨证用药”只是其中的一部分。然而，该书言简意赅，对辨证用药各方面的问题论述得十分周详。他强调“除疾之道”，是要“极其候证，询其嗜好，察致疾之由来，观时人之所患”，“穷其病之始终”。对于“有症误凉而得冷症，有似是而实非”的复杂情况，更应审之慎微，不然，会“差之毫厘，损其寿命”。一句话，辨证要力求准确。如何因证制剂呢？《遗书》说：“外病疗内，上病救下，辨病藏之虚实，通病藏之母子，相其老壮，酌其浅深，以制其剂，而十全上工至焉。”主张“制剂独味为上，二味次之，多品为下”。服药要适度，“酸通骨，甘解毒，苦去热，咸导下，辛发泄，当验之药未验，切戒亟投，大势既去，余势不可再药。”用药的剂量也需视患者的体质如何而定，“修而肥者饮剂丰”，“羸而弱者受药减”。他深有体会地说：“用药如用兵，用医如用将。善用兵者，徒有车之功，善用药者，姜有桂之效。知其才智，以军付之，用将之道也；知其方伎，以生付之，用医之道也。世无难治之疾，有不善治之医；药无难代之品，有不善代之人。民中绝命，断可识矣！”

此外，本书还记载：“时人多疟，宜防为疟；时人多疹，宜防作疹。”“女人天癸既至，逾十年无男子合则不调，未逾十年思男子合亦不调。不调则旧血不出，新血误行，或渍而入骨，或变而之肿，或虽合而无子。”“便血犹可止，咳血不易医。”“喉不停物，毫发必咳，血渗入喉，愈渗愈咳，愈咳愈渗。”“饮溺溲则百不一死，服寒凉则百不一生，血虽阴类，运之者其和阳。”“补羸女，先养血壮脾；补弱男，则壮脾节色。”“寡妇僧尼，必有异乎妻妾之疗。”等等，都属临证经验之谈。

《遗书》对后世医学的发展有一定的影响，陈自明、李时珍、陈实功、王肯堂等俱采用之。

甄　权

甄权，生于541年（梁大同七年），卒于643年（唐贞观十七年），许州扶沟（今河南扶沟）人。他由于母病，而与其弟甄立言专习医术，得其旨趣。隋开皇初（581年）为秘书省正字，后来声称有病辞职。贞观十七年（643年），甄权102岁，唐太宗李世民亲自去他家探望，视察其饮食，咨询其药性，因此授以朝散大夫，赐几杖衣服。当年甄权去世。（见《旧唐书·本传》）甄权撰有《针经钞》三卷、《脉经》、《针方》一卷、《明堂人形图》一卷。（俱见《新唐志》）另有《脉诀赋》一卷、《木草音义》七卷。（见《通志·艺文略》）

下面着重谈谈甄权在针灸与本草方面的成就。

一、针灸方面的巨大成就

甄权精于针灸，著作甚丰，如上所述。

在贞观中，甄权奉敕修明堂，与承务郎司马德逸、太医令谢季卿、太常丞甄立言等人校定图经，以作针灸医学之呈示。甄权新测定的明堂图经可惜亡佚，但庆幸的是其部分内容，尚存于《千金方》中。有关这方面的内容，笔者转抄于后：

通谷二穴，甄权曰："结积留饮，胸满食不化，可灸三壮，针入二分。"

天井二穴，"甄权云，曲肘后一寸，叉手按膝头取之，两筋骨罅。治心胸痛，咳嗽上气，唾脓不嗜食，惊悸瘛疭，风痹臂肘痛，捉物不得，可灸三壮，针入三分"。

委中，"甄权云，曲瞅内，两筋两骨宛宛，是穴"。

水分一穴，"甄权云，主水气浮肿，鼓胀肠鸣，状如雷声，时上冲心，日灸七壮，四百罢"。

石门一穴，"甄权云，主妇人因产恶露不止也"。

巨虚二穴，"甄权云，主大气不足，偏风，股腿脚十指堕也"。

尺泽二穴，"甄权云，在臂屈伸横纹中，筋骨罅陷中，不宜灸。主癫病不可问，手臂上举不得上头”。

承泣穴，“甄权云，在眼下八分，禁不宜灸，无问多少，三日以后，眼下大如拳，息肉长桃许大，至三十日即定，百日都不见物，或如升大，目不明、泪出，目眩懵懵瞳子养，远视䀮䀮，昏夜无所见，目瞤动与项□参相引喎僻，口不能语言”。

少海，“甄权云，穴在臂侧曲下肘内廉横纹头，当屈手向头而取之陷者中，主腋下瘰疬，不宜针”。

鸠尾，“甄权云，宜针不宜灸”。

上脘，“甄权云，主心风，惊悸不能食，心下有隔，呕血，目眩，头悬眩痛，身热汗不出，心痛有三虫，多涎，不得反侧，腹中满，暴痛汗出”。

中脘，“甄权云，主因读书得贲肠气，积聚腹中胀暴满，心痛、身热，难以挽仰，冲疝，暴死不知人，心腹痛发作，肿聚往来上下行，痛有休止。腹中热，喜涎出，是蛇咬也，鼻闻焦臭，大便难，小腹有热，尿赤黄，病温汗不出，有血溢水”。

建里，“甄权云，主腹胀逆气上，并霍乱”。

下脘，“甄权云，主小便赤，腹坚硬也”。

气海，“甄权云，主下热，小便赤，气痛，状如刀搅”。

再如，关元，“甄权云，主小便处状如散灰色，转胞不得尿，少腹满，引胁下胀，头眩痛，身尽热，贲豚寒热入少腹，时欲呕，伤中溺血，小便数，腰背脐痛，下引阴膜中窘急，欲凑。后泄不止，癫暴痛，少腹大热，身所伤血出多，及中风寒，若有所堕坠，四肢解㑊不收，名曰体解，女子绝子，衃血，在内不下”。

上星，“甄权云，不宜多灸”。

前顶，“甄权云，一寸”。

综合以上来看，甄权对腧穴的认识较《甲乙经》似有所进步。

此外，甄权的针灸术也相当高明。如“隋鲁州刺史库狄嵚苦风患，手不得引弓，诸医莫能疗，权谓曰：‘但将弓箭向垛，一针可以射矣。’针其肩髃一穴，应时即射。权之疗疾，多此类也。”（见《旧唐书·本传》）

“时有深州刺史成君绰，忽患项肿如数升，喉中闭塞，水粒不下已三日矣，以状告余，余屈权救之，针其右手次指之端如食顷，气息即通，明日饮啖如

故。”（见《千金翼方》）

“甄氏疗安平分九剂九针即差，针风池一穴、肩髃一穴、曲池一穴、支沟一穴、五枢一穴、阳陵泉一穴、巨虚下廉一穴，凡针七穴即差。”

“仁寿宫备身患脚，甄灸针环跳、阳陵泉、巨虚下廉、阳辅即行。”

“大理赵卿患风，腰脚不随，不能跪起、行，针上窌一穴、环跳一穴、阴陵泉一穴、巨虚下廉一穴，即得跪。”（见《千金要方》）

甄氏在针灸方面的巨大成就影响了针灸学的发展，所以《外台》《千金方》《圣济总录》《太平圣惠方》《针灸资生经》等医书，均载有他的针灸内容。（见《中国针灸史》）甄权不愧为唐代针灸大师。

二、本草方面的重要贡献

甄权所著《本草音义》早已亡佚。

笔者在中国中医研究院图书馆有幸见到一部16开油印本《药性论》，述名唐·甄权撰，尚志钧辑校，该书印于1982年12月3日。

据尚先生在《序》中所言，《药性论》原书已佚，它的内容散见于《证类本草》及《本草纲目》中。掌禹锡作《嘉祐本草》时，在药物畏恶有相制使条例中，引用47条；在各卷药物中，以《药性论》资料作注解文的有370条；另有玄明粉、马牙硝两条被《嘉祐本草》收作正药品。总计《嘉祐本草》引用《药性论》资料共419条。除去其重复的有404条。

尚先生以《大观本草》《政和本草》为底本，以《本草纲目》为核校本，辑录《药性论》资料404条，按玉石、草、木、兽禽、虫鱼、果、菜、米等分成类，析为四卷。

《药性论》所讨论的内容，有药物正名、性味、君臣佐使、禁忌、主治功效、炮炙、配制及附方等。尤以君臣佐使、禁忌等资料收罗较多。

全书标明为君药有76味，如黄精、干地黄、菟丝子、车前子、五味子等。

全书标明臣药有72味，如黄连、牛膝、丹参、防风等。

全书标明为使药有108味，如白及、白蔹、乌头等。

有些药注明为单用，或注明某某为使，或注明得某某良。注明单用的药有50味，如紫草、大蓟、牛蒡等；注明某某为使的药有18味，如人参、马蔺、半夏、海藻、饴糖、柴胡、阿胶、薯蓣；注明得某某良，如巴豆得火良，豆豉得醯良。

有些药注明畏恶或禁忌。如蜀椒畏雄黄，牛黄畏干漆，矾石畏麻黄等。类似这样的例子有20味。又如黄连恶白僵蚕，柏子仁恶菊花，白蔹恶乌头，类似此例有27味。

在禁忌方面，有麝香禁食大蒜，乌头、天雄忌豉汁，桂心忌生葱，茯苓忌米醋，注有禁忌的药物共20味。其中忌羊血的药最多，如硇砂、阳起石、礜石、钟乳石、云母、半夏等。

有些药注明相反、相杀。如大戟反芫花、海藻。桂心杀草木毒，豆豉杀六畜毒，巴豆杀斑蝥、蛇虺毒。

有些药注明归经。如龙胆归心，蓼实归鼻，蒲黄、续断通经脉等。

本书对药物毒性有进一步的认识。前代本草所云某药无毒或小毒，则是对某药毒性不太认识。如朴硝，《本经》《别录》并作无毒，本书作有小毒；芒硝，《别录》作味辛、苦、无毒，本书作味咸、有小毒；石胆，《本经》云有毒，本书说有大毒；丹砂，《本经》云无毒，《日华子》云微毒，本书作有大毒，苏颂亦说："丹砂，《本经》以丹砂为无毒，故多炼治服食，鲜有不为药患者。"李时珍亦说丹砂有大毒，并列举大量有关丹砂中毒的例子。

本书在主治功用上论述较详。大多数药都讲到主治。多数药物所言主治功效，与其他本草所述大致相同。如瓜蒂系：《药性论》云："和小豆、丁香，吹鼻治黄。"《食疗本草》亦有此内容，而且说得很详细。《食疗》云："瓜蒂主荫黄、黄疸，及暴极黄，取瓜蒂、丁香各七枚，小豆七粒，为末，吹黑豆许于鼻中，少时黄水出，差。"

有些药物功效，是《药性论》最先记载的。如藕节止血，云："藕节捣汁，主吐血不止、口鼻并皆出血。"

又如羌活的功用，《药性论》述之较早。古代羌活、独活不分，陶弘景始分之，陶云："羌活形细而多节，……；独活色微白形虚大。"《唐本草》注云："疗风宜用独活，兼水宜用羌活。"陶、苏并未论及羌活功用，但《药性论》云："羌活治贼风失音不语，多痒，血癞，手足不遂，口面㖞斜，遍身麻痹。"

对易发汗的药，《药性论》提醒医家用时应慎重。如薄荷，《药性论》云："新病差，人勿食，令人虚汗不止。"

本书对药物炮炙已有记载。如连翘去心，鹿茸炙末，桑螵蛸火炮令热，干姜、莨菪焦炒见烟，麻黄根节并砍竹扇杵末，常山研末，麻子、大豆熬香为末，莨菪子用石灰清煮一伏时，狗头骨烧灰为末，狸头骨炒末。

本书对药物配制的记载：

配制粉散剂。如麻黄条：“牡蛎粉，粟粉，并麻黄根末等分，生绢袋盛。盗汗出即扑。”又如鹿茸条云：“鹿茸入散用。”真珠条云：“七宝散用磨翳障。”

配制丸剂。麝香入十香丸。白蜡和松脂、杏仁、枣肉、茯苓为丸。蟾蜍，取眉脂以朱砂、麝香为丸。紫苏子和高良姜、橘皮，等分蜜丸。胡麻条：白蜜一升、子一升，合之，名静神丸。

配制软膏。如皂荚酒浸，熬成膏，涂帛，贴一切肿毒。

配制煎剂。如败蒲席，取以蒲黄、赤芍药、当归、大黄、朴硝，煎服。

本书很多药都有附方。如石灰、莨菪子、大麻子、蓼实、苏子等。所附的方子多数为《本草纲目》所采用。如《纲目》卷十四苏子条附方云：“一切冷气，紫苏子、高良姜、橘皮等分，蜜丸梧子大，每服十丸，空心酒下。”所标出处为《药性论》。

《纲目》卷十六蓼实条附方云：“小儿头疮，蓼子为末，蜜和鸡子白，同涂之，虫出不作痕。”注出处为《药性论》。类似此例很多。

总之，本书是我国论述本草药性最早的专书，它对药物性味主治功用论述很详，对后世本草都有影响。宋代寇宗奭对本书有很高的评价，他所著《本草衍义》药物条文中也有称赞《药性论》的话，如寇氏在葶苈条中说：“《药性论》所说尽矣。”在当归条云：“《药性论》云补女子诸不足，此说尽当归之用也。”所以，尚志钧先生研究整复本书，不仅提供研究本草史及药性发展史参考资料，同时也可提供临床应用参考资料。由此，足以证明甄权又是唐代的一位药物学家。

孟 诜

孟诜，汝州梁（今河南省汝南一带）人，生于621年（唐高宗武德四年），卒于713年（唐玄宗开元元年），享年93岁。举进士。曾做过舍人、侍郎、司马和侍读等。长安（701—704年）中，任同州刺史，加银青光禄大夫。神龙（705—707年）初，弃官，归伊阳之山，专门从事药物的研究。710年，唐睿宗即位，召赴京师，将加任用，固辞衰老。《旧唐书·本传》称他"居官好勾剥，为政虽繁而理"。

孟氏师事孙思邈。孙思邈力倡饮食疗法。食治即营养学，用食物来培补虚损，恢复元气，以抵抗疾病的侵扰，而达到维护健康，增长寿命的目的。我国人民早就认识和应用了这种方法，并积累了丰富的经验。《周礼》中就记载有食医之职，《汉书·艺文志》里载有最早讨论食治的专书《神农食禁》七卷，惜已亡佚。孙思邈在其《备急千金要方》中，写了一卷（卷二十六）"食治篇"，成为现存最早的有关食治的专篇。孙思邈在食治篇的序论中说："夫为医者，当须先洞晓病源，知其所犯，以食治之，食疗不愈，然后命药。""医也，安身之本，必资于食，救疾之速，必凭于药，不知食宜者，不足以存生也……"，"若能用食平疴，释情遣疾者，可谓良工。"可见他对食治非常重视。孟氏在其老师的影响下，究心于食治，做出了总结性的成就。尝谓所亲曰："若能保身养性者，常须善言莫离口，良药莫离手。"说明他也善于养生。撰有《补养方》《必效方》等书。《补养方》后经张鼎增订，改名为《食疗本草》专论食物疗疾，本书也早佚，现存的是《敦煌石室古本草》，此书系孟、张原著之大部。1907年由英国人史太因从甘肃敦煌千佛洞带回，收藏于英国博物馆中。后经日本人中尾万三详细考据，复校其遗文（称《校合食疗本草遗文》）而发表之。1932年，范凤源取其原文付梓，名曰《敦煌石室古本草》。近来由谢海州氏据《食疗本草》敦煌残卷及《医心方》《重修政和经史证类备用本草》等书中的佚文为依据，兼参有关文献，辑得二百六十味，此辑本于1984年由人民卫生出版社出版。

《食疗本草》是我国现存最早的食疗专著，共三卷，收集本草食物二百余种，并辨析食性，论述功能，明确主治，详记用法，鉴别异同，指示禁忌。材料丰富，内容精审，与现代营养学的原理相一致，具有较高的价值。现将部分内容加以介绍。

（一）以食治病

孟诜对各种食物的性味功能，用以治疗何种疾病，记述甚详。所记种类极广，且多属人们常见常食之谷物、酱菜、果品和肉类等。他指出：生姜，去痰下气，多食止逆，散烦闷（发散风毒）。大蒜，治蛇咬疮，除风杀虫，久服损眼伤肝。绿豆，补益，和五脏，安精神，行十二经脉。大豆，和饭捣涂一切毒肿，疗男女阴肿，以绵裹纳之，杀诸药毒。藕，补中焦，养神气，益气力，除百疾，久服延年。大葱，根主疮中有风水肿痛者，开骨节，出汗，止衄，利小便，虚人不宜多食，且不得与蜜相和食之杀人。茄，醋摩之，敷肿毒；根主冻脚疮者汤浸之。马齿苋，治湿癣，治痢，敷杖疮，延年益寿，明目。橘，止泄痢，食之下食，开胃膈痰。桃，仁杀虫，止心痛；叶生捣裹纳阴中，治妇人阴中生疮如虫咬疼痛者。石榴，治赤白病痢腹痛者。梨，除客热，止心烦，不可多食；又卒咳嗽，以一颗，刺作五十孔，每孔纳以椒一粒，以面裹，于热火灰煨令热，出仃冷，去椒食之。鲤鱼，白煮食之，疗水肿，脚气，下气血，主小儿丹毒（涂之即愈），等等。

（二）以食养脏

古代人们从生活实践、医疗实践中得知每种食物的性味和“以酸养骨、以辛养筋、以咸养脉、以苦养气、以甘养肉、以滑养窍”的道理，注重饮食的调养，以食养脏。《食疗本草》中有关这一内容特别多，其中以脏养脏者也不少，如书中所载：狗血，益阳事，补血脉，厚肠胃，实下焦，填精髓。牡狗阴茎补髓。猪，舌和五味，煮取汁饮，能健脾，补不足之气，令人能食；肾主人肾虚；肠主虚渴，小便数，补下焦虚渴。兔肝主明目，和决明子，作丸服之。鹿，头主多梦，梦见物；蹄肉主脚膝骨髓中疼痛；角强骨髓；肉，九月后正月前食之，补虚羸瘦弱。麋，骨除虚劳；角补虚劳，填髓，等等。

（三）以食解毒

以食解毒也是该书的重要内容。书中记载：大豆，杀诸药毒。大枣，和百药毒。醋，消诸毒气，杀邪毒。酒，主百邪毒。蚌蛤，解酒毒。蛇蜕，杀虫毒。蝮蛇，除虫毒。鳗鱼，杀诸虫毒。橄榄，主鲵鱼毒。堇菜，主蛇毒，生杵敷之，毒即出。葛根，消酒毒。麝香，煞蛇毒，等等。

除以上内容外，本书收载了不少唐代初期本草书中的未录之品，如鱼类中的鳜鱼（桂鱼）、鲈鱼、石首鱼（黄花鱼）等；以及菜类的蕹菜（空心菜）、菠薐（菠菜）、莙荙、白苣（莴苣）、胡荽等；米谷类的绿豆、白豆、荞麦等，都是首出于《食疗本草》的。

由上述可以看出，孟诜在医学上，特别是在食疗方面做出了一定贡献。因而受到后人的赞扬，如赵燏黄为本书所写的序中说："孟诜虽为孙思邈弟子，然其《补养方》（即《食疗本草》），并不拾孙氏《千金食治》之牙慧，而有独出之心裁。"

当然，由于时代条件所限，本书也存有某些宗教迷信的内容和个别错误的论述。

刘禹锡

刘禹锡（772—842年），字梦得，洛阳人。其曾祖父刘凯，在唐代当过博州（今山东聊城）刺史。祖父刘锽，做过殿中侍御史。父亲刘绪，曾在埇桥（安徽省宿县城南）做管理转运业务的官吏。他们家因避“安史之乱”，迁居苏州，刘禹锡就出生在苏州属县嘉兴。从小就开始诵读儒家经典，并且学作诗赋。他的兴趣非常广泛，除经史、诗赋外，天文、医药、书法等方面的知识，都能广泛涉猎，认真学习，所以在他二十岁以前就具备了相当高的文化修养。贞元九年（793年），考中进士，同年，又通过了博学宏词科的考试。贞元十一年（795年），参加吏部取士科考试合格，授太子校书。贞元十八年（802年），刘禹锡任京兆府渭南县（今陕西渭南）主簿。第二年，调回朝廷任监察御史。这时，柳宗元和韩愈也在此任职。几位著名文学家结成了朋友，并同管理财政的王叔文在一起搞了“永贞革新”。革新失败后，刘禹锡先是被贬为连州（今广东连州市）刺史，行至途中，又改授朗州（今湖南常德）司马。“禹锡在朗州十年，唯以文章吟咏，陶冶性情。蛮俗好巫，每淫词鼓舞，必歌俚辞。禹锡或从事于其间，乃依骚人之作，以教巫祝。故武陵溪洞夷歌，率多禹锡之辞也。”（《旧唐书·刘禹锡传》）这说明，刘禹锡向民歌学习是从朗州开始的，同时又是刘禹锡诗歌创作的转折点。元和九年（814年），朝廷下诏调刘禹锡回京。不久，他写了《戏赠看花诸君子》的绝句：“紫陌红尘拂面来，无人不道看花回。玄都观里桃千树，尽是刘郎去后栽。”这首诗用桃树影射了新得势的权贵，便再次把他贬出京师为连州（今广东连州市）刺史。长庆元年（821年）又被任命为夔州（今重庆市奉节县）刺史。夔州一带是《竹枝词》的故乡，刘禹锡到夔州后，下了很大功夫进行学习，写了许多首《竹枝词》佳作。长庆四年（824年），他奉调任和州（安徽省和县）刺史。宝历三年（828年），又被任命为尚书省主客郎中。大和二年（828年），调到长安任主客郎中。不久兼任集贤殿学士，负责整理图书，撰写文章。这时，统治阶级内部朋党斗争十分激烈，刘禹锡面对这种局面，不得不处处小心谨慎。除办理公事和校书之外，常和裴度、白居易、张藉等人看花饮酒，在诗歌创作上也写流连光景，逃避现实的作品。大和五年（831年），文宗派他去做苏州刺史。做苏州刺史期间，除赋税、徭役，开仓救济饥民，发展生产，做了一些对人民有益的事情。此时，又写出了许多好诗——《杨柳枝词》九首等。大和八年（834年）他又奉调担任汝州（今河南临汝）刺史。大和九年（835年），又改任同州（今陕西大荔）刺史。开成元年（836年），因害脚病，改任太子宾客。刘禹锡这次回到洛阳，经常和裴度、白居易举行“文酒诗会”。他们互相鼓励，砥砺切磨。刘禹锡晚年多病，会昌二年（842年）病情加剧，他抱病写了《子刘子自传》，公开为他早年参加“永贞革新”进行辩护，为王叔文恢复名誉。他坚持真理和刚强不屈的性格始终不变。这年秋天，刘禹锡溘然长逝。享年七十一岁。

刘禹锡是杰出的诗人。常被白居易誉为诗豪。有集四十卷传于世。他又是思想家。他的《天论》，继承了荀子以来的唯物主义传统，进一步补充了柳宗元《天论》的唯物主义思想，在哲学史上有其重要意义。

刘禹锡还是医学家。他在医学上的主要著作是《传信方》。该书作于818年（唐宪宗元和十三年）。他在“原序”中介绍了成书过程：“予为连州四年，江华守河东薛景晦以所著《古今集验方》十通为赠，其志在于拯物，予故申之以书。异日景晦复寄声相谢，且咨所以补前方之阙。医拯道贵广，庸可以学浅为辞。遂于箧中得已试者五十余方，用塞长者之问，皆有所自，故以传信为云。”

《传信方》计两卷，载方五十余首。治疗范围相当广泛。有传染科处方，如盐黑丸、盐汤治干霍乱及治痢诸方。有内科，如脚转筋以蜡治之。有儿科，如小儿热疮以乱发鸡子膏外敷。有外科，如杉木汤治脚气。有疡科，如葱涕治金疮，稻秆灰治伤折。有皮肤科，如芦荟治癣。有妇科，如案纸烧灰治月经。有眼科，如羊肝丸治青盲内障。有喉科，如皂荚矾治喉痹。除了上述的这几个方面外，他如痔漏、急救、综合疗法等均有记载，还有香法、造桂浆法，等等。

该书所载药方，都是曾经试用有效的，所谓“皆有所自”，这是该书的一大特点。其处方有的是采自前人的方书，有的是采自民间，有的是采自宫廷，有的是从婆罗门僧人那里学来的。其中14个是以医案形式记下来的，更证明了本书的真实性。这些方子屡用屡效，有的是他自己患病服药的记录。

该书的另一特点是用药简便验廉。如治干霍乱盐汤方，用盐一大匙，熬令黄，童子小便一升，二物温和服之，少顷吐下即愈。疗赤白痢如鹅鸭肝方，用黄芩、黄连各八分，以水二升，煎取一升，分二服。治目赤痛方，取诃梨勒入白蜜，研注目中。治喉痹方，用皂荚矾，入好米醋，同研含之，咽汁立瘥。治打扑损方，取葱新折者，便入塘灰火煨，趁热剥皮擘开，其间有涕，便将罨损处，仍多煨取，续续易热者。治伤损方，用稻秆烧灰，用新熟酒未压者和糟入盐和合，淋前灰取汁，以淋痛处立瘥。治蛇咬蝎螫方，烧刀子头令赤，以白矾置刀上，看成汁，便热滴咬处，立瘥。以上处方，药味少，药价低，均为易得之品，且服法简便，疗效显著，至今仍应学习和推广。同时，可以看到他用药专精，主张以药攻疾，不崇参芪补剂。作为官僚出身的刘禹锡来说，有这种治学思想也是难能可贵的。

兹从《传信方》中录下五首良方，以供读者临证参考：

（治一切痢神效方）黄连二两半　黄柏一两半　羚羊角半两　茯苓半两　上四味为散，蜜和丸，用姜蜜汤下。

（治喉痹方）治喉痹用皂荚矾，入好米醋，同研含之，咽汁立瘥。此方出于李谟，甚奇妙，皂荚矾即绿矾也。

（治疔方）元和十一年，得疔疮凡十四日，日益笃，善药傅之，皆莫能治。长乐贾方伯，教用蜣螂心，一夕而百苦皆已。明年正月食羊肉，又大作，再用亦如神验。

其法，一味贴疮半日许，可再易，血尽根出遂愈。蜣螂心腹下度取之，其肉稍白是也。所以云食羊肉又大作者，盖蜣螂畏羊肉故耳。用时须禁食羊肉。其法盖出葛洪《肘后方》。

（治湿癣方）余少年曾患癣，初在颈项间，后延上左耳，遂成湿疮。用斑猫、狗胆、桃根等诸药，徒令蜇蠚，其疮转盛。偶于楚州，卖药人教用芦荟一两研，炙甘草半两末，相和令匀，先以温浆水洗癣，乃用旧干帛子拭干，便以二味合和傅之，立干便差，神效。

（李亚治一切嗽及上气者方）用干姜须是合州至好者。皂荚炮去皮子取肥大无孔者。桂心紫色辛辣者，削去皮。三物并别捣下筛了，各称等分，多少任意，和合后，更捣筛一遍，炼白蜜和搜，又捣一二千杵，每饮服三丸，丸稍加大如梧子，不限食之先后，嗽发即服。日三五服。禁食葱油咸腥热面，其效如神。

由于该书具有以上特点，故深受后世的推崇。如苏颂的《图经本草》、沈括的《苏沈良方》、唐慎微的《证类本草》、许叔微的《本事方》、洪遵的《集验方》、陈师文的《太平惠民和剂局方》，以及金人杨用道的《广肘后方》等，都抄录了《传信方》中的药剂，甚至日人丹波康赖于永观二年（宋雍熙元年，即984年）所撰的《医心方》中，也录有《传信方》内的处方。此书至元已散佚。新中国成立后，冯汉镛氏辑出四十五方，并加以解说，名之曰《传信方集释》，于1959年由上海科学技术出版社出版，为医家临床参考和对刘禹锡学术思想的研究提供了方便。

除上述外，《刘禹锡集》中还载有许多医论，如《答道州薛郎中论方书书》《鉴药》《述病》等均属医论之名篇。《答道州薛郎中论方书书》，是一封讨论方书的信。信中对薛郎中（即薛景晦）所集的奇方作了赞扬："一物足以了病"，"取诸屑近"；简便易行；"非累试辄效，不在是族"，讲究实效；"弭病于将然为先，而以攻治为后"，强调预防。这些医学思想正是刘禹锡一贯提倡的。他还针对当时不良的社会风气，深刻指出：人生了病，"委千金于庸夫之手"，任其摆布，或一味"祷神佞佛"，祈求鬼神，都是荒唐的。他认为万物都有一定的规律，人的身体健康，完全可以通过调养而获得。

《鉴药》，刘禹锡通过个人病情的几次反复，强调务辨证用药，"用毒以攻疹，用和以安神"，否则就要"时则而蹶"，即变换这两种药物，那么两种情况下都要失败。应当根据变化了的病情采用新的治疗方法，"苟循往，以御变，昧于节宣"，就会适得其反。当然刘禹锡此文又是以用药来喻政，即告诉人们治国跟治病一样，都应从实际出发，不能沿袭老办法，借此表达了对唐王朝因循守旧、不图改革的不满。

从以上医论，足可以看出，唐代著名文学家、哲学家刘禹锡对医学理论也有很深的造诣。

和凝

和凝（898—955年），字成绩，开封浚仪人，后梁时进士，历仕梁、唐、晋、汉、周五代各朝，职中书侍郎，同平章事。少时好作曲，流传汴、洛。作品浮艳。诗有《宫词》百首，多为粉饰太平之作。法医学有于936—957年间同其子㠓合编的《疑狱集》。故和凝为五代词人兼法医学家。（见《河南通志》）

和㠓，字显仁，太平兴国进士[1]，直史馆，至道间知制诰[2]，判吏部铨。法医学家。

法医学是法医用来检验死伤案件的知识，又是特殊的应用医学。我国早就有法医检验。《礼记·月令》载瞻伤、视折、审断等，就是法医学的萌芽。1975年湖北云梦县睡虎地秦墓出土大批竹简，大部分为秦律问答、治狱文书。有些内容即属法医学材料。如某妇因斗殴导致流产，官衙于水中检验六个月的胎儿，通过有流产经验的人对母体做活体验证，都比较科学。北齐徐之才著有《明冤实录》，是较早的法医著作。五代时和凝父子的《疑狱集》则是较之《明冤实录》更为重要的法医著作。

兹将和㠓《疑狱集序》全文录于下：

“《易》曰先王以明罚敕法，君子以折狱致刑[3]。《书》曰钦哉！钦哉！惟刑之恤哉！两造具备[4]，师听五辞[5]。是知古之圣贤，慎兹狱讼，念一成而不变，审五听以求情，悉其聪明，致其忠爱，俾无枉滥[6]，以召和平，在上者既能尽心，居下者得以措手，其来尚矣，可略言焉。先相国鲁公[7]。尝采自古以来有争讼难究精察得情者，著《疑狱集》二卷，留于箧笥[8]。小子㠓得遗编而口读[9]，志先训之丁宁[10]，盖将以用悟后人，流传永世，足使愚夫增智，听讼而不敢因循，酷吏敛威，决狱而皆思平允，助国家之政理，为卿士之指南，仁人之言，其利甚薄，况当圣世，讵可忽旃[11]。㠓伏自天阙[12]，策名宦涂结绶[13]，三任亲民于剧邑，二年作吏于秋曹，每穷斗讼之源，益慕精详之理，因敢讨寻载籍[14]，附续家编，期满百条，勤成四轴[15]，上二卷先相国编纂，下二卷小子附续父作子述，诚有愧于下才，刑清狱平，冀少禅于大化[16]。”

此外，另有三序，一为至元十六年（1279年）孟春杜震《疑狱集序》，一为嘉靖乙未（1535年）李嵩详序。一为咸丰辛亥（1851年）金凤清《重刊疑狱集序》，可见该书曾多次再版。

《疑狱集》十卷。卷一，御史奏状、王璥听密、李崇还儿等23则；卷二，丙吉辨影、黄霸戳乱、高柔察色等24则；卷三，严遵壁听，赵和籍产、行成叱盗等19则；卷四，若水留狱、敏中密访、张咏勘僧等13则；卷五，汉武明经、袁安别击、杨牧笞巫等28则；卷六，唐肃白冤、安礼神明、赵祷婪猿等19则；卷七，宪司释下、计获伪帅、赵察淫奔等14则；卷八，彭刺二形、高校幅尺、惟济辨伤等28则；卷九，程辨旧钱、孙甫春粟、刘取邻证等21则；卷十，德甫声冤、王某解卜、光祖诘蛙等18则；附录，陆庄简公、郑洛书、尹见心等25则。“附录”为咸丰元年金凤清校刊时补入的内容。

仅举数则如下：

卷四，范公疑毒：“丞相范纯仁知齐州时，录事参军宋儋年中毒暴卒。公得罪人置于法。初，宋君因会客罢，是夜门下人遽以疾告公，家人子弟视其丧事，宋君小殓[17]，口鼻出血，浸污幎帛。公疑其死，不以理，果为宠妾与小吏为奸，付有司按治具伏[18]。因会客，置毒鳖肉中。公曰：‘肉在第几巡，岂有中毒而能终席邪？’命再劾之。宋君果不食鳖肉，同坐客亦然。及客散醉归，置毒酒杯中而杀之。承置毒鳖肉者，觊他日狱变，为逃死之计也。人以公发奸，擿伏如神明[19]，若非遇公，则宋君之冤，无以申于地下矣。”

卷六，蔡高验尸：“蔡高调福州长溪尉县，媪二子渔于而亡[20]。媪指某为仇，告县捕贼，吏皆难之，日海有风波，安知不水死乎？虽果为仇所杀，若不得尸，则于法不可理。高独谓媪色有冤，不可不为理也，乃阴察之[21]，因得其迹，与媪约曰：‘十日不得尸，则为媪受捕贼之责。’凡宿海上七日潮浮二尸，至验之，皆杀也，乃捕仇家伏法。”

卷八，李公验榉：“尚书李南公知长沙县日，有斗者，甲强乙弱，各有青赤痕。南公以指挽捏之曰[22]：‘乙真甲伪。’讯之，果然。盖南方有榉柳，以叶涂肌，则青赤如殴伤者，剥其皮横置肤上，以火熨之，则如棒伤，水洗不下，但殴伤者，血聚则硬，伪者不硬耳。”

卷九，释诬获真：“邓文原金浙西廉访司事吴兴[23]，民夜归，巡逻者执之[24]，系亭下，其人遁去，有追及之者，刺其胁仆地。明旦，家人得之以归，比死[25]，其兄问：'杀汝者何人？'曰：'白帽、青衣、长身者也。'其兄愬于官[26]。有司问直初更者[27]，曰张福儿执之，使服焉，械系三年[28]。文原录之曰：'福儿身不满六尺，未见其长也，刃伤右胁，而福儿素用右手，伤宜在左，何右伤也？'鞫之[29]，果得真杀人者，遂释福儿。"

虽列举数例，但足可证明《疑狱集》是一部内容丰富的法医学著作。该书在平反冤狱、抉摘奸慝中发挥了历史作用。正如杜序指出的："治狱者，苟能家得是书，则疑贰难明之狱尽在目中矣。"同时，又为以后法医学的进一步发展创造了条件。和凝父子的折狱之苦心，不泯于万世！

注释：

（1）太平兴国：宋太宗年号（976—984年）。

（2）至道：宋太宗年号（995—997年）。

（3）折狱：判决诉讼案件，使曲直分明。

（4）两造：指诉讼的当事人双方，即原告和被告。《周礼·秋官·大司寇》："以两造禁民讼。"郑玄注："造，至也；使讼者两至。"《书·吕刑》："两造具备。"

（5）五辞：原告、被告两方之述词。《书·吕刑》："两造具备，师听五辞，五辞简孚，正于五刑。"清·孙星衍《尚书古今文注疏》二七《吕刑》下说："五辞"就是《周礼》的五听。"五听"，审案的五种方法。《周礼·秋官·小司寇》："以五声听狱讼，求民情。一曰辞，二曰色听，三曰气听，四曰耳听，五曰目听。"

（6）枉滥：指无辜受害，扩大冤狱。

（7）先：对其已去世父亲的尊称。相国鲁公：指其父曾封鲁国公。

（8）箧笥：藏物之竹器。

（9）小子：自称的谦辞。

（10）丁宁：叮嘱，告诫。同"叮咛"。

（11）讵：岂。旃（zhān，毡）：犹"之"。

（12）天阙：古指帝京，谓帝王宫阙所在。也指朝廷。

（13）策名：谓出仕。涂：道路。结绶：系结印带。比喻出仕做官。

（14）载籍：书籍。

（15）轴：古代装成卷轴形的书。

（16）大化：佛教名词。指佛的教化。

（17）小殓：替死人穿好衣服为“小殓”，入棺为“大殓”。

（18）付：交给；授予。有司：古代设官分职，各有专司，因称官吏为“有司”。按：审察；研求。

（19）擿（tì）伏：揭发隐秘的坏事。

（20）媪：老妇人。

（21）阴察：暗地察访。

（22）拟（nǐ，你）：模拟；比拟。

（23）金浙西廉访司事：官名。

（24）执：捉；逮捕。

（25）比：介词。

（26）愬（sù）：诉的异体字。

（27）直：通“值”。当值。

（28）械系：“械”指桎梏，谓拘系之使不得自由。

（29）鞫（jū，居，又读jú，菊）：查问。

王怀隐

王怀隐，北宋睢阳（今河南商丘市南）人，生卒年代不详。他原为道士，住京城开封建隆观，又善医诊。太平兴国（976—984年）初，诏归俗，命为尚药奉御，三迁至翰林医官使。太平兴国七年（982年）至淳化三年（992年），宋太宗赵光义为了整理历代医家的经验，令王怀隐、陈昭遇、王祐、郑奇等收集宋太宗亲验方、医官院和医官所藏秘方，以及历代医书所载之方，编撰《太平圣惠方》一书。“御制太平圣惠方序”记述了该书编撰的经过：“朕昔自潜邸，求集名方异术玄针，皆得其要，兼收得妙方千余首，无非亲验，并有准绳。贵在救民，去除疾苦。并偏于翰林医官院，各取到经手家传应效药方合万余道，令尚药奉御王怀隐等四人，校勘编类，……今编勒成一百卷，命曰《太平圣惠方》，仍令雕刻印版，偏施华夷。”

本书共100卷，分1670门，方16 834道，约计282万言。其规模之大，内容之丰富，为当时所仅有。第一至二卷，为总论部分，包括诊断脉法和用药法则；第三至七卷，为五脏六腑之病及其治方；第八至十四卷，为伤寒及其治方；第十五至十八卷，为时气、热病及其治方；第十九至三十一卷，为风病和劳病及其治方；第三十二至三十七卷，为眼、口、齿、咽喉、耳、鼻等病及其治方；第三十八至三十九卷，为服石和解毒；第四十至五十九卷，为头面、胸腹、霍乱、消渴、水病、黄疸、淋痢等杂病及其治方；第六十至六十八卷，为痔、痈、皮肤、瘰疬、损伤等外科病及其治方；第六十九至八十一卷，为妇人病及其治方；第八十二至九十三卷，为儿科病及其治方；第九十四至九十八卷，为神仙、丹药、食治、补益等；第九十九至一百卷，为明堂针灸。

该书不但卷帙浩繁，内容丰富，而且具有自己的特点。

一、理法方药俱全，理论观点统一

王怀隐等人“搜隐微，求妙删繁，探赜要，诠括简编”，写成了这一部有纲有目、条分缕晰的、前后理论比较统一的理法方药俱备的综合性巨著。“凡诸论证，并该其中，品药功效，悉载其内。”（《御制太平圣惠方序》）“首列‘诊断脉法，次列‘用药法则’，以后即按各种病源、病候详列处方和其他有关的医疗方法。其中关于理论性的引述，大多出于隋·巢元方著《诸病源候论》一书，因此，本书不但内容丰富，而且理论观点也比较统一。”（人民卫生出版社1958年版《太平圣惠方》内容简介）

二、重视脏腑疾病

该书把“脏腑疾病”置于所载各种疾病之首，这是有别于前人的。表明随着医学的发展，对脏腑学说的研究愈加深入，对脏腑疾病也愈加重视。该书对“脏腑疾病”的论述特别详尽，包括脏腑的生理病理、虚实寒热、主症诸方，均做了记载。计有十三种肝胆病方，十四种心与小肠疾患，十八种脾与胃疾患，十四种肺与大肠疾患，十六种肾与膀胱疾患。以肝脏病为例：记有治肝虚补肝诸方，治肝实泻肝诸方，治肝气不足诸方，治肝脏中风诸方，治肝风筋拘挛诸方，治肝风筋脉抽掣疼痛诸方，治肝壅热头目不利诸方，治肝气逆面青多怒诸方，治肝脏风毒流注脚膝筋脉疼痛诸方和治肝风冷转筋诸方等，然后又根据每一类型中所呈现的不同症状，施以不同的治法，如“治肝需补肝诸方”中记述：治肝气虚，两胁胀满，筋脉拘急，腰膝小腹痛，面青口噤，宜服补肝柏子仁散方。治肝气虚寒，两胁下满，筋急，不得大息，四肢厥逆，心腹疼，宜服补肝白茯苓散方。治肝脏风虚，胸膈不利，视物不明，心烦头眩，宜服补肝薯蓣散方。治肝脏虚寒，胸膈气滞，四肢厥逆，两胁疼痛，宜服补肝细辛散方。治肝脏虚寒，头目昏疼，四肢不利，胸膈虚烦，宜服补肝防风散方。治肝虚，头目不利，心膈多烦，筋脉急痛，宜服补肝菊花散方。治肝虚寒，面色青黄，胸胁胀满，筋脉不利，背膊酸疼，羸瘦无力，补肝柏子圆方。对治疗其他脏腑疾病均有详细记载。

三、首记“五脏用药”

书中把五脏用药加以明确归类，肝脏用药有蕤仁等28种，心脏用药有麦门冬等23种，脾脏用药有黄芪等25种，肺脏用药有款冬花等26种，肾脏用药有肉苁蓉等21种。这种归类方法，对后世医家有很大影响。金代易水学派的代表张元素（字洁古）很可能是在它的启发下，总结出了著名的“脏腑标本寒热虚实用药式”。

此外，本书还总结出95种病的通用药，也是值得重视的。

四、设立专篇，阐述医德和医术的修养

历代医学家虽然非常重视医德和医术的修养，但其著作中设立专篇加以论述者却不多见。《备急千金要方》里有“大医习业”和“大医精诚”两篇。后人认为是该书一大特点。继孙思邈之后设立专篇阐述医德、医术的修养者，当属《太平圣惠方》了。王怀隐等在此书中把前人有关医德、医术的认识进行了高度概括。《太平圣惠方·卷一·叙为医》云：“夫为医者，先谙甲乙素问，明堂针经，俞穴流注，本草药对，三部九候，五脏六腑，表里虚实，阴阳盛衰，诸家方论，并须精熟，然后涉猎诗书，该博释老，全之四教，备以五常，明希夷恬淡之门，达喜舍慈悲之旨，傥尽穷其大体，即自得其重玄，譬犹测影用圭，乾坤不能逃其数，宣疑设卦，倚伏洞可究其源。奚异通神，无殊造圣。是以学者必须傍探典籍，邈审妍媸，服勤以求，探赜无厌，勿恣道听，自恃己长，炫耀声称，泛滥名誉，心中未了，指下难明，欲别死生，深为造次，故曰医者意也，非常之意尔。是以上医医国，中医医人，下医医病。又曰上医听声，中医察色，下医诊脉。又曰上医疗未病，中医疗欲病，下医疗已病。夫如是则须洞明物理，晓达人情，悟造化之变通，定吉凶之机要，视表知里，诊候处方，常怀拯物之心，并救含灵之苦，苟用药有准，则厥疾必瘳。若能留心于斯，具而学之，则为医之道，尽善尽美，触事皆通矣。”以上看法，多为至理名言，我们今天仍有效法学习之必要。

综上所述，王怀隐等所编著的《太平圣惠方》，总结了唐宋之间广大人民的医疗经验，是各家验方的汇编，同时又是一部综合性医学巨著，对祖国医学的发展做出了重要贡献。

郭 雍

郭雍（1095？—1187年），字子和，号白云先生，宋代洛阳人，曾隐居峡州（今湖北省宜昌市东南），游浪于长阳山谷间。宋乾道（1165—l173年）中，屡召不就。赐号冲晦处士，又封颐正先生。其父系理学家程颐弟子，著《易说》。雍不但传其父学，对《易经》颇有研究，且尤精医道，对《伤寒论》的研讨造诣较深。他鉴于当时所见《伤寒论》有所残缺，遂采《素》《难》《千金》《外台》《活人》，以及庞安时、常器之诸家学说，参以已见作为补充，以补仲景之缺略，于1181年著成《伤寒补亡论》（一作《仲景伤寒补亡论》）20卷，在整理、发挥仲景学说方面做出了一定贡献。

一、发仲景旨，补伤寒方

郭雍在其著作里，常能发仲景未尽之旨，而补其未备之方，且议论恰切，言多中肯，足以启发后学。

他对太阳病的有汗无汗二证的机制，分析得十分精辟。云："太阳一经何其或有汗或无汗？曰：系乎荣卫之气也。荣行脉中，卫行脉外，亦以内外和谐而后可行也。风邪之气中浅则中卫，中卫则卫强，卫强不与营相属，其剽悍之气随空隙而外出，则为汗矣。故有汗者，卫气遇毛孔而出者也。寒邪中深，则涉卫中荣，二气俱受病，无一强一弱之证，寒邪营卫相结而不行，则卫气无自而出，必用药发其汗，然后邪去而荣卫复通，故虽一经，有有汗无汗二证，亦有桂枝解肌麻黄发汗之治法不同也。"这样论述，使得《伤寒论》"卫气不共荣气和谐"的理论，一目了然了。那么为什么解表又有桂枝麻黄之别呢？他说："所以用桂枝者，以桂枝能和卫而不能至营也；所以不用麻黄者，以麻黄俱入营卫反复动已和无疾之营气，使营卫俱虚俱出而为汗，遂令汗漏不止则人殆矣。"这说明桂枝、麻黄治症相异。至于在什么情况下用麻黄，又在什么情况下用桂枝，他说："中风伤寒二证本以有汗无汗而分桂枝麻黄二汤，亦分有汗无汗而用。故汗出亦有恶寒者，亦属中风。""汗出恶风宜桂枝汤，无汗恶寒宜麻黄汤。"这里他不只限于“恶风用桂枝，恶寒用麻黄”之说，而得出“有汗用桂枝，无汗用麻黄”之法。也正如一般所说的“麻桂二汤之用，不在脉之紧与缓，不在恶风与恶寒，而在有汗与无汗”。由此可以看出，郭雍对太阳病的有汗无汗二证从机理到治则用药都有自己的新义。

对《伤寒论》补以方剂，这是郭雍的又一贡献，同时也是《伤寒补亡论》在内容上的一大特点。只就该书“六经统论”部分统计，属于他所补的方剂就有37个。其他部分如有关内科杂病、温病、妇人伤寒、小儿伤寒等方面，所补方剂就更多了。他遣方用药无不遵循辨证原则，药随症变。如书中云：“曰：太阳病二日反躁，反熨其背，而大汗出，火气入胃，胃中水竭，躁烦，必发谵语，十余日，振栗自下利者，此为欲解也。故其汗从腰以下不得汗，欲小便不得，反呕，欲失溲，足下恶风，大便硬，小便当数而反不数及不多，大便已，头卓然而痛，其人足心必热，谷气下流故也。常（器之）云可与白虎加人参汤、五苓散、调胃承气汤。”雍曰：“常氏之意谓火气入胃，胃中枯燥，故用白虎加人参汤解之，然须无表证，渴饮水者可服，有表证者不可服，以白虎解里热故也。小便不利者当用五苓散，然渴饮水者宜服。其大便硬者用调胃承气汤……振栗反汗出者若自下利皆不宜服。若无上诸证，而大便硬或不通，谵语仍在者然后可服。”又如他说：“（《伤寒论》第368条）下利后脉绝，手足厥冷，晬时脉还，手足温者生，脉不还者死。”“宜用通脉四逆汤。”（《伤寒论》第264条）“少阳中风，两耳无所闻，目赤，胸中满而烦者，不可吐下，吐下则悸而惊。”“此证当服柴胡加龙骨牡蛎汤。”（《伤寒论》第339条）“伤寒热少厥微，指头寒，嘿嘿不欲食，烦躁数日，小便利色白者，此热除也，欲得食，其病为愈，若厥而呕，胸胁烦满者，其后必便血。”“热不除而便血，可犀角地黄汤。”郭雍辨证补方每每如此。

二、折衷诸家，贵存器之

郭雍善于吸收晋代王叔和，唐代孙思邈，宋代朱肱、庞安时、常器之等研究《伤寒论》的成果，结合自己的临床实践经验，折衷诸家之间，使对《伤寒论》条文的理解用药更趋合理。如该书卷八里这样写道：“又曰：太阳病脉浮紧者，法当身疼痛，宜以汗解之；假令尺中迟者，不可发汗，何以知然？以营气不足血少故也。庞氏云：前阳明病脉迟、汗出多、微恶寒，宜桂枝汤，不责营不足，盖尺脉长大而迟，此必软紧而迟，不可汗，宜建中汤。雍曰：桂枝本为解肌不动经，故前阳明证中用之；麻黄则发汗动经也。常氏曰：可小柴胡汤。雍曰：伤寒阳脉涩，阴脉弦，法当腹中急痛先与小建中汤，不差，与小柴胡汤，二药可相须用也。”

更值得注意的是，诸家之中，郭雍引用常器之的话最多。以上列举各家都有其著作保存下来，唯常氏的书始终不见。所以郭雍集存常氏之言，就显得特别珍贵了。单从本书“六经统论”部分所引常氏补入《伤寒论》的方剂就达113方。由此也可推知常氏对《伤寒论》的研究亦有一定的贡献。

三、阐明温病，注重鉴别

郭雍对温病也有精辟的阐述。我们知道，温病学说导源于《内经》和《伤寒论》，而且是孕于“伤寒”之中。《内经·热论》云：“热病者，皆伤寒之类也。”可以看出对温病的认识是限制在“伤寒”的圈圈以内的。到了唐代许多医家仍然认为瘟疫（温病的一种）与伤寒不异。孙思邈引《小品方》说：“古人认为伤寒为难治之疾，时气瘟疫是毒气之病，而论治者不判伤寒与时行瘟疫为异气耳，云伤寒是雅士词，天行瘟疫是田舍间号。宋代庞安时指出瘟疫别于伤寒。对此，郭雍又进一步加以发挥，他首先把伤寒、温病、热病加以区别，他引仲景的说法认为“冬伤于寒，中而即病者名曰伤寒。盖初感即发无蕴积之毒气，虽为伤寒其病亦轻。不即病，寒毒藏于肌肤，至春变为温病，至夏变为热病。”温病较伤寒“其毒稍深”，热病较伤寒“其毒更甚”。温病重于伤寒，热病又重于温病。同时又指出伤寒、温病、热病都为伤寒。他说：“故古人谓冬伤于寒，轻者夏至以前发为温病，甚者夏至以后发为暑病也，此三者其为伤寒本一也。”进而，他再把温病分为三种，他说：“医家论温病多误者，盖以温为别一种病，不思冬伤于寒至春发者谓之温，冬不伤寒而春自感风温之气而病者亦谓之温，及春有非节之气中人为疫者亦为之温，三者之温自不同也。”大凡前两种温病是“自感自致之病”，瘟疫为“一邦一乡一家皆同患者”。前者系自感风寒或风温邪气所起，后者乃非节之气中人所致。然，前一种为冬感，后两种为春感，这显然是把温、疫同伤寒分开了。

诚然，此时郭雍还不可能把整个温病（包括瘟疫）同伤寒划清界限，还不可能使温病从伤寒之中独立出来；对瘟疫的成因还仅在感受不时之气的范围去认识。但在当时的历史条件下，他能够把瘟疫同伤寒较严格地加以区别，就十分可贵了。

郭雍在临床实践中非常注重疾病的鉴别诊断，系我国医学史上最早注重鉴别诊断的医家。特别是对几种皮肤发疹性的传染病，各家记载均简略，唯郭雍论述较详。他说："伤寒热病发斑谓之斑，其形如丹砂小点，终不成疮，退即消尽，不复有痕（斑疹伤寒）。温毒斑即成疮，古人谓热毒疮也。舍是又安得别有热毒一疮？后人谓豌豆疮，以其形似之也。温毒疮数种，豌豆疮则其毒之最大者（天花）。其次则水疱麻子是也（水痘）。又其次麸疮子是也，如麸片，不成疮，但退皮耳，以其不成疮，故俗谓之麸疮（麻疹），又与瘾疹不同。瘾疹者皮肤瘙痒，瘙则瘾疹垄起，相连而出，终不成疮，不结脓水，亦不退皮，忽尔而出，复忽尔而消，亦名风尸（荨麻疹），世人呼麸疮，或曰麸疹即是。"此外，对于其他相类的病，也提出重点加以鉴别。如对食积（消化不良）与脚气，伤寒与疟疾（瘴雾），疮疡与水毒（化脓性炎症）等的鉴别即是。

综上所述，可以看出郭雍的《伤寒补亡论》是研究《伤寒论》的一部较重要的著作，而郭雍不愧为伤寒论学派中主要医家之一。清代王如恂《伤寒补亡论序》里，给予郭雍以很高评价，序中说："有河南郭雍者复就庞氏之本，阙者补之，晦者明之，寻源意委，远绍旁搜，撰次为二十卷，凡风寒暑湿燥火，以及妇女婴儿，无不择之精，而语之详，洵庞氏之羽翼，仲景之功臣也。"评价入情入理，但《伤寒补亡论》也有其缺点，如书中将仲景原文与后世注文互相掺混，又未能考证注文出处，这也是我们必须看到的。

阎 孝 忠

阎孝忠，又名季忠，字资钦，北宋许昌（今河南许昌）人，大观（1107—1110年）初，曾去汝海做官，后又在大梁（开封）任宣教郎。他究心钱乙学说，颇有心得，竟成名医，为祖国儿科的发展做出了贡献。

一、编《小儿药证直诀》，使钱乙学说得以传后

钱乙是一位杰出的儿科专家，他系统地总结了我国北宋以前的儿科理论与经验，被尊为“幼科之鼻祖”。正如《四库全书·目录提要》所云：“小儿经方，千古罕见，自乙时别为耑门，而其书亦为幼科之鼻祖，后人得其绪论，往往有回生之功。”然钱乙的《小儿药证直诀》（以下简称《直诀》），并非钱乙之亲笔，乃由阎孝忠编辑。阎氏五六岁时，患惊痫、癖瘕，屡次危殆，都是由钱乙救活治愈的，遂得十余个方子。大观初年，在亲戚朋友中搜集到钱乙诊治疗法数十条。六年后得到钱氏治病杂方，后来到京城开封又看到了别的抄本。但是那些本子由于随录随传，内容和编排上显得杂乱无章，和他原先集存的方书比较，各有得失，于是他就把它们加以参阅校勘。凡是次序先后颠倒的就把它重新编次，内容重复的加以削繁就简，有错误的则予以纠正，对粗俗的或不为一般人所懂得的方言词语加以修改，终于辑成此书。阎氏编辑此书的目的是十分明确的：其一是为了济世活人，其二是使钱乙医术不断地发扬光大。正如他在序中所说的那样：“余念博爱者仁者之用心，幼幼者圣人之遗训，此惠可不广耶，将传之好事者，使幼者免横夭之苦，老者无哭子之悲，此余之志也，因以明仲阳之术于无穷焉。”因此，钱氏学说赖阎氏编辑《直诀》以传，其功实不可泯！

二、撰《阎氏小儿论方》，补钱乙医术之未备

阎氏在其卷首云：“余家幼稚多疾，率用钱氏方诀，取效如神。因复研究诸法，有得于心，如惊痫等，钱仲阳之未悉者，今见于下。”并将《阎氏小儿论方》置于《直诀》之后。其发挥钱氏者甚多，兹举几则。

（一）详述惊风

（1）对钱氏论述的发挥：阎氏认为小儿急慢惊，古书无之，惟曰阴阳痫。所谓急慢惊者，后世名之耳，正如赤白痢之类是也。阳动而速，故阳病，曰急惊；阴静而缓，故阴病，曰慢惊。此阴阳虚实寒热之别，治之不可误也。急惊由发热，热极生风，又或因惊而发，则目上目扎，涎潮搐搦，身体与口中气皆热，及其发定或睡起，即了了如故。此急惊证也。当其搐势渐减时，与镇心治热药一二服（《直诀》中麝香丸、镇心丸、抱龙丸、辰砂丸及至宝丹、紫雪丹之类），候惊势已定，须臾以药下其痰势（《直诀》中利惊丸、软金丹、桃枝丸之类，或大黄、朴硝等药），心神安宁即愈。慢惊风得于大病之余，吐泻之后，或误取转致，脾胃虚损，风邪乘之（凡小儿吐泻不止必成慢惊，宜速治），似搐而不甚搐（此名瘛疭），似睡而精神慢，四肢与口中气皆冷，睡露睛，或胃痛而啼哭如鸦声，此证已危，盖脾胃虚损故也。在这里，阎氏概括了惊风的认识史；进一步区分了急、慢惊风；尤其是对二者的病因证治阐述得更为细致。

（2）治疗上的宝贵经验：第一，惊风或泄泻等诸病，烦渴，皆津液内耗也，不问阴阳，宜煎钱氏白术散。第二，凡小儿急惊，方搐不用惊扰，此不足畏。慢惊虽静，乃危病也。急惊方搐，但扶持不可擒捉，盖风气方盛，恐流入筋脉，或致手足拘挛。第三，治急慢惊，世人多用壹药，有性温性凉，不可泛用，宜审别之。又治慢惊药宜去龙脑，纵须合用，必以温药为佐，或少用之。第四，治小儿惊风，痰热坚癖，能不用水银轻粉甚便，如不得已用之，仅去疾即止，盖肠胃易伤，亦损口齿。以上经验，直至今天，对于临床仍大有裨益。

（二）博录群方

阎氏云："小儿治法，大概与大人同，惟剂料小耳。如升麻葛根汤，惺惺散等，虽人皆知之，仓卒亦难检，今并载于下，钱氏已有方者，今不复录。"他搜集整理了前人已有的为钱氏所不备的有效方子。譬如升麻葛根汤、惺惺散、消毒散、黄柏膏、胡荽酒、四圣散、兰根散、甘露饮子、白虎汤、调肝汤、魏香散、地黄散、菖蒲丸、鸡头丸、羚羊角丸、全蝎散、和中散、紫苏子散、柏墨散、至宝丹、紫雪丹、理中丸、五苓散、附子理中丸、金液丹、青州白丸子、小柴胡汤等，记述了它们的方药组成、适应证候、使用方法等，这样就扩大了儿科的用药范围，同时又便于医者临时寻检。

（三）揭示“五难”

俗语云：能治十男子，不治一妇女；能治十妇女，不治一顽童。这充分说明哑科（儿科）之难以诊治。究竟难在何处？阎氏根据钱乙以及自己丰富的临床经验，悟出儿科的诊病特点——“五难”。他认为，医学作为一门学问确实是很难的，而治疗儿科疾病尤其困难。对六岁以下儿科病的诊治，《黄帝内经》未见记载，到后来才有儿科专书《颅囟经》，用以预测儿童寿命的长短，疾病的生死。可见小儿疾病的治疗即使黄帝也感到为难，这是第一难。从切脉来看，虽然脉法说明“脉来八至为平脉，十至是病脉”，然而小儿脉象微弱难摸，加之当医生切脉时，患儿又经常惊惶啼哭，影响气息，而得不到真正的脉象，这是第二难。既然脉象难以作为凭据，就须通过观察患儿的身体、形色、声音等体表证候来诊断疾病，但是儿童的骨骼、气血、形体、声音，均在发育变化之中，况且他们悲、哭、喜、笑、神态无常，所以在望诊、闻诊上也有困难，这是第三难。通过询问病情来诊断，这是医生诊病的必要手段和技巧，但是婴幼儿大多不会说话，即使会说话，所讲的症状也未必可信，这是第四难。小儿脏腑娇嫩，临床表现有易虚易实易寒易热的情况，而一般医生又多喜用犀角、珍珠、龙脑、麝香等药，医生如果辨证不确切，那怎么治好疾病呢？这是第五难。这“五难”说明在小儿疾病诊断上确实存在着种种隐奥，重重困难。阎氏眼见庸医处方用药，致使十分之四五的患儿因误治而夭折，同时，又因小儿疾病诊治法散在各种医书中，且大多于臆测，泛泛不切实际，很难作为医疗的依据，因此他深深感到要想掌握儿科诊治的要领、秘诀，确实不是件容易的事！这里阎氏对儿科治病特点的总结既贴切又概括。他将其揭示于众，在于启迪后学，唤起医家对儿科病研究的重视。

简言之，阎孝忠在传播与发挥钱乙学说方面是有很大功绩的。

王贶

王贶（kuàng，况。贶，一作况），字子亨，北宋考城（今河南兰考）人，约生活于11—12世纪，本士人，南京（今商丘市）名医宋道方（字毅叔）的女婿。贶初从其岳父学医，但未学到家。后因生活窘迫，到京都开封谋生。刚到开封，恰逢宋朝廷突然更变盐法，遏制盐商取利，并公布于社会。有个大盐商看见“布告”不禁惊恐起来，吐舌不能收，十来天无法进食，身体瘦弱日甚一日，太医也治不了。他全家人十分忧惧，使张贴文告再求名医。文告说：有能医者，当以千金酬谢。贶应其所求。他见商人的状态，忽然不由自主地笑了起来，心里以为不易措手。商人家里感到奇怪而诘问。贶伪装为胸有成竹的样子，说大话：“我笑京师如此之大，而无人能治此小病！”他让主人家取来《针经》，偶然查到穴位、主治与商人相似的病。贶说：“你家应当同我立个字据，万一不能活，不要埋怨我。当为你扎针，可以立即取效。”病人不得已，只能听从。贶急针商人舌底，抽针之际，病人形态委顿，顷刻，舌头伸缩自如，跟平时一样。病家高兴极了，遵守“文告”里的许诺，给予厚谢，又为之宣扬。自此，京城里人人都夸赞王贶的医术。贶家即成了小康之家，才有了条件尽心研究《肘后方》，且卓然成为一代名医。

宣和（1119—1125年）中，贶因医术高明，得到宋朝皇帝的宠爱，任朝请大夫[1]。

据南宋王明清《挥塵余话》载：贶著有《全生指迷论》，丞相吴敏为它作序称赞说：“子亨当官不苟，遇世变，尝慨然，再请出疆使万里云。”《宋史·艺文志》作《济世全生指迷方》三卷。

清代《四库全书》讲：《全生指迷方》四卷，谓“传本久绝，故医家罕所征引，或至不知其名，今检《永乐大典》所收，按条掇拾”。所以今天我们看到的本子，已非原本，而是从《永乐大典》中辑录出来的。

该书卷一为脉论，辨五脏六腑部位脉法，辨人迎三部趺阳九候五脏六腑脉法，诊诸病证脉法，辨脉形及变化所主病证法。卷二为寒证、热证、风食、风湿、疟疾、痹证、劳伤、气病、血证。卷三为诸积、诸痛、眩晕、厥证、痰饮、消证、疸病。卷四为咳嗽、喘证、呕吐、小便、妇人科。

以下我们研究该书所具有的特点。

一、脉论略，脉法详，略详得当

本文前面已交代，“贶初从其岳父学医，但未学到家”。但到其撰写《全生指迷方》时，却成为一名精岐黄术，尤其是对脉学极其精通的大医学家了。他对脉学的论述，该略则略，该详则详，略者言简意赅，详者无微不至。对于“脉论”仅用几十个字，便对脉之原理、脉之阴阳等说得明明白白。兹将全文录于后，供鉴赏：

“论曰：人以天地之气生，四时之法成，是以有五脏六腑四肢十二经三百六十五穴，以象五运六气四时十二月周天之度。阴阳变化与天地同流。乖其气，逆其理，则阴阳交错，脏腑偏毗[(2)]，脉行迟速，荣卫失度，百病丛生。非脉无以探赜索隐。所谓脉者，乃天真之元气，有生之精神。精神不干脉理，脉理乃绝。故上古圣人体性鉴形，剖别脏腑，详辨经络，会通内外，各著其情，气穴所发，各有腧名。善诊脉者，静意视义，观其变于冥冥之中，以神合神，悠然独悟，口弗能言。先别阴阳，审清浊而知部分，视喘息听声音而知病所生。所谓阴阳者，至者为阳，谓随呼而出也；去者为阴，谓随吸而入也。动者为阳鼓击躁也，静者为阴，来去沉沉默默也。数者为阳，谓一呼一吸六至也，迟者为阴，谓往来不满三至也。于三部九候之内察其脉形，有独异者，谓独大独小，独疾独迟，独不应四时者，乃受病之脉也。”

王贶对“脉论”之所以能写得如此简明扼要，根本一条，在于他对《内经》的脉学理论能融会贯通。如其中言：“人以天地之气生，四时之法成”句，就是《素问·宝命全形论篇》语，“是以有五脏……阴阳变化与天地同流”，是对《素问·生气通天论篇》“……九窍、五脏、十二节，皆通乎天”与《素问·气交变大论篇》.“善言天者，必应于人”理论的发挥。“审清浊而知部分，视喘息听声音而知病所生”，系《素问·阴阳应象大论篇》语，等等。

王贶对“脉法”的内容，用了大量笔墨。分为“辨五脏六腑部位脉法”“辨人迎三部趺阳九候五脏六腑脉法”“诊诸病证脉法”和“辨脉形及变化所主病证法”等五部分，特别是对最后一部分论述尤详，多达三千字。包括浮、沉、迟、数、洪、散、芤、濡、微、革、伏、牢、实、弱、细、缓、涩、结、代、滑、紧、促、弦、短、长、动等二十六种脉象的脉形，各种变化及其所主病证，一一讲析入微，句句明白晓畅。仅将所论“浮脉”录于后，请体验：

“浮脉之状：在皮肤轻手得之，重按则似有若无。王（旺）于秋，主脉主风主虚乏短气。秋得之为顺，春得之为贼邪，冬得之为虚邪，夏得之为实邪，又为微邪，其病不治自愈。纯浮为感风，浮弦为虚劳，浮紧为风寒，浮芤为衄血，浮滑为风痰，浮洪为风气壅滞，浮微为气不足，浮缓为风虚四肢不随，浮涩为伤肺咯血嗽血，浮迟为伤惫，浮弱为虚损，浮濡为气血俱不足。又看见于何部位，以脏腑经络推之，余皆仿此消息”。

纵观其脉学，很自然得出这样的结论：脉论略，脉法详，略详得当。

二、论病源，论病状，易于运用

我国宋代以前内科发展经历过这样一个过程：秦汉时期，《内经》在内科方面有了比较详细的记载，东汉，《伤寒杂病论》为内科学奠定了基础；晋代，《脉经》对内科诊断起了很大作用，《肘后方》记载了许多简便有效的方药；隋代，《诸病源候论》是中医的病理专著，其中对内科病的记载特详；唐代，《千金方》和《外台秘要》对内科的治疗方法更加丰富多彩；北宋时，《太平惠圣方》《圣济总录》，则又是国家颁行的内科方书。王贶撰写《全生指迷方》的时间，大约是在1117年《圣济总录》成书之后。因而，王贶有可能避免上述有的著作有论无方，或有方无论的偏向，汲取了前人既有论又有方的编写经验，使自己编写的书成为理、法、方、药俱全的简要的内科著作，成为当时医家个人编写的并广为流传的方书之一。

《全生指迷方》对疾病的论治，分为21门，依类编次。对每一疾病，不只是评述症状，且于每症之前，一一论其病源，使读者既知其然，又知其所以然，便于掌握，易于应用。如论“消证”：

“论曰：消渴之病其来有二，或少服五石汤丸，恣欲不节，不待年高，气血衰耗，石性独存，火烈焦槁，精血涸竭，其状渴而肌肉消；又有积久饮酒，酒性酷热，熏蒸五脏，津液枯燥而血涩，其状渴而肉不消。如解五石毒者，宜罂粟汤；欲止渴者，宜菟丝子丸；大渴而加烦热者，宜马通散栝楼粉（以下为药物及用法）。”

全书21门，门门如此论述。

王贶，剖析病源、病状，根本目的是为了贯彻辨证论治原则。如论“咳嗽”：

“论曰：……有因寒者，因风者，因热者……风则散之，寒则温之，热则调之泻之。因风者恶风，出风中则咳甚，因寒者遇寒则剧，因热者得热则发。若因外感风寒不即治之，邪气留淫日深，攻伤藏气。一藏受损，遂传其所不胜，如肺经受病久而不去，咳则右胁痛不可转侧，遂传之肝；肝属木，肺属金，金克木，咳引右胁不可卧，卧则咳剧，遂传之脾；脾土也，为木来克，则大便鸭溏，甚则瘛疭如痫状，次传之肾；肾属水，为土所克，则骨痿不能起于床，手足浮肿，次传之心则死。若因脏气自相熏蒸，如心乘于肺，急补肺而泻心。补肺宜辛甘，泻心宜苦。若脾热熏蒸，但泻其脾，治以甘平。调肺以辛温，谓之间传学宜如此。”

这一段，讲了何为咳，何为嗽，咳嗽总的病因、病理机制，不同证因咳嗽的鉴别与治则，讲了五脏咳的方方面面。其辨证论治原则运用之纯熟，病理机制剖析之微茫，实在令人叹服！王贶强调“传学宜如此”，即是说，老师教学生的时候，应该像这样，把道理讲得透透彻彻，明明白白。关于“五脏咳”的理论，也应该引起今人的重视。

本书所设21门，每门之后，大都标某汤某丸，主治某病，详其药物重量、煎服方法等。所以，论病源，论病状，易于应用，就成了本书的第二大特点。

三、善针刺，善艾灸，重在急救

本文开头讲过，王贶曾尽心钻研《肘后方》，当然在学术思想上深受葛洪的影响。葛洪对我国针灸学的发展做出过重大贡献，多数情况是用针灸作为急救的手段。王贶正是注意到了这一点。在《全生指迷方》里虽然针灸处方不多，但多数是在关键时刻采用的。譬如“痹证”：

“若始觉脚弱，速灸风市、三里二穴，各一二百壮。”

“诸痛”：

“若胁痛不得息，痛则咳而汗出，由邪客于足少阳之络，属胆，宜灸足小指次指爪甲上与肉交处七壮，窍阳二穴也。”

“若臂外臁痛，手不及头，心烦唯痹者，由邪客于手少阳之络，如针刺手大指次指之端，去爪甲如韭叶，令血出而止。”

“若臂痛不能屈伸，此邪客于臂掌之间，取腕踝骨后，以指按之极痛刺之，留二呼急出针或灸。”

“若筋拘挛，背急痛，引胁下，从项推下夹脊，按之应手痛者，于其下灸七壮，未定加之十四壮。”

“厥证”：

“……尸厥，先以竹管吹左耳极三度，又吹右耳如前，灸熨斗熨两胁，以石菖蒲末著舌下，及吹鼻中，又刺足大指内侧爪甲去端如韭叶，入一分留三呼，谓隐白穴也。出之，又刺足心涌泉穴，如上法，又刺足中指爪上，令破，如上法，谓厉兑穴也。又刺手大指内侧去端如韭叶，又刺手心，主谓中冲穴也。又刺掌后锐骨之端，谓神门穴也……。”

“若喜怒嗌痛，不肉食，气奔走上，刺足下中央之脉，血出而止。”

除上述以外，本书还载有药物疗法的丰富经验，仅举一例：

卷四“妇人科”：

“兔血散治难产，最要临产服之。

腊兔血

右为蒸饼切片子蘸血阴干为末，煎乳香汤，调服二钱。”（按：虞流在1140年，撰《备产济用方》一书，载有“神效催生丹”，主要用全兔脑制成，现在已知垂体后叶素具有促进宫缩作用。可能“神效催生丹”是在“兔血散”基础上的改进。）《全生指迷方》大量应用了张仲景的方，还收载了《史载之指南方》《孙氏存仁方》《杨仁斋直指方》《琐碎录》和《袁当时大方》等诸家的临证经验[(3)]，如卷四“妇人科”：

“瓜子汤，治肠头如以针刺连谷道，又因痔痛小便如淋状，时寒时热，此产时用力气并肠间，亦由阴虚邪热乘客留聚，肠间热结恐成肠痈。《袁当时大方》之崔左丞屡用有效。

薏苡仁炒四两　桃仁去皮尖　牡丹皮各三两　瓜子一两　右为末，每服五钱，水二盏，煎至一盏去滓温服。”

综上所述，王贶的《全生指迷方》，其学术思想、著作特点，可用《四库全书提要》的一段话加以概括：“方书所载，大都标某汤某药，主治某病，详其药品铢两而止。独觋此书，于每之前，非惟详其病状，且一一论其病源，使读者有所依据，易于运用。其脉论及辨脉法诸条，皆明白晓畅。凡三部九候之形，病症变化之象，及脉与病相应不相应之故，无不辨其疑似，剖析微茫，亦可为诊家之枢要。”

注释：

（1）朝请大夫：唐、宋文阶官之制，从五品上曰朝请大夫，元升为从四品，明为从四品加授之官。

（2）毗（pí，皮）：损伤；败坏。

（3）《史载之指南方》：即《史载之方》2卷［宋·史堪（字载之）撰］，约刊于1101年以前。《杨仁斋直指方》（又名《仁斋直指》《仁斋直指方》《仁斋直指方论》）26卷［宋·杨士瀛（字仁斋）撰］。

张　锐

张锐，字子刚，郑州人，官团练使[1]，笃好医方，遂得精妙，声名远著，凡有求治，不问贵富贫贱，皆用心诊疗。（见《古今医统》）据南宋洪迈的《夷坚志》载："政和中[2]，蔡鲁公之孙妇有娠，邀锐治之，一服而愈。"可见在北宋末张锐已以医名噪京师。南宋藏书家陈振孙曰："《鸡峰备急方》一卷，太医局教授张锐撰，绍兴三年为序[3]，大抵皆单方。"由此可知，张锐大约生活于11世纪下半叶至12世纪上半叶，为北宋末年、南宋初年的医学家，其著作《鸡峰备急方》约成书于1133年。

《鸡峰备急方》又称《鸡峰普济方》，共三十卷，陈振孙视作一卷者，疑其仅见到该书"卷三十"（内容为"备急单方"），自然认为"大抵皆单方"。为何冠之以"鸡峰"？新近孙继芬等《中国医籍提要》认为："'鸡峰'为陕西宝鸡县陈仓山之别名，故可能其先居郑州而后迁居陕西待考。"

本书世所罕传，故《四库全书》未收入。今存者为清代翻刻之宋本书，已缺二、三、六、八等四卷。卷一为绪论及炮炙法，卷四为脚气，卷五为伤寒（附中暑），卷七为补虚，卷九为劳虐、积聚、黄疸，卷十为血、小便，卷十一为心、肺，卷十二为脾胃、肝肾，卷十三为热、大便秘、冷，卷十四为泻痢（附呕吐）、疟（附痢），卷十五为妇人病，卷十六、十七续载妇人诸疾及喘、五痔等证，卷十八为淋、痰饮、头面病（附头痛），卷十九为消渴、水气，卷二十为气病（附膈噎），卷二十一为眼目、口齿、咽喉，卷二十二为疮肿，卷二十三为治小儿诸病方论，卷二十四为小儿诸证，卷二十五为杂，卷二十六为奇疾，卷二十七为杂记，卷二十八至卷二十九为丹诀，卷三十为备急单方。

本书的学术成就可概括为两个方面。

一、析剖病源，明辨部位，用药针对性强

由汉代张仲景确立下来的辨证论治原则，历经晋唐至宋，逐渐得到推广，为一般医家所掌握，张锐对其应用更为娴熟，他剖析病源，明辨部位，用药针对性

很强。

（1）根据病因施药。如卷一“伤滞”条云：“人之脏腑，皆因触冒，以成疾病，而脾胃最易受触。盖日用饮食稍或过多，则停积难化；冷热不调，则呕吐泄痢；膏粱者为尤甚。盖口腹纵恣不能慎节，近用消化药，或论饮食既伤于前，难以毒药反攻其后，不复使巴豆、硇砂等药，止用曲蘖之类，殊不知古人立方用意各有主对，曲蘖只能消化米谷，如肉食有伤，则非硇砂、阿魏等药不用治也。至于鱼蟹过伤，则须用橘皮、紫苏、生姜；果菜有伤，则须用丁香、桂心；水饮伤，则须用牵牛、芫花，固不可以一概而论也，必审其所伤之因，对用其药则无不愈也。”纠正“只用曲蘖”不用“巴豆、硇砂”之弊，强调审因施药。

（2）根据病位施药。如卷十九“水气”条，将水肿分成不同类型，施以不同治法：“青水先从面目肿，大戟主之；赤水先从心肿，葶苈主之；黄水先从腹肿，甘遂主之；白水先从脚肿，上气而咳，藁本主之；玄水先从面肿，至足肿，芫花主之；黑水先从肤肿，连翘主之；风水先从四肢起，满大身尽肿，泽泻主之；石水先从四肢，小腹肿满大，桑白皮主之；裹水先从小腹满，巴豆主之；气水乍盛乍虚，乍来乍去，赤小豆主之。”辨别水肿起始部位而施药。

（3）明辨部位，指导施治。如卷一“伤寒表证”条：

“太阳候，先曾发汗不解，下之不愈，其脉浮，为在外，故令不愈，见今表证在者，且宜解邪，用桂枝。庸医为先曾下之，不敢再表，大为误矣。”病邪在表在里不可不辨。不知表里，也就是不知病之部位。不知病之部位，其药必妄投。

（4）阐明病源，时发前人之所未发者。如卷一“泻痢”条：

“诸方论泻痢，只言是脾胃病，不过谓风冷湿毒之所侵入，及饮食伤滞，遇肠虚则泻痢，而不知肝肾气虚亦能为泻病，……门户束要肝之气也，守司于下肾之气也。”强调肝肾气虚亦能致泻致病。

（5）仔细审证，判断预后。如卷一“诸风”条：

“发汗身软者生，汗不出身直者死；视其鼻人中左右上白者可治，一黑一赤吐沫者死。”

“风痱”条：

“能言，微有知者可治，不能言者不可治。”

“霍乱”条：

“脉大者可治，微细者不可治，脉细而迟、气息少、不欲言者不可治。”这些也颇具临床价值。

此外，卷一“取象”一则，在解释祖国医学常以“取类比象”的形象思维方法来帮助认识某些证候很有启发，文中曰：

“古之论疾，多取象比类，使人易晓。以稀散为鸭溏，或为鹜溏（野鸭谓之鹜），谓其生于水中，屎常稀散故也。以遇夜目昏不见物为雀目，谓雀遇昏晚目不见物故也。以肾气奔冲为奔豚，以奔豚为能奔逸，而不能运故也。以时气声哑咽干、欲睡复不安眠为狐惑，以狐多疑惑故也。以大便艰难为野鸡痔，谓欲便而复止故也。狼漏，始发于颈，肿无头有根，起于缺盆之上，连延耳根肿大，谓其疾来暴猛如狼故也。其源缘尤恚，气上不得下。蛴螬漏，始发于颈下，无头尾，如枣核块，累移在皮中，谓无头尾状若蛴螬故也。”

以上是张锐在辨证论治方面做的贡献，实际上，也反映了宋代内科学的成就，表明对内科病的研究已相当深入，科学水平不断提高。

二、采摭方药，荟萃制法，综合宋以前医疗经验

（一）采摭方药

卷一“处方”条，简要地讲了作者对前人用药经验的认识：

“近世医者，用药治病多出新意，不用古方，不知古人方意有今人所不到者甚多，……治疗有意外不测之效。”这种看法无疑是正确的。张锐也正是在这一思想的指导下，对所谓古方、时方做了大量搜集整理工作。

本书记载效验良方三千余首。辑录翔实，选方实用，每列方，详述病状，方简而法备。本书既收载了宋以前的方药，如寒食散、泽兰丸、登仙酒等，又大量地收载了宋代临床常用之方及民间习用的备急单方。如卷五“伤寒”条，共列圣泽汤、五积散（药物组成不同于《局方》五积散）、木香丸、顺元散、神建散、林檎散、犀角散、百顺散等二十四方，其中无一例《伤寒论》用方。其所裒方剂沿用至今而有卓效者比比。另如参苓白术散、香苏散、常山饮等方之收载均在《太平惠民和剂局方·绍兴续添方》之前。单方专列一卷。单味之品能直捣病所，备急扶危，诸如通便以麻仁，脱肛以木贼，小便不通取大蒜敷贴，等等。

（二）荟萃制法

本书荟萃了宋代有关医方炮炙及制药方面的一些成就。卷一专设“炮制法”

一则，对186味常用药的炮制方法加以综合，所用方法有：研、煅、焠、煨、火飞、烧、焙、浸、炒、姜制、炙、炮等，至于某药应炮去皮脐，某味须用汤洗，某药应去核，某味须炒黄，等等，均有指示。当然最详细最具体的加工炮制之要求见于处方里，不再赘述。

本书二十八、二十九两卷为“丹诀”，详述各种丹药的炼制方法。其中许多内容是值得继承和发扬的，如“合烧朱砂法”就记载得非常具体而科学，书中曰：

“先炒硫汞，研为细末，入合，用纸一两层衬底，上却用纸盖一两重，便以滑石末盖之，令满填实固济灰抱定作冢子，拣好硬炭，周回围旋定，生熟火一斤，从顶烧之，令烬候冷，取之研，看如紫红色即止，如青黑色研为末，依前法再烧。”并绘有丹鼎之示意图。

（三）综合医疗经验

本书综合宋以前医疗经验，揆之于经，参以己见，集合成编，涉及内、外、妇、儿、五宫、急症等各科。

打开书本，可见“经曰”“病源曰”“千金曰”“外台曰”“古今录验方曰”(4)等。还可见“仁宗赐名治十水之病”“葛仙公之妇人诸疾”“俞山人方治下虚上壅……”“代州钱防御命孙兆诊之”，等。(5)足以说明张锐既重视前人经验，又重视当代人的经验。

更值得注意的是，在一些处方后面附病案，使用药效果真实可信。建议临床医家应着重研究一下本书第二十五卷“杂治”第一方“大效紫菀元（丸）”，该方之后竟附九个成功的案例。请允许把主治症、组方及部分病案录于后：

“唐明皇帝敕录下臣僚奏过(6)：疗小肠难治之疾；脏腑积聚之冷疾，癖气块大如拳掌，亦如杯碗；及黄疸病朝起呕吐，上攻心膈，两肋分痛胀，彻连甲脊；痛无休息，常时绕脐九种心痛；五淋五痔及胃口闭塞吐逆；饮食积年不消，及妇人断续多年；又疗一切诸风，身体顽麻，不知痒痛，半面浮疼，眼目冷泪，遍身如锥刀所刺，眉毛坠落，面上生疮，游如虫行，莫知所有，或手足烦热，或夜卧不安；疗小儿七十二种风，及二十五种惊痫；男女夜梦鬼交，四肢无力、沉重，饮食无味，昏昏似醉，只欲求死，真如鬼魅，终日忧烦不乐，悲啼歌哭，并不依常；月候不调，或多或少，时似有孕，连年羸瘦，在床渐困，而致命终，但服此药，无不全愈。

紫菀　人参各二两　巴豆醋煮去心膜研　肉苁蓉　吴茱萸　菖蒲　干姜　白槟榔　当归

防风　茯神　桔梗　车前子　川椒　乌头炮去皮脐　猪牙皂角去皮涂酥炙，各一两　白术　汉防己　柴胡　羌活　麦门冬　甘草各一两一分　黄连　厚朴　干地黄　茯苓　大黄各一两半　肉豆蔻三分

右二十八味，各依法修制，为末，炼蜜为元（丸），如梧桐子大。每服空心五元（丸），茶酒或熟水下，当宣三五行，不定，以温粥止之。小儿临时加减此药。

臣兄因坠马，天阴即痛，羸瘦在床，不能饮食，命在须臾，日服五元（丸），至月，宣下一片如菜□大白脓，水一升许已安。

臣又见主簿陈胜妻久患心痛，羸瘦在床，气急心悬，饮食不下，日服五元（丸），十日取下青虫六十四个，大如筋头，又出脓水三升已，来自后渐安。

臣妻先患癖气块，服此药十日，每日五元（丸），出白虫一条，有头尾，下脓三升已，来又出青黄水三升，其病自愈。

……”

当然，该书制方有的也尚欠严谨，有些用药也似嫌杂乱。如“痢疾”门列藿香饮子方下标明“治脓血痢”，药物组成包括藿香、白芍、米囊皮、黄芪、甘草、当归、茯苓、泽兰、白头翁、附子、干姜、川芎、蒿豉饼子，显然不尽稳妥。

注释：

（1）团练使：宋代为武将兼衔，官阶高于刺史，低于防御史。

（2）政和：为宋徽宗赵佶年号。政和纪号共八年，即自1111—1117年。

（3）绍兴：为宋高宗赵构年号。绍兴纪号共三十一年，即自1131—1162年。

（4）古今录验方：书名。50卷。唐·甄立言撰。

（5）葛仙公：晋代炼丹家，晋代医家葛洪之从祖。孙兆（11世纪）：北宋医家，河阳（今河南孟县）人。登进士，官至殿中丞，著有《伤寒方》、《伤寒脉诀》等书。

（6）唐明皇：唐玄宗李隆基。敕：特指皇帝的诏书。

宋 云 公

宋云公，金朝河内（今河南沁阳）人，伤寒学家，著《伤寒类证》，刊于1163年。其余事迹，无文献可考。

关于《伤寒类证》，笔者所读的为明·季海虞、赵开美校刊本。于《仲景全书》（甲善）中。

宋氏自称密受于“常山医流张道人”。请阅自序：“窃闻天地师道以覆载，圣人立医以济物，道德医药，皆原于一。医不通道，无以知造物之机；道不通医，无以尽养生之理。然欲学此道者，必先立其志。志立则格物[(1)]。格物则学专。学虽专也，必得师匠，则可入其门矣。更能敏惠爱物，公正无私，方合其道。夫掌命之职，其大矣哉！且圣智玄远，自有枢要，强欲穿凿，徒劳皓首。仆于常山医流张道人处，密受《通玄类证》，乃仲景之钤法也[(2)]。彼得之异人，而世未有本。切念仲景之书，隐奥难见，虽有上士[(3)]，所见博达，奈以一心，日应众病，万一差误，岂不忧哉？今则此书换其微言[(4)]，宗为直说，使难见之文，明于掌上。故曰：举一纲而万目张，标一言而众理显。若得是书，以补废志，其济世也不亦深乎？故命工开版，庶传永久。时大定癸未九月望日，河内宋云公述。”

《伤寒类证》三卷。以仲景397法，分卷上：辨呕吐门第一、头痛门、头汗、头眩、衄血、目门、口门、白胎、身疼、自汗、恶风、恶寒、发热、寒热、潮热15门。卷中：厥、喘、咳、渴、咽痛、项强、胸满、结胸、心下痞、心下满痛、心下悸、胁满、腹满、腹痛、少腹满、下利、下利脓血、大便硬、大便难、不大便、小便不利、小便难、小便数、小便自利、小便清25门。卷下：冒门、烦、躁烦、发狂、心中懊憹、发黄、不得眠、身瞤、哕噫、杂10门。计50门。

每门又分若干法：呕吐门28法、头痛门9法、头汗门5法……计484法。

其书又以太阳等六经，编为辰卯寅丑子亥字号，有如50门，以呕吐门为始，见辰字号某呕证，当用仲景某方，即用表格的形式列述了伤寒诸证及兼证证治，并指明当用何方治疗。

今以呕吐门为例，便可窥其概略。

辨呕吐门第一　二十八法

辰	中三 一	呕	不下痢	太阳阳明合病				葛根半夏汤八味
辰	中五十四 二	呕	胸胁满	十三日不解	日晡潮热			柴胡加芒硝汤八味
辰	下十五 三	呕	发热	医以他药下之	柴胡证仍在			小柴胡汤蒸蒸而振却发热汗出解，结胸大陷胸汤，痞半夏泻心汤
辰	下十六 四	呕逆	下利					表解可攻之十枣汤
卯	十七 五	呕	不大便	胁满	舌上苔			小柴胡汤七味
子	十八 六	呕	咳渴	六七日下利	烦	不得服		猪苓汤五味
亥	十七 七	呕	小便自利	身有微热	见厥难治		弱	四逆汤三味
亥	十九 八	呕	发热					小柴胡汤七味
辰	下十二 九	微呕	发热	微恶寒	肢节疼	心下支结		柴胡桂枝汤九味
辰	中四十八 十	喜呕	中风五六日	寒热往来	胸胁满	心烦不欲食		小柴胡汤七味
辰	中三十八 十一	若呕	虚烦	心中懊侬	不得眠	发汗吐下后		栀子生姜豉汤三味
辰	下二十四 十二	若呕	太阳少阳合病	下利				黄芩加半夏生姜汤五味
辰	下三十五 十三	欲呕	腹痛	胸中有热	胃中有邪			黄连汤七味
卯	廿九 十四	食谷欲呕	属阳明也					吴茱萸汤四味
辰	上一 十五	干呕	汗	恶寒	发热	中风鼻鸣	阳浮阴弱	桂枝汤五味
辰	中十 十六	干呕	发热	咳	表不解	心有下水气		小青龙汤八味
寅	一 十七	干呕	寒热	太阳病不能转入少阳	胁下硬不能食	尚未吐下	沉紧	小柴胡汤七味
子	十四 十八	干呕	利不止	厥逆			无脉	白通加猪胆汁汤五味，若只下利脉微白通汤主之
亥	十八 十九	干呕	吐涎沫	头痛				吴茱萸汤四味
辰	上十六 二十	吐 逆	自汗出 小便数	心烦 微恶寒	脚挛急与桂枝，厥	咽干 躁烦	浮	甘草干姜汤二味，若厥愈，更与芍药甘草汤，其脚伸，若胃气不和、谵语，调胃承气，重汗，加烧针、四逆

续表

辰	中三十七 二十一	水入 则吐	六七日 不解 欲饮水	发热	腹痛	烦	有表 里证	五苓散五味
亥	十 二十二	吐	本自寒 下，医复 吐下之	若食入 则吐				干姜黄连黄芩人 参汤四味
亥	一 廿四	蛔 呕吐	蛔厥	烦	为藏寒	得食而 呕吐		乌梅丸十味
子	八 廿五	吐 利	厥欲 死者	躁烦				吴茱萸汤四味
霍乱	四 廿六	吐 利	汗出 恶寒	发热	厥	四肢 拘急		四逆汤三味
霍乱	五 廿七	吐利	大汗出	下利	小便利	内寒 外热	脉微 欲绝	四逆汤三味
劳复	六 廿八	欲 吐						伤寒羸虚少气，气厥欲吐，竹叶石膏汤主之七味

这种运用表格的形式表达《伤寒论》的内容，有利于对《伤寒论》的学习和掌握，有利于一般医生的临证应用，这是本书的最大特点，正因为如此，赵开美才加以校刊，并将其收录《仲景全书》中，同《伤寒论》《金匮要略》《注解伤寒论》合刊。除此之外，别无发明。

与宋氏同一时代，先后曾有许多著名的伤寒学家，成无己用《内经》诸说以发明其理论；韩祗和从脉证分辨，以脉为先；朱奉议对证候的比较分析；许叔微对方证的临床经验；庞安时之力主回护阳气；郭雍之集世说以补亡等，均各有所长。宋氏较此数家，要稍逊一筹。但其著作，又各有各的特点，各有各的作用。

注释：

（1）格物：推究事物的原理。

（2）钤（qián）：锁，犹言关键。

（3）上士：道德高尚之士。

（4）微言：含义深远静微的言辞。

郑春敷

郑春敷，金朝荥阳（今河南荥阳）人。早岁学医，熟读方书，《产宝》《产经》《良方》《济世》等书，靡不较阅，遂精通妇科，并深刻领悟妇科难医，认为妇人“以其嗜欲多于丈夫，感病倍于男子，加以慈恋爱憎嫉妒忧恚，染着坚牢，情不自释，故病根深也。殊不知经水胎妊生产崩伤，则又险而至难”。又认识到当时妇科尚无使他满意的专论，便促使他著述妇科，云：“其杂病与丈夫同，而载于诸书者，历历可究。惟方产则汗漫杂出，非有专家万金之方，可以知其要领，是以集诸家之善，抄世验之奇，始于调经，继以胎产，终于杂症，凡方论如真金美玉，随世所用，而辙应者也。”于是，隆兴二年（1164年），他撰写的《女科济阴要语万金方》诞生了。（自《序》）

书写成后，由于郑氏思想保守自私，不肯公布于世，只限于郑氏家族亲朋师弟抄录秘传。自《序》云：“嘱我后人不可轻，苟传，虽至亲密友，如甥舅师弟之间，不可借览，余以祝天设誓，后之子孙不可轻犯，家无恒产，此是金穴。”直到咸淳元年（1265年）腊月太医院监局兼翰林院提举郑中饶抄本所写序中仍这样说：“余得荥阳公秘书《万金方》一卷，是家传至宝，……凡为吾后子孙，若拱璧视之，勿弁髦忽之而轻借与人，轻售于人，有誓在前，余不更赘。”这便大大限制了此书作用之发挥。

郑春敷本世医出身。在郑中饶抄本中有《薛郑世医记》一篇，内容如下：“郑（言春敷之祖先）本宋仁宗（1010—1063年）后之侄，忠益王之裔，居平桥王带河之北，薛居王带河之南。其南北对面俱岑楼。薛无子，止有一女。郑习儒，亦只一子，薛女居楼习针线，郑子居楼习经史，两意目送以通情。郑潜薛楼者旬余，临别相誓曰，若不得百年鱼水之欢，当坚一生鳏寡之节，相牢守誓。父母觉，而遂配为夫妇焉。其后郑之子遂得薛之秘书而专妇科。故云薛医产不本也，其秘书悉为郑有矣。”

此事距郑春敷已过去约一百年。医术传至郑春敷恐已三至五世了。

《女科济阴要语万金方》（手抄线装善甲）一函二册。首卷内容为：序二，记，治经水，治胎前，治产后，治杂症，万金方目录其方一百四十九，守恒万金方议，方始于倍字四物汤、终于八宝五号紫苏饮。卷末内容：方始于滑胎散、终于加减佛手散，妇科痘症治括，妇科治括。

现举其要者评介之。

一、治经水

（一）月经病之辨证论治

该书云："女人之经事参前而来者，血热也；经闭不通者，血枯也；过期而行者，血虚血少也。血淡者，胃中有痰也；成紫黑块者，热之极也。未来先作痛者，血热并气滞也；后来作痛者，气血内虚也；错经妄行者气之乱也。经水参前调经饮，经水落后理经汤，将来作痛秘字调经愈痛散，经水作痛调经愈痛汤。"

又云："调经之道，贵乎抑气以行血，血盛气衰为从，从则百病不生，孕育易成。"

月经病是妇科的常见病。月经先期者，多是血热妄行所致。因素体阳盛；或过食辛烈助阳之品；或情志抑郁，郁而化火；或久病失血伤阴，阴虚阳盛，热迫血行，冲任不固，致经血先期而下。距郑氏之后约二百年，元代大医学家朱震亨在《丹溪心法》里也讲道："经水不及期来者，血热也。"月经后期之发生，有虚有实。虚者，即郑氏所称"血虚血少者"。多因久病体虚，或长期慢性失血，或产乳过多，数伤其血，或饮食劳倦伤脾，生化之源不足，营血衰少，致冲任血虚，血海不能按时满盈，经水因而后期。又如《丹溪心法》云："过期而来，乃是血虚。"所谓"经闭不过者，血枯也"，多指肝肾不足，精血两亏，或气血虚弱，血海空虚，无余可下。

痛经者，有经前、经期与经后之别。气滞者，则小腹、胸胁、乳房胀痛；血热者，则津伤。津伤，则血瘀，从而导致痛经。气血虚弱者，血海空虚，胞脉失养，故小腹绵绵作痛；或肝肾亏损，精血不足，冲任俱虚，经行后血海空虚，胞脉失养，故小腹隐痛。

经期错乱者，主要是气血不调，冲任功能紊乱，血海蓄溢失常所致，所谓"气之乱也"。经水妄行，即月经逆行逆上，"经行吐衄"。其发病机理，主要是血热气逆，亦即"气之乱也"。因气为血帅，血随气行，气热则血热而妄行，气逆则血逆而上溢。

郑氏在辨证的基础上，又针对性地施以方药。虽说郑氏的认识还不够全面，但在当时已是先进的认识了。

（二）经闭

书中云："女人经闭有脾虚而不能生血者，脾伤而血耗损者，胃火而销铄者，脾胃损而血少者，劳伤心、怒伤肝而血少者，肾水不能生肝而血少者，肺气虚不能行血而闭者。经云：损其肺者益其气，损其心者调其荣卫，损其脾者调其饮食、通其寒温，损其肝者缓其中，损其肾者益其精。不可便认闭经血死，轻用通经破血之药，果有血块凝结，方宜行血通经。"

郑氏对经闭机理分析得十分正确，表明了月经与脏腑、气血的密切关系。妇人以血为本，经水为血所化，而血来源于脏腑。在脏腑中，心主血，肝藏血，脾统血，脾与胃互为表里，同为生化之源，肾藏精，精化血，肺主一身之气，朝百脉而输精微。它们分司着血的生化、储藏、统摄、调节等重要作用。故脏腑安和，血脉流畅，则血海充盈，经候如期。否则，一脏有病，不是气耗，便是血损，气血既虚，血海空虚，无余可下，必致经闭。

其治疗原则亦较全面，大致已包括滋补肝肾，养血调经；益气扶脾，养血调经；活血祛瘀，理气行滞；燥湿祛痰，活血通血等治则。

郑氏又特意指出用药禁忌：除非果有血块凝结，宜行血通经，一般不可轻用通经破血之药。这种认识也是相当正确的。

郑氏治疗闭经还有一首秘方，可供临证参考：

女人经候不通而欲通者秘方：用船上多年灰条炭火烧红，淬入好酒内，取出待干，为末，每服三钱，好酒调下，空心服；第二服，红花酒调下；第三服，大黄酒调下。三次要见，如神。此专通经，用者审之。

（三）经期卫生

郑氏曰："女人经至，即如大产，须畏避风寒，禁止洗浴，节食，戒气，否则百病蜂起。"

月经虽属妇女的生理现象，但因行经期间，血室正开，邪气易侵，如不注意调护，常易致病。如陈自明《妇人大全良方》也有类似郑氏一样的见解，云："若遇行经，最宜谨慎，否则与产后证相类。若被惊恐劳役，则气血错乱，经脉不行，多致劳瘵等疾。"因此，在经期常须注意适寒温，节饮食，调情志，劳役适度，清洁卫生等。

二、治胎前

此部分论述了求子、妊娠、堕胎、子烦、子淋、转胞、孕中生痛、难产等八证，每证又分若干条，计41条。仅举堕胎、转胞二证：

（一）堕胎

郑氏安胎之法十分考究，他先引唐末昝殷《经效产宝》语：“安胎之法有二：母病以致胎堕者，但治母病，其胎自安；或胎气不坚，以致母病者，安胎而母自愈。”又认为：“妇人怀妊，若初胎是三个月堕，则二、三胎亦复如期而堕，后来受胎当预于二个月前，先服安胎之剂，方免再堕。盖乃至三月，尚属相火，所以易堕，不然，何以黄芩为安胎之妙剂耶？”又曰：“妇人曾于几个月堕胎者，后胎亦必如期而堕，临月预服药安，二月黄芩汤，三月茯神汤，四月调中汤，五月安中汤，六月柴胡汤，七月杏子汤。”

黄芩汤：黄芩　人参　阿胶　生地　当归　吴茱萸　姜　煎服。

茯神汤：茯神　丹参　龙骨　人参　阿胶　当归　甘草　大枣　煎服。

调中汤：白芍　白术　柴胡　甘草　乌梅　续断　川芎　当归　枳实　厚朴　煎服。

安中汤：人参　甘草　当归　川芎　生姜　麦冬　干地黄　五味子　大枣　大麻　煎服。

柴胡汤：……

杏子汤：……

郑氏这种逐月安胎法，是值得悉心研究的。

另有两首安胎神效方：

其一，家传五月五日，采益母草阴干，石臼捣为末，炼蜜丸，弹子大，每服一丸，或二丸，或临产以童便和酒送下，治横生逆产并安胎，神效。

其二，安胎饮：孕成之后，觉胎气不安，或腹微痛，或腰痛，常服数帖。

白术　当归　芍药　熟地各一钱　人参　川芎　黄芩　陈皮　甘草　紫草各五钱　加姜一片　水煎服，神效。

（二）转胞

郑氏对转胞的认识及复位方法，也是值得称道的。他认为：“转胞者，小水不利也。两脉似涩，重则弦，左相和，此得之忧患。涩为血少，弦为气有余。血少则胎弱不能自举，气有余则中焦不清而隘胎，知所避而就下，故喜坠。殊不知胞不自转，为胎所压，转在一边，胞系相戾不通耳。胎若举起，胞系自疏，水道自利，此疾在三个月居上，多以任字号煎服，随以手指探入喉中，吐出药汁，使少顷气定，又与一服，次早亦然，必至七八帖为妙，吐时必须平正端立，盖欲吊其腹中动也。”

三、治产后

此部分论述难产，胎衣不下，产后子肠不收，门户痛，败血冲心，呕吐，盗汗，泄泻，血晕，交肠痛，视物不明等十一证，每证又分若干条，计49条。仅列举胞衣不下及产后用药如下：

（一）胞衣不下

该书云：“胞衣不下，世谓之息胞，因污血流入胞中，胞为血所胀，是以不得下。治之稍缓，胀满腹中，以致上冲心胸，疼痛喘息，必服黑神散，逐去胞中恶血，血散胀消，胞衣自下。又有去血多而胞衣干涸不出者，须用止血服号防号推生如神散、麝香散，以固其血，则胞随血下。”

此认识同现代认识一致。胞衣不下的发病机制，主要是气血运行不畅，胞宫活动力减弱，不能促使胞衣排出。导致气血运行不畅的因素，大致分气虚和血瘀两种。即因素体正气不足，产时用力过度，气血耗损，无力运胞外出，故产后胞衣不下；或因瘀血凝滞，恶露停积胞中，胀而不下。前者用推生如神散麝香散，以益气养血；后者用黑神散（《和剂局方》）以活血化瘀。辨证论治恰到好处。

（二）产后用药

郑氏云：“产后当大补气血为先，虽有他症，以未治之。此言也，夫人而知之。然其中有难下手处。有补者参、术、陈皮、黄芪、当归、川芎、炙草之类，可不酌用之乎？”

此言甚是。但后来《医宗金鉴·妇科心法》讲得更全面。

曰：“胎前无不足，胎后无有余，此言其常也。然胎前虽多有余之证，亦当详察其亦有不足之时；产后虽多不足之证，亦当审详其每挟有余之证也。”故又不可泥于先补。

郑氏又云：“产后发热恶寒，皆是血气虚甚。左手脉不足，补血药多于补气；右手脉不足，补气药多于补血。切不可发表。如发热轻，则茯苓淡渗其热；重，则加干姜。姜用之，世人疑之。不知此，非有余之邪，乃阴虚生内热耳。干姜能于肺分利肺气，入肝分引药主血，然必与补阴药同用。此造化之妙，非天下之至神，其孰能于此？古人用一药而救万姓，正谓此耳。"

产后发热，临证常见有感染邪毒、血瘀外感、血虚数种原因所引起。郑氏所云则偏重于血虚型产后发热，故又不可泥于此。但干姜之用法，实在是妙极！试想，若没有丰富的临床经验，怎么能有如此体会呢？

四、治杂症

此部分包括产后阴户肿、尿血、阴处痛、无病而嗜茶、痃癖、血崩、头风、积聚症瘕、骨蒸劳嗽、伤寒、梦与鬼魅交等十二证，每证又分若干条，计44条。兹介绍两点：

（一）血崩

郑氏云："妇人崩中之色有五，乃风气寒热之所伤。若中足厥阴之经，其色青，如泥；若中手少阴之经，其色赤，如红津；若中手太阳之经，其色白，如泥；若中足太阴之经，其色黄，如烂瓜；若中足少阴之经，其色黑，如衃血。此五崩是妇人极重之病。"

晋·王叔和曾言"五崩"云："白崩者，形如涕；赤崩者，形如降津；黄崩者，形如烂瓜；青崩者，形如兰色；黑崩者，形如衃血也。"

二者相较，似乎郑氏有所发展。

（二）问诊

郑氏特别重视问诊。云："古人云望闻切问之一端，世医讳言而谬云知脉，夫脉之为道微矣，细矣！苟非具神圣工巧之能而欲轻言可乎？不如予家传问之道，为无失也，慎之！"即认为脉理难以掌握，不如问诊最为可靠。

该书《薛郑世医记》里也写道："问之一道，医家之常，无可耻者，若不知问，而妄诊者，是真可耻耳！予后人能得脉之微茫，岂非至善？若其未能，不若问之为妙。但问必从其急者治之，不可治末而遗本耳！"

此对于不经问诊，而"妄诊"的医生提出了批评。当然不是不要脉诊，而是认为果真能掌握脉诊之法，那就更好了。若只问诊，那么有一条必须记住："从其急者治之，不可治末而遗本。"

这种认识也是合情合理的。

另外，再录两首方药：

其一，槐角散：治胃湿热胀满、下血、脏毒等症，神效。

槐角　当归　甘草　苍术　乌梅　厚朴　枳壳　陈皮　水煎服。

其二，香归散：产后行血圣药，或有块升塞，饱闷、恶心、呕吐者尤妙。

藿香　青皮　陈皮　蓬术　三棱　益智　赤芍　桔梗　官桂　甘草　香附　半夏　乌药　归尾　姜五片

综上所述，宋代妇产科专家郑春敷所撰《女科济阴要语万金方》一书，内容丰富，切合临床适用，理论上较前人也有所发挥，也可以说，它总结了他那个时代妇产科的成就，特别是它的成书，要比南宋著名妇科学家陈自明的《妇人大全良方》早一百年，所以就显得更为重要了。但遗憾的是，该书只在极其有限的范围内传抄，而未能出版刊行，使其社会历史作用没能够得以充分发挥。另外，由于时代条件的限制，该书对某些病的归类、认识尚欠周全。

程 迴

程迴，字可久，宋代医家。原为宁陵沙随（今河南宁陵沙随）人，靖康之变后[1]，迁至余姚（今浙江余姚）。15岁那年，父母双亡，孤贫漂泊，无以自振。20多岁，始知读书。当时社会刚刚安定，我国西北方的著名学者多徙居钱塘，使迴有极好的机会向他们“考德问业”，如“尝从玉泉喻樗子才学”[2]，后来，竟然“登隆兴元年进士第”[3]，并历扬州、泰兴尉，训武郎。所著有《玉泉讲学》《古易考》《古易章句》《古占法》《易传外编》《春秋传显微列目》《论语传》《孟子章句》《太元补赞》《户口田制》《贡赋书》《乾道赈济录》《医经正本书》《条具乾道新书》《度量权三器图义》《四声韵》《淳熙杂志》《南齐小集》。“卒于官，朝奉郎朱熹以书告”，对迴倍加推崇。（见《宁陵县志》）还著有《活人书辨》。（见《中国医籍考》）

本文着重介绍《医经正本书》。

该书系医论著作。1卷。撰于1176年。内容包括医论14篇，即《唐医政第一》《本朝医政第二》《辨伤寒温病热病并无传染之理第三》《辨五运六气感伤名曰时气亦无传染第四》《辨四时不正之气谓之天行即非传染第五》《论医书第六》《辨本草千金方权量度第七》《辨弦脉属阴第八》《辨伤寒两感不治第九》《辨发汗宜对证不论早晚第十一》《辨方士著书乃宋俚俗不合医经者第十二》《记仲景事实第十三》《与内弟襄陵许进之论医书第十四》，又包括《叙》《跋》和《知洪州龙学范致虚谦叔榜文附》。

该书专论伤寒无传染，以救落俗骨肉相弃绝之弊。

迴撰是书时，正以文林郎知隆兴府进贤县，主管劝农营田公事。隆兴府，乃汉豫章郡地。隋置洪州，不久废。唐复置。五代南唐升为南昌府，南唐李璟建为南都。宋初复为洪州，后改隆兴府。元政府为路。明清皆为南昌府，故府治今南昌市。进贤县，即今江西进贤县。

大约在迴做进贤令前，我国江南一些地方，包括隆兴府，政治、经济、文化诸方面，较之北方黄河流域要落后得多。因而那里的医药卫生条件特别差，形成了一种特殊的习俗，即染上瘟疫不服药，而信“师巫”[4]，祠瘟鬼，遂相弃绝。正如该书后附篇《知洪州龙学范致虚谦叔榜文》所讲：“民户偶患瘟疫，止信巫师，谓之师门。为其设像，以祠瘟鬼，谓之结座。禁其服药，以与鬼竞，专一奉鬼，谓之具愿。祭于坛场，谓之传替。隔绝往来，谓之避难。偶自获安，邀求衣物，谓之代厄。病人死亡，祭以遣鬼，谓之解愿。禁其哭泣，嫌于怨鬼，皆悖礼犯义。”可以说形成了根深蒂固的隆兴府“瘟疫文化”。

面对此情此景，迥感慨地说：“人命至重，奈何弗敬，至有举世谬误，伤风败俗，殒绝人命，而医家俯首和附，莫敢指其非者；至亲危病，妄言传染，遂相弃绝，古之人无有也，医经不道也。嫂溺不援，比诸豺狼。故君子之为政化，亦致此事于度外，使下民日益聋瞽，冤魂塞于冥漠，余窃悼之！”于是便作此书，谓：“医经者，黄帝岐伯之问答，方书之本也，本正邪说异论不能摇也。”想以此正本清源，矫正俗弊。

所以，本书以大量的篇幅引征《内经》《伤寒论》的理论与事例，论证伤寒无传染，其中有这样几篇，《辨伤寒温病热病并无传染之理》《辨五运六气感伤名曰时气亦无传染》《辨四时不正之气谓之天行初不能传染》等。其中论曰：“今俗间以伤寒、时气、天行，通言疫病。夫疫之所发，盖有岁中流行于一方一所之时，皆是气血中感此异气，大非传染。盖有舍病人远去，自于他处致病者，亦有与病人同床共舍，居然不病者，是知非传染也。”并举例说，“昔岷州之俗，一人病疫，阖家避之病者，多死。隋辛公义为刺史，命皆与置己之厅，事暑月病人数百，公义设榻，昼夜处其间以秩禄，具医药病愈，召其亲戚，戒喻之曰：‘死生有命，岂能相染？若相染者，吾死久矣！’皆惭谢而去。其后病者争诣[5]，使君其家亲戚，固留养之，始相慈爱，风俗遂变。”迥更现身说法，曰：“迥及见中原之人信医不信巫，亲人未尝去其旁，故多全活。江南俚俗信巫不信医，亲人屏去，故多死。迥平生于亲戚、朋友、部曲、仆使之病，皆亲至卧内，款曲候问[6]，商量药证，不啻十百辈矣[7]。考古今是知决无传染。”由此，政府已制定法令，不得因亲疾相弃绝，否则，要绳之以法。即迥所说：“今乾道敕[8]，同居亲疾病辄相弃绝者杖一百，盖谓有此陋俗，故立法也。”

进而，迥又设专篇《辨方士著书乃采俚俗不合医经者》，驳斥“传染”之说。曰：“世有方士著书，言用心三十年而后成，颇与名儒、贤卿交游，又知书史，故大得名声。然或创出新意，多与医经背戾，如温疫自生臭秽，人间其气，即时以纸筋探鼻嚏之[9]，不尔[10]，邪入气上元宫，遂成斯病。今遍考医书上无上元宫名称。夫人闻臭秽者，鼻通于肺耳。然伤寒以六经传变，足传足经，谓肾脾肝经络起于足指，其心肺经络自起于手指，是斯人未识经络也。以其论助传染之妄，故为掊击。"

如何看待迥之所谓伤寒不传染的主张及其论述呢？首先，应充分肯定其在当时，对于革除江南一些地区，尤其是隆兴府民间信巫不信医，染上瘟疫不服药，遂相弃绝的陋俗，有积极意义。如著名医家陈无择在此书《跋》中指出："《医经正本书》一卷，凡十四篇，大旨言伤寒、疫疾并无传染，以捄世俗亲人自相弃绝之缪缩[11]。"又指出"公（迥）之书必盛传，传则助风教而长慈爱，正人心而革媮薄[12]，当与长沙太守之名并见于永久，岂曰小补云乎哉？"

其次，应指出迥提倡伤寒无传染之说是不科学的，其道理不述自明。《素问·遗篇》有"五疫之至，皆相染易，无问大小，病状相似"的说法。晋代王叔和有"一岁之中，长幼之病，多相似者……指以为疫"的见解。隋代巢元方《诸病源候论·温病候》中认为疫病是由外界有害物质"乖戾之气"所引起，并且"多相染易"。唐代孙思邈《千金要方》云："天地有斯瘴疠，还以天地所生之物，以防备之，命曰知方，则病无所侵矣。"这是说明外感热病有一定的传染性，但可以预防之。与迥同时代的伤寒学家郭雍，在《伤寒补亡论》中云，"一岁之中，长幼病多相似，此温疫，四时皆有不正之气……"认识到温疫是一种特殊邪气致病，传染性很强、症状相似的病。鉴于上述各家之论述，故应对迥之主张作具体分析。迥之所以提出这一主张，除为"革除陋习"外，是否还有两个原因，其一是受了理学的影响，过分强调孝道，认为无论患什么病，均不应采取隔离措施（当然弃绝是不对的），否则就是不礼不义。其二是迥的思想守旧，认为凡符合《内经》的说法皆为"正"，不然，则斥之为"邪说异论"。故硬说伤寒无传染，做出不合乎科学的结论来。

《医经正本书》还有许多论述是值得称道的，譬如《辨弦脉属阴第八》《辨伤寒两感不治第九》和《辨发汗宜对证不论早晚第十一》等数篇，对"弦脉""两感"和"发汗"诸问题就考辨甚详。

关于"弦脉属阴"，迥辨曰："张仲景云脉大、浮、数、动、滑，此名阳也，脉沉、涩、弱、弦、微，此名阴也。阴病见阳脉者生，阳病见阴脉者死。

又曰弦脉而大弦则为减，大则为芤，减则为寒，芤则为虚。王叔和《脉经》（云）：凡浮、数、动、长、滑为阳，沉、涩、弱、弦、微、短为阴。《活人书》[13]：弦则多兼洪数，又有沉细而弦疾者。《金匮方》：弦属少阳胆之经。《脉诀》[14]：七表脉属阳，弦为七表脉之一。许叔微《本事方》曰伤寒方当从仲景。迥考诸家之论，混淆如此。弦脉属阴，当从仲景、王叔和。其兼洪数者，即《脉经》所谓一阴二阳也，其兼沉细者，乃纯阴也，陈无择曰《脉诀》五代时人作，托云叔和，刘元宾注[15]，号通真子。元宾亦云，其辞语鄙脆[16]鄙俗处，疑非叔和。"

关于"发汗宜对证，不论早晚"，迥辨曰："王叔权《既效方》[17]、许叔微《本事方》皆载：《南史》记范云为梁武帝属官[18]。武帝有九锡之命[19]，在旦夕矣。云忽感伤寒，恐不预庆事[20]，召徐文伯诊视[21]，以实恳之曰：'可便得愈乎？[22]'文伯曰：'使差甚易，政恐二年后不复起耳[23]。'云曰：'朝闻道夕死犹可，况二年乎！'文伯以火烧地，布桃叶，设席，置云于上，顷刻汗解，里以温粉，翌日愈，云甚喜。文伯曰：'不足喜也。'后二年果卒。取汗先期尚促寿，每见病家不耐病，未三四日促汗，医者随情顺意，鲜不败事。迥谓此说非也。伤寒病在表者可汗，在胸脯者可吐，里证可下，此仲景不易之论也。若可吐可下之证而发汗，其病不除，因以增剧，安得便愈？却至二年而卒乎？若表证可汗，正宜汗之，不厌其早也。文伯名医岂不知此，但史臣所记差舛[24]，后人妄为说耳。张右史记《庞安常墓志碑》阴云[25]：'大理少卿林英女病伤寒，死已一日，为诊之曰：尚活不死也。灌之以桂枝汤而苏。'殊不知桂枝乃发表药，表证无昏若死者，与《南史》同失，故并见之。"

再如，《唐医政第一》《本朝医政第二》和《辨本草千金方权量度第七》等篇，考证亦特详。此不仅在当时对宣传医政教育，及时纠正"权量度"方面所出现的混乱现象，起到实际意义，而且，就今天来说，也颇具文献价值。尤其是《本朝医政第二篇》，记录了他亲眼见到的第一手资料，所以特别宝贵。它对于研究宋代的医学教育有着十分重要的价值。兹将该文内容摘录于下：

"《元丰中书备对》：太医局九科[26]，学生额三百人，大方脉一百二十人，风科八十人，小方脉二十人，眼科二十人，疮肿兼伤二十人，产科十人，口齿兼咽喉十人，针兼灸科十人，金镞兼书禁科十人。乾道重修格[27]，疾医置取医助教，京、府，及上、中州，职医助教各一名；医生人数，京、府、节镇一十人

[28]，余州七人，万户县三人，每万户增一人，至五人止，余县二人；试所习方书义一十道；所习方书，大方脉：《难经》《素问》、张仲景《伤寒论》各一部，《巢氏病源》二十四卷。小方脉：《难经》一部，《巢氏病源》六卷，《太平圣惠方》一十二卷。乾道令：诸州取医阙，迁助教充；助教阙，于本州县医生内，选术优效著者充。无其人选，能者比试，虽非医生听补。诸医生每三人内置小方脉一名，止有二人亦置一名，有阙者，许不曾犯罪，经决人投家状召[29]。品官或职医助教一名[30]，保明仍三人以上为保[31]，就本州差官试所习方书义[32]，以五通为合格……。诸职医助教、医生，艺业不精，治疗多失者，长吏验实[33]，听后别补。诸医愿充太医局学生者，如不曾犯罪，经决许，经所属投家状，试其艺业、诸州县医药方书，州职医、县医生掌之，置印历，听借人传录。诸灾伤及流民所聚，疾疫稍多，而岁赐药钱不足者，申监司审量[34]，……头子钱增给[35]，不得过岁……合药钱，京府、节镇二百贯，余州一百贯。”

这一记载表明，宋代不仅中央设太医局，管理国家医事，而且府、州、县地方医事也置医官、医生负责管理，并建立起各种制度，如地方医官、医生的编制及考核选拔制度，疫区之赐药制度等。这些都是值得重视的。

总的说来，医家程迥著作《医经正本书》，所论伤寒无传染，是不科学的，但在矫正当时隆兴府民间“骨肉相弃绝之弊”，有积极意义。同时，所撰“本朝、李唐两代医政与夫权量、脉诊、汤液方论，赞其是，而绌其否，可谓精且博矣。”（见《跋》）

注释：

（1）靖康之变：靖康元年（1126年）秋，金兵第二次南下，东、西两路军会师，合围东京（今河南开封），闰十一月二十五日，京师城破，钦宗帝亲往金营投降。金统治者在大肆掠夺后，于次年三月立宋投降派头目张邦昌为傀儡皇帝，改国号楚。四月初一，俘徽、钦二帝及宗室、后妃、官僚、百工等数千人，携带大批掠夺的金银珠宝、珍贵图籍北撤。北宋的统治至此结束，历史上把这一事变称为“靖康之变”。

（2）喻樗：字子才，南宋官吏兼儒学家，著有《中庸大学论语解》和《玉泉语录》。

（3）隆兴：南宋孝宗赵昚年号。隆兴纪号共两年，即自公元1163—1164年。

（4）师巫：相传为周穆王时的巫医。

（5）诣：前往；去到。

（6）款曲：犹衷情、殷勤的心意。引申为委曲殷勤之意。

（7）不啻：不止；不仅。辈：表示人的多数。

（8）乾道：南宋孝宗赵昚纪号。乾道纪号共八年，自1165—1173年。敕：自上命下之词。特指皇帝的诏书。

（9）觔：同“筋”。

（10）不尔：不然；不这样。

（11）捄：“救”的异体字。

（12）媮薄（tōu—）：轻薄；浮薄。

（13）《活人书》：即宋代医家朱肱所著《南阳活人书》。

（14）《脉诀》：系《王叔和脉诀》之简称。1卷。一般认为是六朝高阳生托名王叔和的作品。

（15）刘元宾：北宋医学家。字子仪，自号通真子。精通方脉，著有《通真子补注王叔和脉诀》《通真子续注脉赋》《脉诀机要》《脉要新括》《脉诊须知》《通真子伤寒诀》《伤寒括要》《神巧万全方》等书。

（16）臲卼（nièwù，臬误）：动摇不安；困顿。

（17）王叔权：宋代针灸学家。名执中，字叔权，瑞安（今浙江瑞安）人，著《针灸资生经》和《既效方》等书。

（18）范云：梁代官吏。范汪六世孙。字彦龙。仕吏部尚书、尚书右仆射，封霄城县侯。

（19）九锡：传说古代帝王尊礼大臣所给的九种器物。《礼讳》谓：衣服、朱户、纳陛、车马、乐则、虎贲、斧钺、弓矢、秬鬯。

（20）预：参与。

（21）徐文伯：南北朝时期南齐医家。出身世医，于465年撰写《疗妇人瘕》《药文》等书，均佚。还撰有《子午流注逐日按时定穴歌》，后世演变成针灸学中的一个流派。

（22）便：即。

（23）政：适。

（24）差舛：错乱；错误。

（25）庞安常（约1042—1099年）：北宋著名医家，名安时，字安常。蕲州蕲水（今湖北浠水）人。代表作为《伤寒总病论》。另著有《难经介义》《本草补遗》《验方集》等，皆佚。阴：背面。

（26）太医局：宋代医事机构，属太常寺，源于唐太医署，下分九科专管培养学生。

（27）格：法式；标准。法律之一种。

（28）节镇：指设置节度使的要冲大都。

（29）投：投送；呈递。家状：科举时代士子考试时填写的年貌册。召：通“招”。

（30）品官：古官分九品。品官指有品级的官吏。

（31）保：负责；保证。

（32）差官：派遣官吏。

（33）长吏（zhǎng）：旧称地位较高的官员。

（34）监司：监察州县地方长官的简称。

（35）头子钱：旧指租赋外的附加额。

郑　克

郑克，字武子，宋代汴梁（今河南开封）人，系法医学家，1200年，著作《折狱龟鉴》行世。

《折狱龟鉴》，目前可见到清光绪八年壬午（1882年）许叔校刻本。根据此刻本许梿叙，可以知道郑克及其著作方方面面之概况，兹将《叙》之全文录后：

“壬午岁冬，与天门熊君璧臣，有刑部比照加减成案之刻，余叙之，以为案者，已成之狱，而深有感于哀敬折狱之旨，间举是语质诸少宰师李芝令先生。先生以为然，且曰：吾方刻致用丛书，子盍求可与成案相辅者附之，因忆宋·郑克有《折狱龟鉴》颇称于世，顾明刻本已佚其半，观全书不得，既乃得之诸城李君方赤所，而无目录，考晁公武《读书志》，称其目录、体例井然，乃辗转访求，复于《永乐大典》中得之，始成完本，惟《宋志》作二十卷，今方赤本与《大典》本并八卷，盖原本分二十门，门各一卷，不知何时合并，观二本行款，知就宋本缮录，则由来已久。其书以五代和凝父子《疑狱集》为本，复采摭旧文，附益宋事，每条系以论断，皆精审，或疑其偏主于宽，未协中道，不知法有宽有猛，心有宽无猛，道德之弊，犹或流为申韩刻核以立论，其不为罗织经者，几希书中，察奸迹盗诸门，自赵广汉尹翁归之属，咸在著其法于事，而存其心于论，不可谓非中道。卷首当有克自叙，今未见，各本有元人叙，乃当时杂刻诸书，总叙缘起，不专系是书，故不羼入。校既竣，复提其要领，加墨一过，从吾师丛书例也。嗣经师点定，锓梓以行。读是书者，知入罪之出入，务慎之于定案之先，其于哀敬之思，且油然生矣。”

由于有关郑克的资料无他处可寻，因此这篇叙极为可贵，从中得知郑克之《折狱龟鉴》，是以五代和凝父子《疑狱集》为蓝本，复采摭旧文，附益宋事而成。得知该书曾有宋、元、明、清各种刻本，说明流传较广，影响较大。

该书八卷，卷一释冤上14案，卷二释冤下23案，卷三辨诬25案、鞫情10案，卷四议罪27案、宥过11案，卷五惩恶17案、察奸22案，卷六核奸19案、擿奸6案、察慝4案、证慝13案，卷七钩慝4案、察盗14案、迹盗5案、谲盗4案、察贼7案、迹贼5案、谲贼6案，卷八严明23案。

以下摘录数案，帮助了解具体内容之梗概。

例一：司马说视贼遗物释张堤冤

后魏司马说为豫州刺史，有上蔡董毛奴赍钱五千[1]，死于道路，或疑张堤行劫。又于张堤家得钱五千。堤惧楚掠[2]，自诬言杀。说疑不实。引毛奴兄灵之问曰："杀人取钱，当时狼狈，应有所遗，曾得何物？"答曰："得一刀鞘。"说取刀鞘视之，曰："此非里巷所为也。"乃召州内刀匠视之，有郭门者言，此刀鞘，其手所作，去岁卖于邻人董及祖。说收及祖诘之，具服。灵……遂释张堤。（出《北史》司马楚之传）

例二：证慝

张举，吴人也，为句章令。有妻杀夫，因放火烧舍，称火烧夫死。夫家疑之，诉于官，妻不服。举刀乃取猪二口，一杀之，一活之，而积薪烧之，活者口中有灰，杀者口中无灰。因验尸，口果无灰也，鞫之服罪[3]。

例三：议罪

高防，初事周，为刑部郎中。宿州有民剸刃其妻[4]，而妻族受赂，给州言病风狂不语，并不拷掠，以具狱上，请大理断[5]，令决杖[6]。防覆之云[7]：某人病风不语，医工未有验状，凭何取证，便坐杖刑，况禁系旬月，岂不呼索饮食，再劾其事，必见本情。周祖深以为然，终审于法。

按折狱之道，必先鞫情，而后议罪。今情犹未尽，罪辄先断，于理可乎？此盖受赂欲疵之耳。是故防之覆议如此，然，但请再刻其事，不复推究所司，则虽疾恶而矜顽，具虑枝蔓也。

从所举例子中看到，《折狱龟鉴》强调医工验状，即强调法医检验死伤原因的重要意义，且涉及一些具体的检验方法。但总体来讲，还并不能算作系统的法医学专书，同南宋·宋慈的《洗冤集录》相比，相差甚远。但该书的作用也是客观存在的。

注释：

（1）赍（jī）：带着；抱着。

（2）楚掠：拷打。

（3）鞫（jū，居，又读：jú，菊）：审讯。

（4）剚（zì）：亦作"倳""事"。剚刃：亦作"倳刃"，用刀刺入人体。

（5）大理：官名。本秦汉之廷尉，北齐后政称大理寺卿，历代沿称。

（6）杖：旧时的一种刑罚。

（7）覆：察看；审察。

张从正

张从正（约1156—1228年），字子和，金代睢州考城（一说今兰考县，一说今民权县）人。因五代梁时考城称戴邑，故自号“戴人”；又因他在宛丘（今淮阳）长期居住和行医，所以人称“张宛丘”。他出生于世医之家，约7岁时受庭训读书明礼，11岁时从先世学医，13岁时诵习《素》《难》，21岁时悬壶问业，25岁时移居宛丘行医，足迹遍㶏水流域数县。约于1203年从军入伍，南下江淮，任军医之职。1217年被荐举金太医院任太医。期间由于力倡攻下说，受到庸医之排斥；同时，又不习惯于“马前喝诺”“迎送长吏”，不久便辞职回里，重新回到㶏水流域行医。值此，遇见当时的学者麻知几（名九畴）和常仲明（名用晦）。麻、常从张氏学医，三人遂成莫逆之交。他们终日饮酒赋诗，谈天说地，切磋医道，“相共讲明奥义，辨析至理”。张氏过着“一张琴、一壶酒、一溪雪、五株柳”这样悠闲自得的生活。晚年，回首往岁，也有伤感之处，他曾写下这样的诗句：“耽嗜医经五十年，野芹曾献紫宸前[1]，而今憔悴西山下，更比文章不值钱。”又写道：“齿豁头童六十三，迎来衷病百无堪。”使人感到他的暮年生活又有几分凄凉，正是在这艰难的情况下，在其学生麻、常的协助下，撰写成了一部医学巨著，并取“唯儒者能辨明之，而事亲者不可不知”之义而名之曰《儒门事亲》，约于他去世的前一年，即1227年问世。

该书为综合性医书，十五卷，全书论述病症分风、暑、火、热、湿、燥、寒、内伤、内积、外积共十形。按卷而论，一至八卷主要论述常见病的治则、方法，列举典型疑难病例，并驳斥滥施温补的流弊；九至十一卷主要记杂病治疗；十二至十五卷主要谈论方剂与证治等。该书集中地反映了张氏的学术思想和临证经验。下面就其学术思想和临证经验作以评介。

一、倡攻邪学说，独树一帜

张氏的攻邪学说可概为“治病重在驱邪，邪去则正安，不可畏攻而养病”的主张和“汗、吐、下三法该尽治病”的思想。

（一）张氏的学说，是有其科学和实践依据的

首先其说来源于《内经》和《伤寒论》。《内经》有“非其位则邪”“变则邪气居之”，“天之邪气感、地之湿气感、水谷之寒热感”以致病，“留者攻之”“去菀陈莝”等攻邪理论，又有“其高者，因而越之；其下者，引而竭之；中满者，泻之于内；其有邪者，渍以为汗；其在皮者，汗而发之；其慓者，按而收之；其实者，散而泻之。”（《素问·阴阳应象大论》）所谓“越之”“竭之”“泻之”“汗之”以及“刺虽久，犹可拔也；污虽久，犹可雪也；结虽久，犹可解也；闭虽久，犹可决也”之“拔”“雪”“解”“决”等攻邪法则。《伤寒论》八法之中也规定了汗、吐、下三法。张氏根据上述理论、原则，而又超然出《内经》《伤寒论》之意，认为风、寒、暑、湿、燥、火等在天之邪，雾、露、雨、雹、冰、泥等在地之邪，最易致人于病，其次如饮食酸、苦、甘、辛、咸、淡等水谷之邪，也是致病之因。并认为这些病邪或从外来，或自内生，都不是人体内所应有的，一经致病，即应设法驱之体外，如他说：“夫病之一物，非人身素有也。或自外入，或由内生，皆邪气也。邪气加诸身，速攻之可以，速去之可以，揽而留之可乎？”遂形成了“治病应当重在驱邪，邪去则正安，不可畏攻而养病”的学术主张。如何驱邪？他遵照《内经》的理论，将人体分为上、中、下三部，以概括病邪之所在，又遵照《伤寒论》汗、吐、下三法的原则，规定：凡风寒之邪所发的疾病，在皮肤之间与经络之内的，可用汗法；凡是风痰宿食，在胸膈或上脘的，可用吐法；凡寒湿痼冷或热客下焦等在下的疾病，可用下法，即形成所谓“汗、吐、下三法该治尽病”的思想。

张氏的攻邪学说，不仅论出《内经》，法宗仲景，而且师承河间。刘完素生于1120年，卒于1200年；张从正生于1156年，卒于1228年。可知张氏稍晚于刘氏，然而同处于宋金时代。在这个时代里，医学界深受社会改革思潮的影响，有的医家提出了“古方不能尽治今病”的主张。刘、张之学说，均系这一时代精神的产物。金元时期，敢于创新的医家之中，应首推刘完素。对张从正影响最大者亦属刘完素。当时年长于张氏之刘氏，以善谈运气，独倡火热，好用寒凉而著称于世，刘氏发挥了《素问》“病机十九条”，阐明大多数疾病，其病机病变均为火热，“六气皆从火化”的理论，结合当时流行的病症又是火热居多，又鉴于当时一些不学无术的医生，不从祖国医学的基本理论学起，教条地搬用局方，即搬用

当时盛行的处方手册——《和剂局方》，他们无论治什么病，都拘泥于多用辛温香燥之品，因为辛温香燥之药最易资火伤阴，戕伐阳气，因而刘完素竭力倡导火热论之说，以矫时弊。刘氏学说之产生，犹如异军突起，使人耳目一新。张氏从中受到鼓舞和教益。他对刘氏学说非常推崇，认为“千古之下，得仲景之旨，刘河间一人而已”。从此私淑刘河间，并发挥其学说，有“风从火化，虚与燥兼”之说，又倡“三消当从火断”之理。用药也多袭河间之方，如两解表里之防风通圣散、双解散；涌吐痰食的独圣散；攻下热结的三一承气汤等。正如《金史·本传》所论：“精于医，贯穿《素》《难》之学，其法宗刘完素，用药多寒凉，然起救死多取效。”

张氏学说又不仅源于《素》《难》，宗于刘完素，而且来自当时的社会环境与临证实践。张氏与刘氏所处的环境雷同。

“燔针壮火，炼石烧砒，硫姜乌附，然后为补”。整个社会，妄用温热，形成了深重的时弊。张氏为了针砭恶习，遂于《儒门事亲》中，撰著《补论》及《推原补法利害非轻说》二论，强调“养生当论食补，治病当论药攻”。当时病家喜温恶寒，喜补恶泻，特别是“缙绅之流”“富豪之子”，他们生活糜烂，欲求于药力之补，本无重虚之证，却常以苁蓉、牛膝、巴戟、菟丝子，甚至金石之品如丹砂、阳起石、硫黄等自补。然而往往因素体阴虚，盲目用热药补益，以火济热，以致“百病交起，万疾俱生”，如发为疮疡、掉眩、肿满、膹郁等有之，甚则“暴瘖而死”；有些患病者，不论呕吐、泻痢、疟疾、咳嗽、虚劳、产后，皆取和胃丸、丁沉煎、泻痢豆蔻丸、御米壳散、宁神散及肉桂、附子等辛热燥烈之品，每每遭致严重后果。张氏为此抨击曰：“殊不知呕吐得热而欲酸，吐得热而欲暴，泄得热而清浊不分，痢得热而休息（痢）继至，疟得热而进不能退，咳得热而湿不能除，劳得热而火益烦，产得热而血愈崩，益如是而死者八、九，生者一、二，死者枉，生者幸，幸而一生，憔悴之态，人之所不堪也。”而当时的医家呢，多数则投病家之所好，妄以补法治病。张氏分析了当时医界盛传的六种补法，认为：“平补、峻补、温补、寒补、筋力之补、房室之补”等六法，“若施之治病非徒功效疏阔，至其害不可胜言者。”如“疟本夏，伤于暑，议者以为脾寒而补之，温补之则危，峻补之则死。伤寒热病下之后，若以温辛之药补之，热当复作，甚则不救，泻血，血止之后，若温补之，必发肿痛焮痛。……老人喘嗽，火乘肺也，若温补之则甚，峻补之则危”。此外，饮证，“补则痞闷转增”；风温，“若以温药补之”，则“发黄发斑，温毒热增剧矣”，以致“直视、潮热、谵语、寻衣撮空、惊惕而死者，温补之罪也”。

在上述妄进温热药、妄以补法治病成风的情况下，张氏多用寒凉药，力倡攻下法，以矫时弊。

（二）张氏的学说，有许多特点

其一，汗、吐、下三法的内容相当广泛。“引涎（鸡羽探吐）、漉涎（鼻内渗药、开口吐涎）、嚏气（草茎刺鼻喷嚏或出血）、追泪（眼眦点药），凡上行者皆吐法也；灸、熏、蒸、渫、洗、熨、烙、针刺（喉痹不应发汗，针刺出血，是《内经》‘血实者宜决之’，也属发汗之一端，所谓得红汗而解）、砭射（放血有泻热、止痛、排脓、镇静、回苏的作用）、导引，按摩，凡解表者皆汗法也；催生、下乳、磨积、逐水、破经、泄气，凡下行者皆下法也。”

其二，三法应用之范围也十分广泛。正像前面已讲过的那样：凡风寒之邪所发的疾病，在皮肤之间与经络之内的，可用汗法；凡是风痰宿食，在胸膈间或上脘的，可用吐法；凡寒湿痼冷或热客下焦等在下的疾病，可用下法。单就下法而论，张氏指出：“《内经》一书，惟以气血通流为贵，世俗庸工，惟以闭塞为贵，又止知下之为泻，又岂知《内经》之所谓下者，乃所谓补也。陈莝去而肠胃洁，症瘕尽而营卫昌，不补之中有真补存异焉。”在这一思想指导下，攻下不仅用于大实证，如“大积大聚、大病大秘、大涸大坚”，而且写道：“伤寒大汗之后，重复劳发，而为病者，下之后，热气不尽，当再下之，若杂病腹中满痛不止者，此为里壅内实，可下之；伤寒发热大汗之后，发热脉沉实，寒热往来，时时有涎嗽者，可下；目黄九疸食劳，皆属脾上，可下之；落马坠井，打扑损伤，汤沃火烧，车碾犬伤，肿发焮痛，日夜号泣不止者，可下；杖疮发作，肿痛焮及上下，语言错乱，时时呕吐，数日不食者，可下。”由此便知三法应用是何等广泛。

其三，应用三法，不忘辨证。张氏应用三法，十分重视辨证。仍以下法为例，他首先批评了应用下法不明辨证而带来的不良后果，指出：“庸工妄投下药，当寒反热，当热反寒，未见微动，转成大害，使聪明之士，亦复不信也。”张氏应用下法坚持以症状为主，有斯症即可用斯药，而不受杂病伤寒、季节、性别、年龄的限制。他说：“当下者不计杂病伤寒，皆宜急下之”；“设若春夏有可下之疾，当不下乎”；“大人小儿，一切所伤之物在胃脘，如两手脉迟而滑者，内实也，宜下之，何以别乎”；“可吐则吐，可下则下，岂问男女乎”，等等。张氏要求辨其不同实邪，或热壅，或寒结，或水聚，或痰滞，或湿积，或血淤等病机之不同，采用寒下、温下、峻下、缓下等不同的方法、不同的方药。为了更好地指导临床辨证用方用药，他对常用攻下方药按寒热温凉及其适应范围，作了扼要分类。对泻药列举了三十种，指出它们的不同性味和功效，以备医家临证选用。为了防止误用泻下之法，张氏又特意要求注意下法的禁例：“洞泄寒中者，伤寒脉浮者，表里俱虚者，心下虚疼者，厥而唇青，手足冷，小儿如泻转生慢惊，及两目直视，鱼口出气者，即十二经败证等。”由此又知张氏应用三法时辨证是何等之严格。

（三）张氏对三法之应用，已达到炉火纯青的境地

张氏长于攻法，正如他在该书《汗下吐三法该尽治病诠》中，以认真负责、审慎从事的态度说：“况予所论三法，识练日久，至精至熟，有得无失，所以敢为来者言也。”的确救治了不少病人，因而蜚声医坛，独树一帜。对此，元代医家吕复说得好[(2)]，谓：“张子和医，如老将对敌，或陈兵背水[(3)]，或济河焚舟[(4)]，置之死地而后生。”张子和治病，针对病情，有时仅用一法，有时用其中之二法，有时把三法结合起来用，不管怎么用，都恰到好处。从其因惊风搐案例中，便可洞悉。

张氏诊治一位年将六旬的新寨马老汉，根据发作时手足颤抖，不能持物，颤抖的样子就像用线牵引的木偶，两目直视，口噤不开，口唇头均被咬破，连吃饭都要别人喂，每到夜间则发热，遍身燥痒，经常把衣服揭去，虽内热而外部反觉发冷等证候。抓住病因，由于受精神刺激，又惊又气而得。病机乃是内有肝郁，郁久生痰化热之痰火；外有肌表不宣之郁热，遂辨为风痫证。证情虚实错杂，而以邪实为主，虽上了年纪，病已三年，又值秋寒天气，故取“木郁达”之义，采用攻法治之，先予通圣散发汗，继用涌、下之剂，以驱除脏腑的痰火，第一次得痰一二升，泻了五六次，病遂稍愈。隔五日后，又用了第二次，出痰三四升，如鸡黄成块，状如汤热，泻了数次，这时病人觉昏愦如醉，一两个时辰后稍轻，即感足轻，颤减，手能持物，病去如洗，惟只感身体寒冷，此乃病邪祛后卫气未复之故，嘱以饮食调补，竟收全功。对此顽疾竟获卓效，足见张氏医术之高超。这里不是说张氏只知三法不知其他，关于这一点张氏说：“亦未尝以此三法，遂弃众法。各相其病之所宜而用之。”

二、精心理、食疗和针刺诸法，启迪后学

（一）关于心理疗法

张氏在《内经》情志五行相胜理论的启示下，对心理疗法，即精神疗法之运用得心应手。《内经》曰：“怒伤肝，悲胜恐”“喜伤心，恐胜喜”“思伤脾，怒胜思”“忧伤肺，喜胜忧”“恐伤肾，思胜恐”。张氏阐发说：“悲可以治恐，怆恻苦楚之言感之；喜可以治悲，以谑浪亵押之言娱之；恐可以治喜，以迫遽死亡之言怖之；怒可以治思，以污辱欺冈之言触之；思可以治恐，以虑彼志此之言夺之。凡此五者，必诡诈谲怪无所不至，然后可以动人耳目，易人视听。”据此，张氏临证中，有时装扮巫师、乐伎，舞蹈吹打以治人悲结；有时下针之时便杂歌舞笛鼓相应以治人之忧而心痛；有时击拍门窗使声不绝以治因惊而畏响魂气飞扬者；有时治久思不眠，假醉而不问，使病人怒呵而安睡。有这样一个案例：卫德新之妻，旅中宿于楼上，夜值盗劫入烧舍，惊坠床下，自后每闻有响，则惊倒不知人。家人辈蹑足而行，莫敢冒触有声，岁余不痊。诸医作心病治之，人参、珍珠及定志丸皆无效。戴人见而断之曰：“惊者为阳邪，从外入也；恐者为阴，从内出也。惊者为自不知故也。恐者乃自知也。足少阳胆经属肝木，胆者，敢也，惊怕则胆伤矣。”乃命二侍女执其两手，按高椅之上，当面前下置一小几，戴人曰：娘子当视此。一木猛击去，其妇大惊。戴人曰我以木击几，何以惊乎？伺少定击之，惊也缓。又斯须连击三五次；又以杖击门；又暗遣人击背后之窗，徐徐惊定而笑曰：是何治法？戴人曰：《内经》云：“惊者平之，平者常也，平常见之必无惊。”是夜使人击其门窗，自夕达曙。夫惊者神上越也，从下击几，使之下视，所以收神也，一二日虽闻雷而不惊。德新素不喜戴人，至是终身厌服，如有言戴人不知医者，执戈以逐之。

由是观之，若非通晓医理，经验宏富，实难有如此绝妙的心理疗法。

（二）关于食疗

饮食疗法是祖国医学的特色之一，张氏对此又有新的认识，并做出了重要贡献。主张“养生当论食补，治病当论药效”。多用食疗于攻下涌吐之后，顾护胃气，养阴生津，补虚强壮或体弱不宜用药攻者。他的“养生当论食补”的主张是基于“凡药皆毒也……久服必有偏胜”而致病的认识，因此又说：“病蠲之后，莫若以五谷养之，五果助之，五畜益之，五菜充之，相五脏所宜，毋使偏倾可

也。”《儒门事亲》共载食疗方十余首，其中方名、药物、主治齐备者有四方；无方名，有药物，主治明确者有六方。另外，书中还有用水果及海产品治疗疾病的记载。其主要食疗方有生藕汁、猪肚丸、煮肝散、猪蹄汤、菠菜猪（羊）血羹、绿豆鸡子粥、杜仲猪肾片、生姜饮、胡桃酒、猪脂菠菜羹等。现举例介绍两个方。“绿豆鸡子粥”：绿豆100克，鸡子两枚洗净，加水适量，同煮，卵熟取出，至绿豆熟烂，再加入陈粳米50克煮烂成粥。以鸡子下粥。主治湿热泄泻兼见中气不足者。“杜仲猪肾片”：猪腰子一个去筋膜、臊腺，薄批五七片，先以花椒，盐腌，去腥水。杜仲（去粗皮）10克，为细末，撒在猪肾片内。裹以荷叶，外再以湿纸数重封。以文武火烧熟，以温酒送服。猪肾咸平，补肾强腰，主治肾虚腰痛。再举一个食疗病例：“治老翁暑泄案”：殷辅之父，年六十余，暑月病泄泻，日五六十行，自建碓镇来请戴人于陈州。其父喜饮水，家人辈争止之。戴人曰：“夫暑月年老津液衰少，岂可禁水？但劝之少饮。比及用药，先令速归，以绿豆、鸡卵十余枚，同煮，卵熟取出。令豆软，下陈粳米作稀粥，搅令寒，食鸡卵以下之。一二顿，病减大半。盖粳米、鸡卵皆能断痢。然后制抑火渗湿之药，调顺而方愈。”看来张氏对食疗之法的运用也非常自如，尤其是他的老年病症的米粥调治，影响颇大。对此，南宋诗人陆游赞誉道：“世人个个学长年，不知长年在目前，我得宛丘平易法，只将食粥致神仙。”

（三）关于刺络放血法

张氏除用药物治病外，尚有针灸、砭射、熏洗、熨烙、按摩、导引、气功等治疗方法。他尤娴于刺络泄血法，突出表现了“攻破”“法邪”思想在针灸学中的运用。

张氏的放血疗法，同样源于《内经》，师承于刘完素。《素问·针解篇》提出：“菀陈则除之者，去恶血也。”刘完素长于放血疗法。张氏的这一学术思想，也是由亲身体验而得。如子和病目赤，或肿或翳，作止无时，羞明隐涩，肿痛不已，他运用针刺神庭、上星、囟会、前顶、百会这五个穴位，以鲱针刺四五十刺，在攒竹穴、丝竹穴上兼眉际一十刺，又反鼻两孔内以草茎弹之，出血三处，出血如泉，约二升许，来日目病愈已大半，三日平复如故。子和自叹曰：“百日之苦，一朝而解，学医半世，尚阙此法，不学可乎？”张氏要求医家掌握十二经气血的多少用来指导刺络放血法。他认为：“出血者宜太阳、阳明，盖二经血多故也。少阳一经不宜出血，血少故也。”血多之经刺之，能祛邪而不伤血，血少之经刺之，则使血受伤而正气不足，有助长邪气虞。具体用法也有其特点，即运用鈹针多，放血部位多，出血量多。其放血之部很多，多者竟达百针以上，如治背疽，“以鈹针烧疽晕，刺数百针”；治湿癣，于“癣上各刺百余针”，等等，形成了独特的泻络风格。张氏刺络放血法，对后世影响颇大。明代，薛立斋、杨继洲等运用并发展了这一学说。

纵观全文，足以说明张氏是一位敢于创新的杰出医家，是攻下派的一代宗师，为中医学术的发展，做出了卓越的贡献。当然，他也同医史上其他医家一样，存在有不足之处。其不足之处主要是其学说在理论上有一定的片面性，在临证上三法也不能代替八法。

注释：

（1）野芹：以物赠送人而自谦品劣，叫“献芹”，借以自谦曾在太医院供职。紫宸：封建皇帝的宫殿名。

（2）吕复：明代医家，鄞县（浙江宁波）人，他曾对《素问》《灵枢》《本草》《难经》《脉经》等古代医书和古代医家有所评论。著有《内经或问》《灵枢经脉笺》等书，均佚。

（3）陈兵背水：汉将韩信井陉口之战，背水立阵，大破赵军，诸将问信背水而胜何也？韩信说，置之死地而后生。

（4）济河焚舟：秦伯伐晋，济河焚舟（《左传·文公三年》），项羽救赵，引兵渡河，破釜沉舟，表示不胜则不返的决心。

继　洪

继洪，号澹寮，汝州（今河南省汝州市）人，约生于1208年，卒于1289年，为宋元间释而医者。其俗姓及生平不详。从其著作《澹寮集验秘方》和《岭南卫生方》的记载中看，他出家后，精于五明学[1]，尤精于医方明。大约在1233年离开河南，南游岭表。他先是云游了两广地区的柳州、柳边仙奕岩、熙平郡、连州、五羊、封州等地，除了宗教活动之外，还一边为民治病，一边编撰医著。1254年他主持柳州报恩寺时，救活了患瘴症而厥死的林女。1255年在柳州边仙奕岩（今广西马平县西南）编写了《卫生补遗回头瘴说》。1262年在连州（今广东省连州市）救活了骞氏寒厥证。1260—1265年间，在熙平郡（今广东省连州市）斋撰写了《指要方续论》。1263年在封州（民国初属广东奥海道）著作了《蛇虺螯蠆诸方》。[2]1264年在五羊（今广州市）写成了《治瘴用药七说》。是年，开始了纂辑《岭南卫生方》的撰写工作。尔后，又游历了江西、浙江等地。1265年在江西丰城县，用丹药救活了一霍乱患者，数年后去临川。1267年他写了《治瘴续论》。1272—1274年在临安（今杭州）为一贵人调治顽疾。1283年撰出《澹寮集验秘方》。

继洪一生中在医学方面有两大贡献。

一、纂修《岭南卫生方》，阐述了瘴疟的理法方药

《岭南卫生方》三卷，宋李璆、张致远原辑，元释继洪纂修。李璆字西美，汴（今开封）人，政和（1111—1117年）中登进士第，出知房州（今房县）；张致远字子猷，南剑州沙县（今沙县）人，宣和三年（1121年）中进士第，绍兴八年（1138年）出知广州。

本书前三卷辑入李璆瘴疟论；张致远瘴疟论；王棐指迷方瘴疟论；汪南容治冷热瘴疟脉证方论；章杰岭表十说；继洪卫生补遗回头瘴说、治瘴用药七说、治瘴续说、附虺螯蠆诸方及集验治蛊毒诸方。卷三为明以后人增附，收入娄安道八证标类及“东垣药性赋”，后附日人山田简之募原偶记。

本书为元海北廉访所刻，明景泰（1450—1456年）间重锓，岁久板不复存。正德八年（1513年）广东行省据钞本重刊，万历四年（1576年）复经邹善校刻，并命娄安道增入八证及药性于其后。日本天保辛丑（1841年），梯谦晋造氏据数本校雠付梓，附入募原偶记。1983年中医古籍出版社，据中医研究院图书馆藏东瀛天保十二年学古馆雕版影印。

本书阐述了瘴疟的理、法、方、药，这是继洪的重大贡献。

兹概述如下：

关于瘴疟的病源病机：南方天气温暑，地气郁蒸，阴多闭固，阳多发泄，草木水泉，皆禀恶气，人生其间，元气不固，感而为病，是为之瘴。

关于辨证分类：轻者寒热往来，正类痎疟，谓之冷瘴；重者蕴热沈沈，昼夜如卧炭火中，谓之热瘴；其尤重者，一病则失音，莫知所以然，谓之痖瘴。

关于治法：冷疟初用药法——不问先寒后热，先热后寒，多热少寒，少热多寒，或因夏月伤于暑，汗出不透，或秋伤于风，则成此病；或饮食生冷过多，先伤脾胃，澡浴感冒，多作此证，或有痰涎停于胸膈，所谓无痰不成疟。第一发后，宜先下感应丸（药物组成：丁香、南木香、川干姜、肉豆蔻、巴豆、百草霜、杏仁）以去积滞，又下陈皮半夏汤，以去痰涎。冷瘴次用药法——初发瘴后，次日专服和解散（药物组成：苍术、甘草、厚朴、藁本、桔梗、陈皮）一日五六服。南方人，常自汗，不可汗，不可吐，不可泻。多是脾胃感冷成病。此药能和脾胃，又逐风邪。能使感病轻者不再发，其病深者，亦自减轻。冷瘴既久，气血虚，亦可灸膏肓并大椎骨下足三里。热瘴不可灸。

热瘴治法——先施以挑草子之法。凡有瘴发一二日，卷起上下唇之里，以针刺其正中，用手捻去紫血，又以楮叶擦舌出血，又令病人并足而立，于两足后腕缝中青脉刺之，血出如注。乃以青蒿水与服，应手而愈。若冷瘴与杂病决不可刺。热瘴病深难治，凉药多不可用，热药须得法以用之。如宜冷服附子汤。苦身热而汗不多，头痛未解，宜服和解散。若腰以上极热，腰以下稍凉，胸膈烦渴，腰腿肿疼，或大便稀滑，其脉多数，按之不实，此阳浮阴闭也，宜服生姜附子汤。若病经日久，汗愈多，虚烦潮上，宜用熟附干姜沉香。用干姜须冷服。若大便利，则不宜用沉香。烦甚少加竹叶，渴甚多加人参、北五味，咳逆加丁香、淡竹叶。若烦躁而有异象眩惑，夜不安寝，可略服温胆汤。大便利者不可服。若烦渴大作，宜蜜砂丹参砂丹破证夺命散、既济汤，或冷汤倍加人参附子。若烦热而大便自利，小便赤多，不可以赤为热，膝胫以下稍凉，乃病邪激，其气血俱虚，表热无以养中，故外热而内虚也，可急服姜附汤养气丹，及灸气海、足三里穴。若四肢厥冷，或两足冷甚，头额虚汗，或时咳逆，脉数而促，甚证尤危，宜服黄牙丹、伏火朱砂丹、三建汤。

痖瘴治法——痖瘴即热瘴之甚者。主症为面赤心热，舌破鼻衄。宜用挑草子法。甚则血上塞其心窍，昏不能言，或噫噫作声。治之当散其血，即宜用麦门冬汤下黑神散。

本书共载方九十多首，除瘴疟方外，另有蛇伤蛊毒等方。

明人邹善在序中评此书说："其论瘴病始末，诚有以握其要领矣。"

此外，本书还有两个方面需要特别指出：其一，早于吴又可三百余年就提出瘴疟与伤寒不同，不能用伤寒法治瘴。继洪说："青龙、麻黄、柴胡、承气汤，岂不但是治伤寒法耶，若用之治瘴疟，岂不误人？愚以所试，而会诸方书所言，治瘴之法，只当温中镇下，正气和解。"而又与吴又可治法不同，一主辛温，一主苦寒，因此本书与《温疫论》又可互为表里。

其二，本书及继洪的医疗实践有功于岭南人民。当时岭南的医药十分落后。书中说："岭外良医甚鲜，凡号为医术者，率皆浅陋。又郡县荒僻，尤乏药材。"故而"俚俗有病，必召巫觋而祭鬼神"。继洪此书不知使多少人掌握了疗瘴之法，他游历两广巡回医疗，又不知挽救了多少人的生命，解除了多少人的痛苦。他对岭南人民的卫生保健事业的发展是有着积极作用的。

二、编辑《澹寮集验秘方》，综合治疗危症、杂症经验

自序中曰："兹复以生平所取杂方，编次门类，以鄙见质同志。"

《澹寮集验秘方》共十五卷，分五十门，每门之首皆有"序"，以简论该门病候用药。内容涉及内、外、妇、儿、骨伤、五官等各科。并引前人和当时医著、史书五十多种，辑录验方一千余首，是一部内容丰富的综合性医书，对朝鲜、日本产生了一定影响。

自序又曰："若瘳一切人疾苦，然后复俾一切人知病，是众生良药，皆犹药王上，而顿悟味因，余自愿得矣。"继洪的一生就是满怀救治疾病的慈悲心愿，总结前人、当代和自己的医疗经验的。他善于用综合疗法抢救危症，常能力挽狂澜，起死回生。如1254年继洪主持柳州报恩寺时，教授林修职的女儿患瘴症，昏

厥已久，家人已“备棺衾，惟俟其喘息绝”。继洪视之“曰痰厥，尚可苏”。于是，“用半夏末搐鼻，苏合香丸擦齿”，病人喉中发出声音，又“亟煎星香饮灌下”，并“令人将咽摩胸”，“病人遂能吞药，眼睛转动，……调理兼旬，气体复旧”。他还善于用丹药之猛迅来抢救急症。如1265年他在丰城遇“一庵仆因霍乱吐泻，厥冷无脉，眼直不能转，舌缩不能言，唇口而面色俱变，似非生人矣”。遂亟研丹一块，“竹管灌下，明早视之，顿觉苏省”。数年后，在临川（今江西临川县）市间，“不觉于稠人中”见此人“下拜言谢也”。他的医德、医术大凡如此。

总之，继洪是宋元之间一位医德高尚、医术精湛的释医，他的著作反映了他在医学上所做出的贡献，其中有许多治疗经验，如治瘴疟的经验仍然是可以借鉴的。

注释：

（1）五明：梵文pāncāvidyā—sthānāni的意译。“明”是学术之意。佛教对古印度学术的分类为：①声明，语言、文字之学；②工巧明，工艺、技术、历算之学；③医方明，药石、针灸、禁咒等治疗之学；④因明，思辨规则之学（相当于逻辑学）；⑤内明，专以阐明佛教自宗之学。

（2）虺（huǐ，毁）：毒蛇；毒虫。

倪维德

倪维德（1303—1377年），字仲贤，号敕山，先为大梁（今河南开封）人，迁居吴（苏州），世以医鸣。维德自幼嗜学，师从汤碧山攻读《尚书》，深得其要旨。他好积藏古书，多达五千卷。汤看他才华出众，劝其应试当官，可是他认为不如继承医学为好。于是研读《内经》，会而通之。他深感于大观（1107—1110年）以来，医生都用裴宗元、陈师文《和剂局方》，古方新病多不能合的弊病，乃搜集金朝刘完素、张从正、李杲三大医家的书来研读，从此治病，无不立效。

倪维德《原机启微·自序》中说："为医者，伤寒、内伤、妇女、小儿，颇为致力也。然论伤寒，则有张仲景；论内伤，有李明之；论兼妇女、小儿、杂症者，有刘守真、张子和；中间括之以诗歌，析之以注解者，又不可以概举也。诸书已具，予不复更加筌凿也。惟叹其治眼一书，独缺不全，虽杂见于诸书也，且不备不精。意以古人轻之，而不为之著说耶？抑亦授之者不真，而惟受者之浅薄耶！使为医者曰：热也，风也！上焦有邪也，不为据其所自为。病者曰：'目也，细事也。于命无所系，不为重其所苦，致有不睹不见，永不其悟也。'予故不自以所论为妄，竟裒集为一书，因《阴符经》曰：'心生于物，死于物，机在目'，故目之曰《原机启微》。"成书于洪武三年（1370年），岁次庚戌上元前一日。倪维德又校订《试效方》、张季明《医说》，演《灵枢》《素问》，撰《方法考源》、《用药歌括》等书。

明·薛立斋在校订《原机启微》时，对本书做了高度评价，并加了"附录"。薛立斋在附录自序中说："眼目一种，世无全书。予每病焉，尝读南齐龙树王所著《龙木眼》，篇章简略，其义未备。曩（nǎng，囊。以往。）予承乏（旧时在任官吏常用的谦辞）留都（迁都之后旧都之称谓，明朝指南京），获敕山老人《原机启微》，其词古，其论确，刀圭之玄，方剂之神，炮烂之精，条分缕析，气运该通，可谓见道分明，得《内经》之旨，予嘉之，一日三复，不能去手。尝采诸书中治眼方法，附绣梓传诸四方矣。予将葬亲，卜地敕山之麓，怀贤吊古庐墓丘墟，无复得斯人矣！斯集也，阳湖祠叙之于前，兹又摘《玉机微义》论方，附于卷末，复梓以广其传，毕予之志而已。”

《原机启微》共二卷，附录一卷。上卷，论眼诸疾因、病机与治疗。下卷，为附方。“附录”载薛氏增补的眼科医论七首以及部分眼科方剂。以下对倪维德及其《原机启微》医德医道加以评述。

一、医德高尚，医术高明

倪维德崇尚医德，认为医儒如一，儒者以仁施于人，医乃仁术，可济人利物。据嘉靖壬辰长川王庭称：倪氏“治人无论贵贱，所治咸效”，“专心慈仁为意，未尝邀报谢，故施惠博而道尊，浙河之西，其声鍧（hōng，轰）然震也。”又《苏州府》志载：“换心仁术，来谒即赴，窭（jù，据。贫寒）人抱疾求治，维德授药兼畀（bì，币。给予。）烹器，客问曰：‘药可宿备，瓦缶亦素具乎？’维德指室北隅，盖积数百枚。”由以上记载，足可以说明倪维德具有高尚的医德。

倪维德宗于《内经》，博采刘、张、李各家学说，“出而治病，无不立效”。《明史·本传》所载：“周万户子八岁，昏眊至不识饥饱寒暑，时以土炭自塞其口，维德诊之曰：此慢脾风也。脾藏智，脾慢则智短，急以疏风助脾剂投之，即愈。顾显卿右耳下生瘿，大与首同，痛不可忍，更数十医莫能治，维德曰：此手足少阳经受邪也。煮药饮之，逾月而愈。刘子正妻病气厥，或哭或笑，人以为祟所凭。维德曰：两手脉俱沉，胃脘必有所积，积则痛。问之果然。以生熟水导之，吐痰涎数升而愈。盛架阁妻左右肩臂奇痒，延及头面不可禁，灼之以艾，则暂止。维德诊其左脉沉，右脉浮且盛，曰：此滋味过厚所致也。投以剂旋已。林冲实以劳得热疾，热随日出入为进退，暄盛则增剧，夜凉及雨则否，如是者二年。维德曰：此七情内伤，阳气不升，阴火渐炽，故温则进，凉则退，投以东垣内伤之剂，其疾立止。他所治疗多类此。”以上治验多系当时疑难重症。可见，倪维德无论是眼科，还是医学其他科别，均具优异的造诣，诚属一代宗师。

二、注重病因，阐发病机

中医眼科史告诉我们，先秦时代出现了专科医生——耳目痹医，但无专著。《内经》仅论述了眼的部位解剖，以及与整体的关系，记载的眼科病症名称60余种，它对疾病多按病位和病症特点命名。唐代的《龙木论》和托名孙思邈著的

《银海精微》二书，虽在整体观念的指导下，创立了五轮八廓学说，分别列出眼科152症，但均未分门别类，而是见证论证，体例杂乱。至宋代，太医局虽将眼科列为专科，但仍无系统的著作。正如《原机启微·自序》中所说："治眼绝无古传方，虽张仲景、李明之诸公，论医之详，庶几神妙，而于是优略之也。"

倪维德的《原机启微》就成了医学史上较早的系统的专著。注重病因，阐发病机是其主要特点。

首先是创造了眼病按病因分类的方法。诸如"淫热反克之病""风热不制之病""七情五贼劳役饥饱之病""血为邪胜凝而不利之病""阴虚不能配阳之病"等计十八种。

其次是指出一种病因可导致不同症状；一种病症可由多种因素引起。如同一风邪引起的证候：伤于目之上下左右者，则目之上下左右俱病；伤于眉骨者，病自目系而下；伤于额者，病自抵过而上；伤于耳中者，病自锐眦而入；伤于额交巅耳上角及脑者，病自内眦而出；伤于耳后耳角耳前者，病自客主入斜下；伤于颊者，病自锐眦而入；伤于头角耳前后及目锐眦后者，病自锐眦而伤于额角及巅者，病自目系而下。倪维德将目赤病析为数种原因：有白睛纯赤如火，热气炙人者，乃淫热反克之病也；有白赤而肿胀，外睫虚浮者，乃风热不制之病也；有白睛淡赤而细脉深红，纵横错者，乃七情五贼劳役饥饱之病；有白睛不肿不胀，忽如血贯者，乃血为邪胜，凝而不行之病也……

对病机的阐发上，一方面以《内经》《难经》的理论为基础。在十八类眼科疾病的论述则直接引《内经》原文者多达二十六处。一方面加以发挥，远远超越仲景、元华、元方、思邈、河间、子和、明之之上。如《阳衰不能抗阴之病篇》对雀盲病因病机的分析："或问曰：'人有昼视通明，夜视罔见，虽有火光月色，终为不能睹物者何也？'答曰：'此阳衰不能抗阴之病。谚所谓雀盲者也。'问曰：'何以知之？'答曰：'《黄帝生气通天论》曰：自古通天者生之本，本于阴阳。天地之间，六合之内，其气九州九窍，五脏十二节，皆通乎天气。又曰：阴阳者，一日而主外，平旦人气生，日中而阳气隆，日西而阳气已虚，气门乃闭。又曰：阳不胜其阴，则五脏气争，九窍不通，故知也。'问曰：'阳果何物耶？'答曰：'凡人之气，应之四时者，春夏为阳也；应之一日者，平旦至昏为阳也；应之五脏六腑者，六腑为阳也。'问曰：'阳何谓而不能抗阴也？'答曰：'人之有生，以脾胃中州为主也。《灵兰秘典》曰：脾胃者，仓廪之官，在五行为土，土生万物，故为阳气之原。其性好生恶杀，遇春夏乃生长，遇秋冬则收藏。或有忧思恐怒，劳役饥饱之类，过而不节，皆能伤动脾胃。脾胃受伤，则阳气下陷。阳气下陷，则于四时一日五脏六腑之中，阳气皆衰。阳气既衰，则于四时一日五脏六腑之中，阴气独盛。阴气独盛，故阳不能抗也。’问曰：‘何以夜视罔见？’答曰：‘目为肝，肝为足厥阴也。神水为肾，肾为足少阴也。肝为木，肾为水，水生木，盖亦相生而成也。况怒伤肝，恐伤肾，肝肾受伤，亦不能生也。昼为阳，天之阳也。昼为阳，人亦应之也，虽受忧思恐怒劳役饥饱之伤，而阳气下陷，遇天之阳盛阴衰之时，我之阳气虽衰，不得不应之而生也，故犹能昼视通明。夜为阴，天之阴也。夜为阴，人亦应之也。既受忧思恐怒劳役饥饱之伤，而阳气下陷，遇天阴盛阳衰之时，我之阳气既衰，不得不应之时伏也，故夜视罔所见也。”倪维德对雀盲的病因病机之方方面面剖析得淋漓尽致，作为今日中医眼科之教科书也未尝不可。然考《巢氏病源·雀目候》仅寥寥数语，十分简单。请看其全文：“人有昼而睛明，至明则不见物，世谓之雀盲。言其如鸟雀瞑，便无所见也。”倪维德对其所分十八类眼科病，对病因病机之分析皆如此。

三、辨证用药，析其方义

本书上卷十八篇，即十八论，每论不仅详其病因、病机，也详其辨证用药的规律。如“淫热反克之病”中说：“（病因、病机略）其病眵多眊矂紧涩，赤脉贯睛，脏腑秘结者为重，重者芍药清肝散主之，通利气中丸主之；眵多眊矂，赤脉贯睛，脏腑不秘结者为轻，轻者减大黄、芒硝，芍药清肝散主之，黄连天花粉丸主之；目眶烂者，内服上药，外以黄连炉甘石散收其烂处，兼以点眼春雪膏、龙脑黄连膏、嗃鼻碧云散攻其淫热，此治淫热反克之法也。”书中所言治法皆如此。

本书卷下主要论及药物和方剂之宜，申中药君臣佐使，从逆反正之义，并列举各附方四十五首，均为眼科常用且疗效甚佳之方。其中不少方剂如黄连养肝丸、磁朱丸、石斛夜光丸、拨云退翳丸、羚羊角散等，一直为后世医家所推崇。

在附方中，在方剂史上占有重要位置的是倪维德对方义的解析。因为《神农本草经》中已有系统的方剂配伍理论，即君臣佐使、七情和合等原则，但直到宋代以前仍然没有一部方书对方义进行系统解释。至金代成无己著作《注解伤寒论》（1144年）和《伤寒明理论》（1156年）时，才对《伤寒论》中方剂之方义进行了简要的分析。此时，倪维德《原机启微》对其附方做了系统的解释，如对石斛夜光丸解释说："羡补药也。补上治下，利以缓，利以久，不利以速也。故君以天门冬、人参、菟丝子之通肾安神，强阴填精也；臣药以五味子、麦门冬、杏仁、茯苓、枸杞子、牛膝、生熟地黄之敛气除湿，凉血补血也；佐以甘菊花、蒺藜、石斛、肉苁蓉、川芎、甘草、枳壳、山药、青葙子之疗风治虚、益气祛毒也；使以防风、黄连、草决明、羚羊角、生乌犀之散滞泄热，解结明目也。阴弱不能配阳之病，并宜服之，此从则顺之之治法也。"如此解释，已相当明白了。所以，《原机启微》可以说是我国较早系统解释方义的著作，倪维德对方剂学的发展做出了一定贡献。

四、博采众长，不执一学

倪维德毕生所据医理，虽然是"以《内经》为宗"，同时又"求金人刘完素、张从正、李杲三家书读之"，但他素抱独一见解。《明史》称："常言刘张二氏多主攻，李氏惟调护中气，主补，盖随时推移，不得不然，故其主方，不执一学。"倪维德这种对前人学说执着追求，但又能融会贯通，立一家之言的治学精神，成为他在医学上取得重大成就的强有力的保证。同时，这一精神也贯彻在《原机启微》一书中。

倪维德对刘、张、李之"火热学说""脾胃学说"颇得底蕴。在《原机启微》上卷的十八篇文章中，先后论述火热之邪为害的就有九篇（包括实火和虚火）。对刘完素"火热之气，潜则无恙，亢则为害"和张子和的"病之一物，或由外而入，或由内而生，皆邪气也"，"气轮变赤，火乘肺也；肉轮赤肿，火乘脾也；黑水神光被翳，火乘肝与肾也；赤脉贯睛，火自盛也"的理论运用娴熟。在治疗中，也吸取刘、张的经验，泻火清热，以保水土；滋水培土，以制火热。用药多辛凉咸寒之品，用针则取神庭、上星、囟会、前项、百会等穴，出血以泻实邪。与此同时，倪维德又非常重视李杲之"脾胃论"，他认为脾胃健则元气得充，百脉得荣。目者，血脉之宗也。脾胃虚则五脏六腑皆所失养，不能输精于目。因此，《原机启微》的第一篇文章中就谆谆告诫：在使用连、柏、硝、黄之类的苦寒泄泻之品时，"非膏粱之变，非气血俱盛，非亢阳上炎，非邪人经络，毋用此也；用也，则寒凉伤胃，生意不上升，反为所害"。同样的告诫和论述，在上卷的十八篇文章中就有七处之多。由此可以看出倪维德对前人的理论与经验不囿于一家，而是博采众长的。

综上所述，倪维德是元末明初的一位眼科学家，其著作《原机启微》为我国较早的眼科专著。该书在眼科的病因、病机、诊断、用药诸方面多有发明，使眼科有了系统的辨证论治理论体系。几百年来，中医眼科专著虽多达100余种，其理论大多引述此书，至今仍有重要的参考价值。

滑　寿

滑寿，字伯仁，自号樱宁生，世代为许州襄城（今河南襄城县）人，生于元延祐元年（1314年），卒于明洪武十九年（1386年）。元初，他的父亲、祖父都在江南做官，自许徙居仪真（今江苏仪征市），滑寿就生在那里。后来又徙居余姚（今浙江省余姚市）。他的子孙散居余姚、武林（杭州），而以武林为最盛。滑寿幼年警敏好学，曾习儒于韩说先生，日记千余言，博览群书，操笔为文，文风温雅，词有思致，尤其长于乐府。至元（1335—1340年）间曾应乡试，后来放弃科举，爱好医术，转而习医。当时京口（今江苏镇江）名医王居中，客居仪真。滑寿从王学医，王授以《素问》《难经》。滑寿学完了《素问》《难经》，向王请益说："《素问》详矣，多错简。愚将分脏象、经度等为十二类，类抄而读之。《难经》又本《素问》《灵枢》，其间荣卫藏府与夫经络俞穴，辨之博矣，而缺误亦多。愚将本其义旨，注而读之可乎？"王对他善于学习十分高兴，大加嘉奖。滑寿自此医学益精熟。他又参考融会张仲景、刘守真、李明之三家理论，治疾无所不中。

滑寿又学针法于东平（今山东东平县）高阳洞。《内经·骨空》诸论及《灵枢》所述经脉，著《十四经发挥》三卷。他又著作《读伤寒论抄》《诊家枢要》、《医韵》《本草发挥》《医家引彀》和《痔瘘篇》等，为医学的发展做出了重要贡献。

滑寿晚年，自号樱宁生。樱宁者，道家所追求的一种修养境界，谓心神宁静，不为外界事物所扰。当时江、浙无不知樱宁生者。年七十余，容色如童颜，行步矫捷，饮酒极多。后来天台（今浙江省天台县）人朱右摘取滑寿治疾神效者数十个案例，为滑寿作传，所以他的著述更加受到世人的称道。（以上据《明史》）

又相传滑寿本姓刘。元明之际，天下大乱，改易姓名，隐于医学界。病人请他诊治，无论贫富他都前往，不索报酬，知名于吴、楚间。在淮南叫滑寿，在吴中叫伯仁氏，在鄞越叫樱宁生。他迁往余姚清风里，与名士宋禧友善，宋赠以诗曰：

“滑公江海客，频到贺家溪；采药行云际，吟诗过水西。”

方国珍占据浙东[1]，遥奉元朝正朔。他的秘书刘仁本，驻兵余姚，对滑寿以礼相待。刘的《羽庭诗集》中有“正月望前一夕，与滑伯仁炼药”诗云：“委羽山中鹤堕翎，老仙为我制颓龄[2]；人无金石千年寿，药有丹砂九转灵；候熟鼎炉分水火，气吞日月走风霆；轻身已得刀圭秘[3]，莫问昌阳与茯苓。”诗中“老仙”是作者对滑寿的赞词。从其中所说“丹砂九转”“鼎炉”“轻身”看来，似乎滑寿也曾如葛稚川、陶弘景那样炼丹、导引以求长生。

当时文士揭汯、朱右、戴良、丁鹤年和宋濂等，都与滑寿往来交游。揭汯、宋濂为滑写序，朱右为他作传。而戴良《九灵山房集》中则有“有怀书樱宁”七律一首说：“海日苍凉两鬓丝，异乡漂泊已多时，欲为散木留官道，故托长桑说上池[4]；蜀客著书人岂识，韩公卖药世偏知[5]；道涂同是伤心者，只合相从赋黍离[6]。”

还相传刘基是滑寿的亲弟[7]，而志向不同。刘基既贵，曾去余姚访滑，劝滑出仕，他不愿意，留数月乃去。滑氏所写诗篇传世极少，今录二首，以见梗概。他輓唐丹崖（唐肃，字处敬，号丹崖，著有《丹崖集》）七绝说：“尚想词垣应奉辰[8]，汉廷曾诏贾生频[9]；如今埋骨秋江上，留得文章照后尘。”“汉代文章晋代人，谁知死别泪沾巾；玉楼新旧无人记[10]，定跨苍鸾上紫宸[11]。”（以上四节据陈梦赉《中国历代名医传》）

滑寿医理贯通古今，辨证详而精审，施治效如桴鼓。一生救人无数。所到之处人们争相求治，以得其一言，定生死为无憾。当时江南医生之声望没有超过他的。兹举数案，以见一斑。

一人患消渴，众医以为肾虚水竭，津液不能上升，遂用温补肾阳之药治之，服药后水渴更甚，旧有的眼疾也复发了。其人平日肥胖，因服此药顿时消瘦，急忙请来滑寿治疗。滑氏诊察后，叹息道：“水不足应济之以水，始未闻有水不足而以火济之者。”于是摒弃前药，改用寒剂下之，先去其火毒，继用苦寒清之剂，月余平复。

一人患伤寒，已经汗下，病去而背恶寒，脉细如线，汤、熨无效。滑寿以理中汤加姜桂藿附，大剂服下；外以荜拔、良姜、吴萸、桂椒诸品大辛热药研末，以姜汁调敷满背，以纸覆盖，稍干即换下。如此半个月，竟平复不寒。

一妇女病寒疝，自脐下至心，都胀满攻痛，而胁痛尤甚，呕吐烦懑，不进饮食，两手脉沉结不调。滑氏说：“此由寒在下焦，宜亟攻其下，毋攻其上。”为她灸章门、气海、中脘。让她内服延胡、官桂、胡椒，佐以蘹本诸香、茯苓、青皮等，十日一服，果然有效。（见《医学入门》）

一妇人难产，七日没有生下，食甚少。滑寿诊视后，给以凉粥一盂，并擂碎枫药煎汤让她服下，不久就产下。有人问其道理，他说：“此妇食甚少，未有无谷气而能生者。夫枫叶先生先落、后生后落，故作炊饮之也。”（见《名医类案》）

滑寿对祖国的医学理论、诊断学、针灸学等均做出了重要贡献。

一、《读素问钞》，开节略类编《内经》之先河

《内经》为祖国医学奠定了比较坚实可靠的理论基础。但是，《内经》文字古奥，理若渊海，因此，随着古今语言的变化和医学的发展，必须对《内经》的原文进行注释阐发；另一方面，由于《内经》的内容，既是祖国医学理论之所在，又是采取综合叙述的方式来表达的。几乎每一篇中都不是单纯地讨论某一个问题，而是牵涉到好几个不同的内容。因而便引起一些医家用分类的方法，按其不同性质的内容，各以分类。医史上分类研究诸家，以杨上善、张介宾、滑寿、李中梓、沈又彭为代表。其中滑寿为以删繁撮要，以类相从方法研究《内经》的第一人，亦即《读素问钞》开了节略类编《内经》之先河。

滑氏从京口王居中学习《素问》，经反复研究，认为学习《素问》应“删去繁芜，撮其枢要”，即舍弃糟粕，取其精华。所以便选择《素问》中的重点内容，各分门类，重订篇次，注释发挥，遂成三卷书。将经文共分十二类，卷上为脏象、经度、十二经、脉候、病能（态）；卷中为摄生、论治、色诊、针刺；卷下为阴阳、标本、运气、汇萃。最后附补遗一篇。

滑氏节略类编《素问》之法，比隋代杨上善之《太素》、明代张介宾之《类经》更为简明，基本上起到了钩玄提要的作用。明代汪机对《读素问钞》做了中肯的评价。汪机《续素问钞序》说：“予读滑伯仁氏《素问钞》，喜其删去繁芜，撮其枢要，且所编次，各以类从，秩然有序，非深于岐、黄之学者不能也。”张介宾的《类经》遂仿滑氏之法。汪机亦在《读素问钞》的基础上补入注释，名曰《续素问钞》，刊入《汪氏医学丛书》中。明代丁瓒又为之补注，并

将滑氏的《诊家枢要》一卷附在书的后面，名为《素问钞补正》，颇风行一时。由此可见，滑氏的《读素问钞》，对后世学习《内经》起了引导作用；滑氏研究《内经》的方法，也产生了积极影响。

二、《难经本义》，辩论精要，考证详审

《难经》是一部以问难形式解释古医经的理论性著作。它主要是采摘《黄帝内经》的精要，用问答体解释《素问》《灵枢》经文的疑义，辑为八十一难。因《难经》文义深奥，不易体会，所以历代的注释，不下数十家，《难经本义》就是其中最为著名者。

滑氏在《难经本义·自序》中讲："历代以来，注家相踵，无虑数十，然或失之繁，或失之简，醇疵淆混，是非攻击。……夫天下之事，循其故则其道立，浚其源则其流长，本其义而不得其旨者，未之有也。若上古《易》书本为卜巫，设子朱子推原象占，作为本义，而四圣之心以明[12]，《难经本义》窃取诸此也。是故考之《枢》《素》，以探其原，达之仲景、叔和，以绎其绪，凡诸说之善，亦旁搜而博致之；缺摘断简，则委曲以求之。"以此说明撰写《难经本义》之原因、采取之方法，以及命名《难经本义》之依据。

《难经本义》成书于至正辛丑（1361年），刊于1366年。全书分上下两卷，书首列汇考一篇，论书的名义源流；次列阙疑总类一篇，记脱文误字；又次图说一篇，皆不列卷。正书八十一难，首列经文，次附注释。凡荣卫部位、脏腑脉法和经络腧穴，以及彼此在病理、诊断和治疗上的关系，都加以辩论考证；作者并以己见作为评断。

滑氏注释《难经》，有许多独到见解，如《三难》曰："脉有太过，有不及，有阴阳相乘，有覆有溢，有关有格，何谓也？然关之前者，阳之动……过者法曰太过，减者法曰不及。遂入尺为复，为内关外格，此阳乘之脉……"滑氏注曰："此篇言阴阳太过不及，虽为病脉，犹未至危殆。若遂上鱼入尺，而为覆溢，则死脉也。此'遂'少字最为切紧，盖承上启下之要言。不然则太过不及，阴阳相乘，关格覆盖，浑为一意，漫无轻重矣。或问此篇之阴阳相乘，二十篇之说同异（二十篇言脉之伏匿）曰：'此篇乃阴阳相乘之极而为覆溢，二十篇则阴阳更相乘而伏匿也。''更'之一字与此篇遂字，大有径庭。更者，更互之更；遂者，直遂之遂。而覆溢与伏匿，又不能无辨，盖覆溢为死脉；伏匿为病脉，故

不可同日语也。”议论清晰，互相鉴别，颇切原义。

除了作者自己的注释而外，并博引吴吕广、杨玄操，宋丁德用、虞庶等二十家的论著，融会贯通，作为注释。而这些著述，一部分已经亡佚，赖此得知其梗概。再如《五十八难》云：“伤寒有五：有中风，有伤寒，有湿温，有热病，有温病。”滑寿在解释中引杨玄操谓“温病乃疫疠之气，非冬伤于寒，至春变为温病者”。此论点对温病学的发展有一定意义。又如《五十九难》对癫狂病的性质论述含糊不清，曰：“狂癫之病，何以别之？然，狂疾之始发，少卧而不饥，自高贤也，自辨智也，自倨贵也，妄笑好歌乐，妄行不休是也。癫疾始发，意不乐，僵仆直视，其脉三部阴阳俱盛是也。”他则明确指出：“狂发于阳，癫发于阴”；“重阳者狂，重阴者癫”。更深化了后人对癫狂的认识。

后人给予《难经本义》很高的评价，如《四库全书总目提要》评论说：“寿所采摭凡十一家，今惟寿书传于世。……其注则融会诸家之说，而以己意折衷之，辩论精核，考证亦极详审。……寿本儒者，能通解古书文义，故其所注，视他家所得为多云。”

三、《诊家枢要》，以“六字”为纲，使脉之妙蕴几于无遗

切脉之学，自《内经》曾做了一次较大的整理，而后，《难经》发其疑难，《伤寒》以之验证，《脉经》使之系统，皆有功于世。然而求脉之大旨，即脉诊之大纲仍然不清。后世虽有以浮、沉、迟、数分纲者，但其义浅而不备。

滑氏曰：“百家者流，莫大于医，医莫先于脉。”（《诊家枢要》）因而他十分重视脉学的研究。滑氏在《难经本义》前二十二难全面继承、系统注解《内》《难》的脉学成就；《读素问钞》有专论脉象与脏腑疾病关系的《脉候》《色脉》专篇等。不仅如此，滑氏又于1359年撰写了脉诊专论——《诊家枢要》。

《诊家枢要》凡一卷，分《脉象大旨》《左右手配脏腑部位》《五脏平脉》《四时平脉》《呼吸沉浮定五脏脉》《因指下轻重以定五脏》《三部所主》《诊脉之道》《脉阴阳类成》《妇人脉法》《小儿脉法》诸篇。

该书叙述了浮、沉、迟、数、虚、实、洪、微、弦、缓、滑、涩、长、短、大、小、紧、弱、动、伏、促、结、芤、革、濡、牢、疾、细、代、散三十种病脉的体象和主病。滑氏对三十种脉象体状之描述，多数是正确的。同时，滑氏很

重视分寸、关、尺三部候脉，故其在论脉象主病时，多按三部分论。

尤其可贵的是他以“六字”为纲，揭示求脉大旨。滑氏曰：“凡察脉须识得上、下、来、去、至、止六字。”“上者，自尺部上于寸口，阳生于阴也。下者，自寸口下于尺部，阴生于阳也。来者，自骨肉之分而出于皮肤之际，气之升也。去者，自皮肤之际而还于骨肉之分，气之降也。应曰至，息曰止也。”（《诊家枢要》）对此，清代周学海评价说：滑氏之“六字”，“则脉之妙蕴几于无遗，而讲脉学者，可得所宗主矣。”（《脉简补义·诊法直解》）滑氏依此纲，以分类对比的方法，把体状相近和相反的脉象分别归纳为浮沉、迟数、虚实洪微、弦紧滑涩、长短、大小等六种类型，使脉学研究更为纲举目张，脉诊之大纲臻于清晰。

四、《十四经发挥》，研究经络，重视督任

滑氏的众多贡献之中，以针灸方面最重要。其著作之中以《十四经发挥》最著名。

滑氏认为，“《内经》所载服饵之法才一二，为灸者四三，其他则明针刺，无虑十八九。针之功，其大矣”。“厥后方药之说肆行，针道遂寝不讲，灸法亦谨而获存。针道微而经络为之不明。经络不明，则不知邪之所在。求法之动中机会，必捷如响，亦难矣”。他深深有感于当时针道衰微，乃潜心研究经络学说，以《灵枢·本输篇》《素问·骨空》等论，裒而集之，得经十二，又认为“任督脉云行腹背者二，其队穴之周于身者，六百五十有七”，便考其阴阳之所以往来，推其骨空之所以驻会，图章训释，缀以韵语，于1341年厘为三卷，名之曰《十四经发挥》。

该书上卷，《手足阴阳流注篇》，附仰伏人尺寸图。中卷，为《十四经脉气所发篇》，根据《金兰循经》等书中，关于全身十四经脉循行的记载作了较详细的注释和发挥，详释经络循行、补记各经所属穴位及所生病。下卷，为《奇经八脉篇》，论述奇经八脉的循行内容。

该书最大的成就是把督、任二脉与十二经合论为十四经，考《内经》，厘定657穴，分归十四经中，使经络学说益臻系统、完善。在元代以前的经络学说中，十二正经为主，奇经八脉为次，至滑氏时，认为督、任二脉既有自己的经络走向，又有自己的专穴，有别于其他奇经，应与十二正经相提并论。他说：“人

身之有任、督，犹天地之有子午也。人身之任、督以腹背言，天地之子午以南北言。可以分，可以合者也。分之以见阴阳之不杂，合之以见浑沦之无间。”指出督脉为阳脉之纲，任脉为阴脉之海，两者同起于会阴，共终于龈交，一背一腹，一阳一阴，周流不息，如环无端，起阴阳相济之功。自此督、任二脉之重要性被揭示，并列于十二正经而称为十四经。

该书的另一个特点是每经之首均冠以插图；所述经脉，辞旨简严；凡遇深奥难懂之处，必训其字义，又释其名物，疏其本义，正其句读；作者复虑隧穴之名，难于记忆，联成韵语，附于各经之后。要之，滑氏考图以穷其源，因文以求其义，韵语以宜于诵。

《十四经发挥》有较高的学术价值。本书吕复序曰：“许昌滑君伯仁父尝著《十四经发挥》，……纲举目张，足以为学者出入向方，实医门之司南也。”宋濂序曰：“……若金之张元素、刘完素、张从正、李杲四家，其立言垂范，殆或庶几者乎？今吾滑君起而继之，凡四家微辞秘旨，靡不贯通，发挥（即《十四经发挥》）之作，必将与其书并传无疑也。”近人承澹庵序曰：“针灸得盛于元代，此滑寿之功也。”

本书的学术价值不仅为国内医界所重视，而且对国外如日本、朝鲜等国针灸学的发展也具有一定的影响。承澹庵在日本觅得该书之古本而详为校注辑成《校注十四经发挥》，就是这方面的一个佐证。

总之，滑寿在医学理论与医学实践方面所取得的成就，达到了元代医学发展应有的高度。滑寿可称谓当代医林之佼佼者。

注释：

（1）方国珍（1319—1374年）：名珍，字国珍，浙江黄岩人。先世以贩盐浮海为业。至正八年（1348年），聚众数千人入海，抢劫官府运粮漕船；杀死元代督运使臣。后降元，官至海道运粮万户。他以庆元（今浙江宁波）为根据地，割据温州（今浙江温州）、台州（今浙江临海），控制浙东沿海一带，拥有水军、船舰千艘。至正二十七年（1367年）四月，他北通扩廓帖木儿，南联陈友定。十月，朱元璋派征南将军汤和征讨国珍，占庆元，迫使方国珍归降。（《明史》）

（2）颓龄：衰暮之年。

（3）刀圭：古时量取药末的用具。此处作“医术”解。

（4）长桑：指战国杰出医家扁鹊（秦越人）的老师长桑君。上池：即上池水。上池水，竹木上的露水。《史记·扁鹊传》：“（长桑君）乃出其怀中药予扁鹊：‘饮是以上池之水，三十日当知物矣。”《索隐》：“案：旧说云，上池水谓水未至地，盖承取露及竹木上水，取之以和药。”

（5）韩公：指东汉时期民间医生韩康。韩康系霸陵（今西安市长安区附近）人亲自入山采药，在长安出售，口不二价，前后达三十余年。因有“韩康卖药，言不二价”的故事。

（6）黍离：《诗经·王风》篇名。《诗序》：“《黍黎》，闵宗周也。周大夫行役至于宗周，过故宗庙宫室，尽为禾黍。闵周室之颠覆，彷徨不忍去而作诗。”谓东周大夫出行至旧都镐京，见宗庙宫室毁坏，感伤而作此诗。

（7）刘基：字伯温。明初大臣。

（8）词垣：旧时泛指词臣的官署，如翰林院之类。辰：日子；时刻。

（9）贾生：即贾谊。西汉政论家，文学家，时称贾生。

（10）玉楼：指神仙的住处。

（11）紫宸：封建皇帝的宫殿名。

（12）四圣：四个功业、品德或某项成就达到最高峰的人。此处可能指：“颛顼、帝喾、尧、舜。”

兰 茂

兰茂，字延秀，云南省嵩明县杨林千户所石羊山人。原籍河南洛阳。生于明洪武三十年（1397年），卒于成化十二年（1476年），享年80岁。

兰氏性聪颖，十三岁通经史，年长后便研读宋代濂洛关闽学派的书；赋性淡薄，不愿混迹于利禄场中。在他屋前列有"止庵"的匾额，人们也称兰氏为"止庵先生"，他又自号"和光道人""洞天风月子""玄壶子"。

兰氏居住杨林时间较多，经常往返昆明杨林之间，并往云南各地采集药物，替群众治病。他对医学、地理、丹青无不兼长，一生的著述很多。有名的除《滇南本草》(1)、《医门揽要》以外，尚有《韵略易通》《性天风月通玄记》（传奇）《声律发蒙》《玄壶集》等，这些著述经过多次传抄和刻印，现在仍有流传。

兰氏终身为一平民，极为人民所爱戴。在他死后，人们建祠堂纪念他。

至于兰氏为什么研究医药和如何进行研究，《滇南本草图说后序》（简称"后序"）及《滇南本草自序》（简称"后序"）里说得很明白。"后序"曰："兰子因母病，留心此技三十余年。其学皆探本求源，得古人精奥。其方饵专一真切，不事枝叶。投人数剂，无不立愈。""自序"曰："余幼酷好本草，考其性味，辨地理之情形，察脉络之往来，独滇南则不同也。盖滇南乃昆仑之总脉也，而又近于西天之地，故有逆水绕之。往往奇花异草产于滇域而人不识。余留心数年，审辨数品仙草，合滇中蔬菜草木种种性情。并著《医门揽要》二卷，特救民病，以传后世，为永远济世之策。"可见兰氏因母病而学医，曾费三十余年之殚精，治病神效，对于滇南药物之研究更是理精卓识。

可惜的是，《滇南本草》在兰氏生前并未刊行，仅有手抄本流传。直到嘉靖年间，滇南范洪由于应用《滇南本草》所载附方获得疗效，因此将其手抄本进行整理，并结合自己所学，于嘉靖丙辰（1556年）重新编成《滇南本草图说》。清同治癸酉年（1873年），管暄对《滇南本草》做了校对、抄补，至光绪丁亥年（1887年），管暄之弟管浚又对《滇南本草》加以重订并付梓刊行。随后，《滇南本草》

又有多种抄本与翻刻本。引为欣喜的是1959年云南卫生厅组织了省内有关医药卫生和科研单位对《滇南本草》进行了研究整理，由云南人民出版社重新出版。整理本收载药物507种，对文字校勘备详，对药物在实地调查的基础上考证精确，并附有精致药图和补充了很多科学内容，古今对照，甚为鲜明，为学习和研究本书提供了极好条件。

《滇南本草》是一部专门反映云南地区用药经验的地方性本草。

该书首先突出了全书收载品种均属地方药材。据谢宗万先生统计：

（1）全国广有分布和通用一致的品种，意即这类品种，多数为常用中药，不但云南有产，全国各地大多数地区均产。这类品种约80余种。

（2）为云南特产药材而行销全国的品种约3种。

（3）与正品中药为同种，但在《滇南本草》中以地方名为正名的品种约5种。

（4）药材品名相同，但其生物来源与正品中药不同的品种约61种。

（5）纯属当地少数民族专用的民族药，亦可视为地方性的民间草药。如灯盏花、还阳参、大红袍、兰花双叶草、草血竭、苦龙胆草、金铁锁、地不容、千针万线草等，这一类药材为数最多，为332种，约占全书药材总数（507种）的65.5%，形成本书的一大特色[2]。

该书又介绍了当地的少数民族的用药经验。云南地处我国西南边陲，是少数民族聚居的一个重要省份，除汉族外，有白族、傣族、藏族、景颇族、傈僳族、苗族、纳西族、怒族、回族、瑶族、彝族等24个少数民族，分布于全省各地，尤以山区为多，而山区又为药材的主要产地，故云南当地所产药材，无论是采集、种植、加工等，大都由少数民族经营。山区的医生也大都是民族医。因此，云南地区民间用药经验，实即少数民族的用药经验。

这正是《滇南本草》具有民族药特色的最根本之处。如它重视少数民族使用药物的治疗经验：《滇南本草》载："瓦松，夷人（少数民族）采捣敷囟门，止鼻衄不止。""假苏"项下，谓夷人以此法治跌打损伤，并敷毒疮亦效。治吐血、清目、疏风、化痰、养肌、筋骨疼痛。解酒即醒酒，目昏，效如神。"猛笼"，夷人做菜，令人不染瘟疫，兼之男妇老幼从不落齿，皆呼为"稳齿菜"。又如："阿那斯（纳西语）"，此药主攻一切痈疽毒疮……散结核；"格枝糯（大理白语）"，此药有大毒……搽疥癞疮；"帕安俄（傣语）"，此药能发汗……治妇人白带，又能损目，等等。

该书又突出了民间习惯用药方法：《滇南本草》在很多地方记载了服药时与牛肉、猪肉、鸡、乌骨鸡、鸡蛋、鲤鱼等同炖服的经验[3]。

1. 旋覆花（水朝阳草）：治面寒疼。旋覆根，水牛肉，水酒为引，煎服。

（又方）治单腹胀。旋覆花，鲤鱼，将鱼肠去净，药入鱼内，煎服。小便利，肿胀即消。

2. 兰花参：治勤苦劳心，产后失血过多，虚损劳伤烦热，自汗、盗汗，妇人白带。兰花参，笋鸡，将药入鸡腹内煮，共一处，煮烂食之，或猪净膂肉亦可。

3. 菊花参：煮鸡食补血，煮猪肉食补肾，煮羊肉食补气。

单食此参，返虚热症，神效。

这种习惯用药方法一直延续不衰。

《滇南本草》还注意民间单方、奇方的收集和医案的介绍。

兹介绍单方、奇方和医案各十个，以供学习和研究。

单方：

1. 治一切积滞、食积、痰积、气积、虫积、痞块疼痛、胸膈膨胀、肚腹鼓胀、饮食不消、面皮黄瘦、单腹胀。此药消积化滞，以利为度。虚弱者忌服。

绵大戟为末，米糊为丸，如马豆子。每服七丸，滚水下。

2. 治日久大肠下血。

锁梅根、槐寄生草等分煎服治之。

3. 治大肠下血，诸药不效者，用此良。

漏芦果十个　茶花五分　赤地榆三钱　象牙末一钱　以上四味水煎服三次。

4. 栗子生嚼，涂筋骨断碎肿痛瘀血最效。

5. 采白果叶捣烂，搽雀斑甚妙。

6. 治卒然心痛。

桃仁七枚去皮尖研烂和滚水，服之即止。

7. 石榴皮同马兜铃煎，治小儿疳虫蛊毒，神效。

8. 治妇人白浊带下，男子遗精，最良。

木槿花二钱为末，入人乳半钟，将花末拌乳内，置饭上蒸熟；吃之，效。

9. 栀子花数片，焙干为细末，吹入鼻孔，衄血立止，奇效如神。

10. 羊蹄根，晒干为末，敷马刀、石痈、疔毒、癣疮、疥癞、痈疽、瘰疬等症，用醋为使。破烂，用油调搽，神验。

奇方：

1. 治冷寒攻心，面寒背寒，肚腹冷疼，痞块坚硬，满腹胀疼。

威灵仙三钱　香白芷三钱　赤地榆四钱　杏叶　防风各五钱　吴萸二钱　茶匙草五钱　过山龙一钱（酒炒）　用好酒二斤，煎，热服二杯，止痛。

2. 治妇人经行，预染风寒，寒邪闭塞子宫，令人月经参差，前后日期不定，经行发热，肚腹膨胀，腰肋作疼，不能受胎。服之即能调经受孕；以经行后月事断止，用净酒和水煎，临卧时服。

五叶草（老官草）五钱　川芎二钱　大蓟二钱　吴白芷二钱　引水酒一小杯，和水煎服。晚间服后忌风，见风令人手足面目肿，小便利自消，勿怕。

3. 治小儿伤食吐泻，失于调养，日久脾虚作胀，肚大青筋，肚胀蛊胀或发热，服之奇效。

淮山药一两（生用五钱，饭上蒸用五钱）　车前子五钱，发热加银柴胡三钱，有蛊加芜荑三钱，无蛊不加，共为末，每服二钱，空心滚水下。

4. 治妇人乳结不通，或小儿吹着，或自身压着，乳汁不通。见症若头疼、怕冷、发热、口干、身体发困、乳头乳傍红肿胀硬、咬疼如针刺，古方单剂治乳汁不通疼痛，今加增治之，良效。

地果草（紫花地丁）二钱　川芎钱半　青皮五分　北柴胡一钱　白芷一钱　天花粉一钱　金银花一钱　甘草节五分　引点水酒煎服。

5. 小儿痞疳攻眼，雀眼青盲（雀眼者，不有翳膜，只晚不见物），白翳遮睛。

绣球防风一两　蛤粉六钱（煨）　共为末，每服五分。白羊肝三钱，竹刀破开羊肝，将药入内，拧麻绑好，入瓦罐内煎吃，五服全愈。忌盐。

6.（长寿丹方）桑葚同覆盆子共捣成饼，晒干为末，各四两，共八两，茯苓（乳汁炙），晒干为末八两，山药乳汁浸，晒干为末四两，共合一处，炼蜜为丸，每丸三钱。清早服一丸，开水送下。此丸男子精寒、妇人血虚、老年无子，其功不小。或欲火烧身，已成痨症，无不效应。

7. 治胃脘有坚久积滞，或寒腻胃，或饮结滞，呕吐酸水，胸膈饱闷，饮食不思，倒饱嘈杂，吞吐酸水，两胁间有积块作痛，此药有消积进食之功。

山楂核五钱炒色黄　沙苑蒺藜五钱微焙　鸡肫皮五钱火焙黄色　建曲五钱焙

共细末，每服一钱，滚水送下，忌生冷。

8. 久泄不止及水泄妙方：

沙苑蒺藜三钱　吴神曲二钱　炒山楂二钱　芜荑钱半　白蔻仁二钱　鸡肫皮三钱　炒黄炙草二钱　莲子五钱去心

共为细末，每服二钱，滚水下。

9. 治吼喘咳嗽，喉中有痰声。

枇杷叶五钱去毛　川贝母钱半去心　八担杏仁二钱　陈皮三钱

共为末，每服一钱滚水送下。

10. 治小儿饮食伤脾，久泻不止，服药不效，得此奇方效。或桃、李、梨果伤脾作泻亦效。

糯谷草三钱　砂仁五分　煎服，效。久泻加真淮药二钱。

医案：

1. 一人得疠风，皮瘙痒，须眉脱落，面身俱起紫疱。后异人传以此奇方效。用白松香不拘多少，于砂锅内煎九次，每煎一次，露一宿，俟九次完方可用，如沙者良，服此药终身不发。忌盐，吃盐即发。

2. 昔李姓男子患积痰，结核于咽喉中，与梅核相似，喉中有碍，吐咯不出，咽之不下，似有似无，有时阻滞，按此病，因肝气不舒，忧思气郁，结成梅核。偶着气动怒即发。李姓患气病十余年，用药不效，后得此方治好。

理皮（橙皮）二钱去白　土白芍二钱　苏子三钱　桔梗一钱　竹叶二十个　水煎服，效。

3. 治一女子两腿生核，形如桃李，红肿硬痛。

接骨草三钱　引点水酒服，五服全愈。后二年又发，加威灵仙、防风、虎掌草，三服而愈。

4. 一人路遇狂风吹着，口歪眼斜，半身麻木疼，用之神效。

接骨草（灯笼草）　防风　钩藤　胆南星　引点水酒烧酒服，良效。

5. 有纪姓者，身胖多痰，因风吹口歪。用麦夏枯煨水酒服，立愈。后传方于人，屡用屡验。

6. 昔有一人，吐血，咳嗽，痰带血，发热恶寒，肢体酸痛、自汗、盗汗，饮食无味，吐痰又似玛瑙红白，形样似脓。一医授以此方，后救数十人，其功良效。

苦马菜捣汁一小钟　全秦归三钱　淮熟地二钱　淮生地一钱五分　杭芍一钱　粉丹皮一钱　陈皮一钱　川贝母一钱　黑元参一钱　白茯苓一钱五分　天门冬三钱　浙麦冬三钱　百合一钱　甘草五钱

不用引，水煎服，忌鱼、羊、煎炒热物。

7. 一人常食糯米饭，伤食，结滞胃中不消。日久面黄肌瘦，胸膈膨胀，肚大青筋，或时作泄，乍寒乍热，肢体酸困。

威灵仙三钱　砂糖三钱　点水酒服之，良效。

8. 一妇人产后痢症吃药不效，日久，后用石榴皮醋炒香附等分，煎服即愈。

9. 昔一人两腿筋骨酸疼，服药不效，用续断五钱，烧酒半钟，水半钟煎服。

10. 一人背寒痛不可忍。

威灵仙三钱　夏枯草五分　煎汤冲烧酒服效。

纵观全书，滇中所产之灵药百草，无不备极精神，区类辨性，绘为图形，不愧为颇具地方特色的本草著作；同时，全书继承和贯穿了传统的中医药基本理论，总结了云南少数民族地区的用药经验，不失为内容丰富的地方临证医学佳作。兰茂是一位著名的本草学家兼医学家。

注释：

（1）兰茂著，云南省卫生厅整理《滇南本草·兰茂传略》，于1959年由云南人民出版社出版。

（2）谢宗万：关于《滇南本草》内容特色的探讨，载《中华医史杂志》1984年第1期，第41页。

（3）同上第42页。

寇 平

寇平，字衡美，明代洛阳人，生平事迹已不可考。只看到其著作《全幼心鉴》自序里介绍该书编写出版情况时说："盖天地气运，古今不同，犹一岁有春夏秋冬之巽，不知今时之何时，选古方效于今日者，汇成一集，前列察病法，后具用药方，名《全幼心鉴》，绣梓印行，快其心目，开卷易晓，兹又以流布四方，其用心广，用心良，并书于一端，为医学劝"云云。除此以外，其他阅历便不知道了。

日·丹波元胤的《中国医籍考》中记载：《全幼心鉴》16卷，《医藏目录》作4卷。今《中医大辞典·医史文献分册》是按四卷本介绍的。介绍说：《全幼心鉴》，儿科著作，4卷，明·寇平撰，刊于1468年，卷一总论儿科医生之守则，服药须知，小儿生理、血气、禀赋、保育、调理，以及面部与手部望诊等；卷二论小儿脉法，初生儿的护理及常见病；卷三、四分论小儿诸病（以内科病症为主，包括痘诊），并附录《小儿明堂灸经》。书中除"选古方效用今日者"（见自序）予以汇集说明外，对面部及虎口三关、指纹望诊做了较详细的描述，并附图40余幅。遗憾的是，笔者没有见到完整的四卷本，见到的只是明刻"残缺本"，所以只能就其"残缺本"的内容做一研究。

一、"小儿脏腑娇嫩，易虚易实，易寒易热"

本书云："小儿脏腑娇嫩，易虚易实，易寒易热，犹难调治。""小儿脏腑娇嫩"，既是说小儿脏腑的生理特点，好似植物的嫩芽一样，在激剧地变化着；又是说小儿脏腑的病理特点"易虚易实，易寒易热"。再具体些讲，即是：乳下婴儿荣卫未足，胃气未全，风邪易入，乳食易伤，其体质如水之泡、草头之露一样，经不起风吹日晒，易于得病。根据小儿的病理特点，本书制定了小儿治疗的特殊用药原则，指出："古言老人之病，必先助火，谓其阴盛而阳微；小儿必先泻火，谓其阳多而阴少。"同时又指出："亦有老而实，少而虚者，用药不可执一。"又特别强调"治病之法当以胃气为本"。这就是说，小儿的用药特点一般是先泻火，因小儿是稚阳之体，但也要辨证，保护胃气。本书承袭宋代儿科学家钱乙的理论并善用其方子，如治小儿心热的导赤散，治肾阴不足的六味地黄丸，治疗心实的泻心汤，治疗肺热的泻白散、大青膏、甘桔汤，治疗肝热的泻青丸等，均体现了“小儿必先泻火”的用药原则及处方，现代中医临床仍然经常使用。至于乳下婴儿给药的途径，本书认为：“不若令乳母服饵酿乳乳儿，闻以少许与儿，中病则止。”这一给药方法为以后历代所袭用。

二、“以五脏之色见于面部，探疾病之根源”

对于小儿疾病的诊断也有其特点，即重视望诊，本书自叙里讲：“夫赤子之生，乳下弱质，神未全，气未充，言语未能，饮食不知节，寒暑不知谨，不可问切故也。”就是说诊断乳下小儿之疾，不能用问诊与切诊的方法。“专是科者，必明乎性命枢纽，荣卫依附，脉络相因，以五脏之色见于面部，探疾病之根源”。即是说应该诊察面部，亦即应重视望诊。依据望诊，确定疾病之所在。所以本书“参详”节说：“凡看婴儿，先以视之为上，听声为次，脉又为次。”

望面部，主要望什么？本书“面部气色论”说：“凡理婴孩先看面部，定气察色最为要也。良由内有疾而形于外”，“先求顺逆，次较盈亏”。看来望面部主要是通过定气察色以推断疾病之顺逆，阴阳气血之盈亏。如本书“五色主病”云：“积黄青色是惊风，赤热伤寒紫淡红，黑痛白为虚冷嗽，更须随部用神工。”面部又有具体部位之分别，一般应辨其正口、人中、山根、印堂、额、两眉、两眼，太阳、风池、两颊、金匮、颧、年上（准头近乘）、腮、承浆等。

本书之望诊，除望面部外，望小儿指纹（虎口三关）也占相当大的篇幅。作为小儿指纹诊法，源于宋代，本书又集宋金元小儿指纹诊法之大成。小儿指纹诊法，不失为诊察小儿疾病的一种重要方法，正如本书“辨虎口手诀”云：“小儿初生至五岁，血气未定，呼吸至数太过，必辨虎口色脉，方可察其病之的要者。”至于何处谓虎口三关，本书“虎口三关纹诀”云：“虎口者，义手处是也。三关者，第二指之三节是也。除拇指第一指近虎口第一节为初关，亦名风关；第二节为中关，亦名气关；近于指端第三节为末节，亦名命关。”本书收载有许许多多有关歌诀，简直是应有尽有。其中有的歌诀仍编入现在的教材中，如“编证歌”：“紫热红伤寒，青惊白色疳，黑纹因中恶，黄色困脾端。”

本书重视望诊，但也不绝对排除应用脉诊的重要性。如本书认为，儿科谓之哑科，“纵稍长成，语不足信，有饱曰饥，痒曰痛，如是类者，屡尝试之，每究心及此，初在父母，审其得患之由，以告医士参详，则易于调治，多由病家不肯自言其致疾之始末，而一听医士之揣摩，由是观之，问亦难矣，必须脉诊以决诸证。”

三、“四时欲得小儿安，常要一分饥与寒”

小儿的护养是一个重大问题，养护得当小儿就能“茁壮成长”，养护不当便会发生各种疾病。本书收载了《巢氏病源》《千金方》等各家对这个问题的认识，名谓“护养之法”，文中说：“将养小儿衣不可太暖，热则汗出而虚，风邪易入；乳不可太饱，饱则胃弱易伤，积滞难化。”“夏不去热乳乳儿，令儿呕逆；冬不去冷乳乳儿，令儿咳痢。”“乳后不可与食，食后不可与乳。缘小儿脾胃怯弱，乳食易伤，难以消化，初得成积，久则成癖、成疳，自我致寇，又何咎焉！”“小儿周岁，膝骨成，能行，此乃定法，今之富家，但令襁褓，不令见地气，藏之帷帐，不令见风日，致令筋力缓弱，但岁不行，诚非爱护之法。”形象地比喻说：“譬之草木生于山林，容易合抱，至若园圃异果奇花常加培植秀而不实者有矣。”以上告诉人们养护小儿应讲究乳食的多少、衣服的冷暖，注意户外活动等，这样才能使小儿健康。所以本书“小儿常安”歌中说：“四时欲得小儿安，常要一分饥与寒，但愿人皆依此法，自然诸疾不相干。”

事实上，婴幼儿的疾病，多数都是养护不当而得的，本书有“小儿得病之源”一节很能说明问题。文中说：“大喜后乳食多变惊痫，大喜后饮水多成喘急，大哭后乳食多成吐泻，大哭后饮水多成嗽噎，大饥后乳食多腹痛，大饥后饮水泄泻肚疼，大饱后饮水多成气逆，大饱后饮迎风多成暴厥，大惊后乳食呕吐心痛，大惊后饮水久成不语，当风乳儿成嗽吐腹膨，当风饮水成雀目青盲，夜露下乳儿多成呕吐，夜露下饮水多成泄泻，正食便乳成疳黄口臭，正汗便乳成心疳壮热，食热面乳儿多成龟胸，食酸咸炙烤乳儿成渴，母醉卧当风乳儿失音，母饱便乳儿息热喘急，饮水便乳积痰盛惊风，饮酒食肉乳儿成天痫，嗽后饮乳成惊喘痰噎，嗽后饮水成鼻齆多涕，悲喜未定便乳成涎嗽，悲喜未定饮水成吐血，儿啼未定便乳生瘿气，儿啼未定饮水成胸高，拭浴未干乳儿生疮疥，拭浴未干饮水成头疼。”

上述小儿得病之源，未必尽然真切，但确系古人千年之体验，所以无论是禀受虚弱之小儿，还是壮实之小儿，均不可不避。

四、“食味淡薄脏腑清气，乃是爱其子”

人类进入现代社会，随着科学的发达，物质文明程度的提高，越来越讲究优生优育，于是小儿营养学便成了热门的研究课题。什么食物含什么成分，不同食物之间如何调配之类的知识等愈加明确。远在我国古代也很重视营养学，如周代就设有营养医生，当然那时只不过是为少数统治者所用罢了。但其知识是广布于社会的，特别是对老年人与婴幼儿更为提倡。本书便综合了明以前各家有关小儿营养学的思想，为之“食忌”，其中指出什么食物对小儿身体有益，什么食物对小儿身体有害，甚至吃了之后会发生什么病，如文中说：“小儿心之有病不宜食咸卤，肺之有病不宜食焦苦，肝之有病不宜食辛辣，脾之有病不宜食馊（sōu）酸[(1)]，肾之有病不宜食甘甜。”为什么会是这样呢？文中接着回答：“盖有助其它气而害于我也。”又说：“莲子鸡头能通心气，石榴余柑大涩肠胃，干柿煮蔗犹能益肺，蒸藕炊豆于肝宜利，五味准枣（五倍子）是脾家可意。肺病忌食肥腻鹅、鸭、鱼、虾、油、盐、膻腥或咸鹾（cuō）之类[(2)]，脾病忌食生冷甘甜包气之物，谓馒饺、包子、馄饨、鸭卵、肚脏夹饼皆包气之物，心病忌食心血、髓、肾、鸡、羊炙烤、炮炒煎爦等，肝病忌食肺、头、肚、猪、雀、油腻、湿面，应小儿不问有病无病，并不可与食腰子及肚，髓、心、血，令患走马府疳候；葱、韭、薤、蒜、藠（jiào，轿）亦不可与食[(3)]，令儿心气壅结，水窦不通，三焦虚热，神情昏昧；飞禽瓦雀不可与食，令儿生疮、癣、瘑、疥、烦躁遁闷；鲑（guī，龟）鲞（xiǎng，想）、虾蟹、螺蛳、螃蚬之类不可与食[(4)]，令儿肠胃不禁，或泄，或痢，或通、或闭。甜甜成疳，食肥生疫，食辣伤肺。”本文最后做出结论并告诫人们：“食味清薄脏腑清气，乃是爱其子，惜其儿，故与食忌。若也恣与饱瘀，重于滋味，乃是惜而不爱怜之，有伤以至丁奚哺露，疾作无辜，救疗无门，悔之不及。育子之家，当宜知之，理宜戒之。”也就是说，真正爱其子者，应使儿常食清素的食品，保持脏腑功能正常；若恣食膏粱厚味，不是真正爱其子，待到伤及脏腑以至患丁奚疳、哺露疳之大病[(5)]，难于治疗，到了那时，后悔也来不及了。“食忌”这一节包括小儿营养学、小儿食疗学中的问题，祈望食疗学专家、营养学专家，对此加以挖掘，加以研究。

综上所述，可知《全幼心鉴》是一部汇集了明以前儿科理论与经验的内容丰富的儿科著作，至今仍有重大的参考价值。由此可知儿科学家寇平“其用心广，用心良”。

注释：

（1）馊：饭食经久变味。如馊饭；馊味。

（2）鲝：咸味，如鲝鱼。

（3）藠：藠头，就是薤。

（4）鲞：干鱼，腊鱼。如白鲞；鳓鲞。亦泛指成片之腌腊食品。如笋鲞；牛肉鲞。鲑：鱼名。亦称“鲑鱼”。鲑科鱼类的通称，一群冷水性的大中型经济鱼类。体呈流线型，口大而斜，牙锥状，体被小圆鳞，背鳍脂鳍各一个，尾鳍稍凹入或叉形。种类颇多，有些生活在淡水中，有些栖于海洋中，在生殖季节溯河产卵，做长距离洄游，全世界年渔获量甚大，是首要经济鱼类之一，重要种类有大马哈鱼、哲罗鱼和细鳞鱼等，我国主要产于黑龙江流域。肉供鲜食、腌制和熏制，精巢可制鱼精蛋白和精氨酸。

（5）丁奚疳：其病由哺食过度，脾胃受伤，营养不能吸收所致，症状以腹大颈细小，面黄肌瘦为特点。哺露疳：病因同丁奚疳。常为丁奚疳的进一步发展，患儿极度消瘦，时有寒热，腹大，颈细，食多吐逆，泄泻无度。常兼有肠寄生虫疾病。

李　濂

李濂（1489—约1596年），字川父，祥符（今河南开封）人。幼聪颖，好读书。九岁工古文。尝作里情赋，为当时文学家李梦阳（1473—1530年）称赏，与亳州（今安徽亳州市）神童薛蕙齐名[1]。正德八年（1513年）乡试第一，次年中进士。曾历沔阳知州、宁波同知、山西按察司佥事等职。嘉靖五年（1526年）罢归，年仅三十八岁。善文辞，声驰河洛之间。既归，益肆力于学，杜门谢客，日以著书自娱，以古文名于时。里居四十余年。著述甚富。所著有《嵩渚文集》一百卷、《外集》、《绪集》若干卷、《祥符文献志》、《汴京遗迹志》、《乡贤传》、《医史》、《朱仙镇岳庙集》、《稼轩长短句》，诸书传于世。

笔者所见到的《医史》，为中国中医研究院馆藏之善本书，线装，手抄本，一函二册，兰色书皮，两册封面右下角均有“南满医学堂（中央）62725”字样，封面右上角有一“专”字。书页印有兰色边框，版口上方印着“抚丛亭丛书”，下方印着“实事求是书楼藏”，开卷首页天头右侧加盖有朱红色方形大印：“南满州铁道株式会社图书印”。

该书下卷末二页（正文尾）附“李濂传”。末页写着：“右李濂《医史》十卷，借尾台良作氏誊写，插架上此本原孝经楼藏书，而批点评语，皆榕堂尾台翁所笔也”。其书写日期与落款为：“明治廿二岁已丑第十月十日一读了此日雨”“白峰学人刚直义夫”。

由此可知，中国中医研究院馆藏的李濂《医史》系日本人尾台良抄于明治年间的手抄本。

《医史》十卷。前五卷，载医家五十五人传略，上自春秋时期的医和，下迄元代的李杲。后五卷收集散见各家文集中的医家十人传略，并补张机等六位医家传记。

从书之《凡例》可以看出李氏学术思想之脉络。《凡例》曰：“历代名医，凡史传所载者，谨备录之于前五卷矣。其有散见各家文集者亦录之备遗，则俱列于后五卷。古之名医，前史已有传者，即录之矣，乃若张仲景、王叔和、启玄子，皆医之宗也，良不可无传。今皆补之。其绝无事实，如巫咸、巫彭、矫氏、余氏、卢氏、崔文子、公孙光之类，则阙之。凡各家文集中所载，序记杂文，凡为名医而作者实繁，其篇悉弗录，盖不可胜录也。诸名医学本《素》《难》，方术醇正者则录之。如《晋书》所载佛图、澄单、道开之类，颇涉幻诞，罢黜不录，恐滋后人之惑。凡区区别有见闻，本传之所未及者，或间有得之，愚亦潜附传后，以谂观者。近代名医，如刘守真、张子和、李明之诸子，平生著述颇多，其治疗奇验，不可胜数，而金元史载之甚略，今姑依史录之不敢增也。”

对于《医史》，早有权威性的评述。如《四库全书摘要》曰：“……是编采录古来名医……每传之后濂亦各附论断，然如医和诊晋侯，而知赵孟之死，据和所称主不能御，吾是以云，盖以人事天道断之，而濂以为太素脉之祖。《扁鹊传》中，赵简子、齐桓公、虢君，各不同时，自为《史记》好奇之误，而濂不订正。……濂他书颇可观，而此书乃冗杂特甚，殊不可解。惟其论仓公神医，乃生五女，而不生男，其师公乘阳庆亦年七十余，无子。以证医家无种子之术，其理为千古所未发，有足取焉。”

尽管李氏《医史》有这样那样的缺点，但有三个方面是应予以肯定的。这三个方面是：

一、本书为我国首次以“医史”命名的医学史著作

我国医学历史悠久，有关医史资料很丰富。《史记·扁鹊仓公列传》是见于二十四史的最早医史文献。唐代甘伯宗所著《名医传》，为我国最早的一部医家史传。宋代周守忠的《历代名医蒙求》，是现存最早的医家史传，张杲所撰的《医说》中，也载有宝贵的名医事迹资料。但是，以“医史”命名的医学史著作，应首推明代李濂的《医史》。以“医史”冠之以书名有着重要的意义，说明医学史意识的增强，说明医学史作为一门学科已经独立出现于科学之林，尽管本书内容还仅仅局限于医家传记。其他学科也有类似情况。如南宋医学家陈自明的《外科精要》，为我国首次冠之以“外科”之名的外科学专书；明朝薛己的《内科摘要》，为我国第一次以“内科”命名的内科学著作。在医史上，它们都具有一种特殊的意义。

二、首次为张仲景、王叔和、王冰等人补传

作为像张仲景、王叔和、王冰等著名医学家，正史上应该有他们的传记，但

却没有，这样就不便于人们对其了解和学习，同时又是史书的一大欠缺。因此李濂首次为他们补传，便做了一件大好事，填补了史书上的这一空白。下面仅将李濂所补张仲景传全文录后，以了解他在这方面之贡献，张仲景补传云："张机，字仲景，南阳人也，学医术于同郡张伯祖，尽得其传，工于治疗，尤精经方，遂大有时誉。汉灵帝时，举孝廉，官至长沙太守。少时与同郡何颙客游洛阳，颙探知其学，谓人曰：'仲景之术精于伯祖，起病之验，虽鬼神莫能知之，真一世之神医也。'尝见侍仲宣，仲景曰：'君年四十当有疾，须眉脱落，脱落后半年必死，应预服五石汤，庶几可免。'仲宣时年二十余，闻其言恶之，虽受方而不饮。居数日后，见仲景乃佯曰：'五石汤已饮之矣。'仲景曰：'观君气色，非饮药之诊。何轻命欺人如此耶？'仲宣益深恶之。后二十年果有病，须眉皆脱落，越一百八十七日卒。时以为扁鹊、仓公无以加之也。仲景宗族二百余口，自建安以来，未及十稔，死者三分之二，维时大疫流行，而伤寒死者居其七，乃著伤寒卒病论十卷，行于世，盖推本《素问·热论》之旨，兼演《伊尹汤液》而为之，探颐钩玄，功侔造化，华佗读而善之曰：'此真活人书也！'仲景又著《金匮玉函要略方》三卷，上卷论伤寒，中卷论杂病，下卷载其方，并疗妇人，实为千古医方之祖，自汉魏以迄于今，海内学者，家肆户习，诵读不暇，如士子之于六经然，论者推为医中亚圣，而范晔《后汉书》乃不为仲景立传，是故君子有遗憾焉。

嵩诸子曰：'皇甫士安有言，伊尹以元圣之才，本神农之经，为《汤液论》，仲景本黄帝之书，述伊尹之法，广《汤液论》，为书十数卷，后医咸遵用之，弗敢变。宋翰林学士王洙在馆阁日，偶于蠹简中，得仲景所著《要略》三卷，乃录而传之。秘阁校理林亿等又校定为二十五篇，删芟重复，合二百六十二方，诚为百世不刊之书，或谓有大人之病，而无婴儿之患，有北方之药而无南方之疗，此则长沙之所阙者。善学者触类而长之可也。余又闻仲景有《脉经》《五脏论》《评病要方》诸论，《艺文志》咸载其目，余未见之，其真赝不可知云。'"

以上李濂就仲景之里贯、著作、医术、学术渊源作了扼要而全面的介绍，并且对其成就和在医学史上的地位进行了评述。这一首次为仲景所补之传记，是具有权威性的，故后人多加引用，影响也较大，其余对王叔和、王冰等医家所补之传记，亦同样起到了历史的作用。

三、对医家传记研究的几个特点

李濂对史书上已载之医家传记，他在编写《医史》时，不满足于简单的辑录和照搬，而是对其一一研究。他认为某医家传记的史料不足时，就补充之；为了使后人正确地认识某医家，则评述之；有时竟对某医家传记进行剖析。这种研究学问的精神和对医家、对后人认真负责的态度是值得学习的。

先看李濂对一些医家传记史料的补充。如在《李杲佳》传后写道："又增东垣老人传。按余阅《元史李杲传》，颇病其不详，而复采真定路儒学教授、邙城砚坚所为东垣老人传以益之，然忧病其不尽载著述其矣，叙事之难也。盖东垣所著，有《医学发明》《脾胃论》《内外伤辨惑论》《兰室秘藏》《此事难知》《药象论》，总若干卷，而《试效方》乃其门人罗天益所辑著也。鲁齐许先生曰：'东垣之医，医之王道也，有志于学习者，必尽读东垣之书，而后可以言医。'"有的医家传记的内容本已全面，但是李氏仍然千方百计搜集资料加以补充，使其更为全面。如对"丹溪传"补充说："九灵山人戴良为丹溪翁作传，记载详悉，固无遗憾矣。而潜溪宋先生，为翁作墓表，则曰先生之学，一以躬行为本，以一心同大地之大，以耳目为礼乐之原，积养之久，内外一致，夜寐即平尽之为，暗室即康衢之见，汲汲孜孜，耄而弥笃。"并且强调说："斯数言者，可以补传之未备，故录之。"

再看对医家的评述。这方面的内容更为丰富。对多数医家都做了评论。仅以人们最熟悉的金元四大家为例，其中对刘完素评述道："河间刘守真先生，医术精妙，发古人所未发，著《宣明论》《原病式》《伤寒直指方》三书，早已盛行于时，晚年又著《素问病机气宜保命集》凡三卷，分三十二门，首原道、原脉、摄生，以及于处方用药君臣佐使之法，无所不备，而秘藏匮笥，不以示人，自序之曰：余年二十有五，志在《内经》，日夜不辍，殆至六旬，遇异人，授以美酒橡斗许，饮之，面赤若醉，每醒后大有开悟，攻疗诸病，左右逢源，百发百中，今著此书，实轩岐要妙之旨，不过异人未易授，尔时大定丙午闰七月也。"此段文字，即对著名医家刘完素整个医术予以赞扬，又给予刘完素的具体著作《素问病机气宜保命集》以充分肯定，其评论且恰如其分。

李濂对另一位大医学家张从正评述道："河间探《内经》之秘，大扬其道于大定（1161—1189年）明昌（1190—1195年）间，而宛丘张子和日益发挥而衍绎之。子和有神医名，自称曰戴人，兴定（1217—1221年）中，召补太医，居无何辞去。盖非其好也，于是退而与麻知几，常仲明辈，日游㶏水之上，讲明奥义，辨析玄理，遂以平日闻见，及尝试之效，辑为一书，名之曰《儒门事亲》，以为惟儒者能明辨之，而事亲者不可以不知也。是书凡十四卷，盖子和草创之，知几润色之，而仲明又摭其遗，为《治法心要》《兵尘澒洞》，藏诸查牙空穴中，幸而复出人间，谓非鬼神诃护之力可乎，其中妙论精义，不可缕述，善读者当自得之。”后之学者，在介绍《儒门事亲》的成书时，每每尊于李濂的说法：“子和草创之，知几润色之，而仲明又摭其遗。”

李濂在对一些医家的评语中，富有浓厚的情感，或表示自己的感叹，或为了告诫后人，或用以强调对某个问题的认识。如他对太仓公评述说：“太仓公神医也，其治疗之奇，迁史（指司马迁著《史记》）备载之矣，无容赘赞，然生五女，而不生男，兹可见子之多寡有无，皆天也，而世之人，乃有以种子术授人者，多见其妄也已！太仓公师公乘阳庆，亦年七十余无子，读书察理之士，固不为是惑，窃附此于太仓公传后，以来戒之。”此以医家太仓公只生五女而不生男，以及太仓公的老师公乘阳庆年七十余无子的事实，批驳有“种子术”之妄说。

在对医家褚澄的评述中说：“《褚氏遗书》十篇，总二千六百二十言。简切幽眇，多前人所未发，盖深有会于《素问》《灵枢》之旨者也。唐末黄巢之乱，盗发澄墓，得石十有八片，形制如椁，上有刻字，即是书……呜呼！物之显晦，著述之传世与否，因亦有数哉。余夙嗜是书，漫缀数语于传后，聊亦识珍重之意云尔。”此评述言《褚氏遗书》由淹没到传世的曲折的历史，告诫人们对于这样重要的医书，这样来之不易的医书，应倍加珍重。

李濂对有的医家传记做了剖析，如对儿科专家钱乙传的内容的分析。他写道：“按《宋史》有乙传，不如《跋》（系指《小儿药证直诀》一书的《跋》）所撰之详。谛观《宋史》乙传，实本《跋》所撰，裁削成之。顾有不可裁削者，故余止录《跋》所撰传，而《宋史》在其中矣。又按《宋潜溪文集》谓乙深造仲景间奥，而撷取其精华，建为五脏之方，各随所宜，肝有相火，则有泻而无补，肾为真水，则有补而无泻，皆启《内经》之秘，世概以婴孺医目之，何知乙之浅哉？其遗书散亡，出于阎孝忠之所辑者，非乙之意也，斯论可谓知言者。”通过分析，指出《宋史》写钱乙传所存在之缺点，同时又对钱乙做了评赞。

简言之，李濂的《医史》为我国较早的医学史专著，资料来源可靠性强，大多属第一手资料，成书年代也较早，又对医家传记进行了补充和研究，因此，有着重要的文献学价值和史学价值，对目前研究中国医学史，了解历代医家生平传略和主要医学成就，都有重要的参考意义。当然也有某些错误之处，如在对仓公评述中说："子之多寡有无皆天也"的思想，如错误地把《此事难知》一书说成是李杲的著作，等等，此外，本书对史书和文集中的谬误之处未加纠正。

注释：

（1）薛蕙：字君采，年十二能诗。举正德进士，累官吏部考功司郎中。著有《四原遗书》《约言》《考功集》。

刘全备

刘全备，字克用（1506—1566年），内黄（今河南省内黄县）人。事亲孝，习举子业不售。思欲利济天下，因殚精岐黄。凡《素问》《难经》诸书，莫不窥其阃奥，遇病随手愈，不索酬报。作《病机赋》自为注解，盛行于世。（见《彰德府志》卷十八《人物·技术》）另著《注解药性赋》流传至今。（见日·丹波元胤《中国医籍考》）

笔者所见为1509年《明刊医书四种》，一函四册（甲善），其中包括刘全备《注解病机赋》和《注解药性赋》各一册。《明刊医书四种》所收刘氏书两种，系成化二十年（1484年）的版本。

现将1484年再版时之“说明”——《直隶苏州府吴江县为兴医道以熄邪术事抄蒙》全录于后，以观再版之缘由与刘氏二书所发挥的重要的历史作用。云：“钦差巡按浙江等处，监察御史林案验前事照得当职巡历两浙地方，访其依山滨海居民，凡遇有病，惟或邪术引媚淫神，被其诳诱，百出不经之费，且因之耽误致死者无限，其死生俱受此害，深可悯恻。揆厥所由，皆因地处偏僻，无医无方，无所求治，而势不得不趋于彼。今将世医刘全备所编辑病机及药性二赋，注解详明，实学医者之指南，令善书者楷誊，案发吴江县刊行。据申报，尚义官屠昱沈能自愿雇工版刊送县等因，为此，仰县着落当该官吏听其屠昱沈能自买梨板，雇匠雕刻，送县印发地方有司，分给医者与人民知悉。凡遇有病，可对方术药以疗之，量其全活者必多，而其破费者亦少。是乃吾儒医既行彼，邪术淫神自废，譬之正气得胜而邪气自消。抄案官吏先具，不违依准交来本县，依蒙刊发施行。”

由再版说明看来，明朝中期，吴江等县山区，文化还相当落后，无医无药，有病者皆靠“邪术淫神”，百姓深受其害。政府为了改变这一陋俗，决定“兴医道以熄邪术”。在这种情况下，“将世医刘全备所编辑病机并药性二赋”刊行，作为改变旧俗、战胜病魔的武器。可见，刘氏二赋在当时所起的作用是不可低估的。

一、关于《注解病机赋》

病机，指疾病的病因、病位及疾病过程中变化的要理。赋，一种文体，讲究文采、韵节，兼具诗歌与散文的性质。《病机赋》，系以赋的文体叙述阐发病机学说。因而，作《病机赋》，并非轻而易举的事，而是应具备深邃的医理与高超的文采的人方可完成。所以，历史上有那么多大医学家，但作《病机赋》者恐刘氏一人而已。不仅作《病机赋》，而且，刘氏还做了详尽的注解。注文里，除写进自己的意见外，又引用张仲景、王叔和、孙思邈、邹应、陈无择、庞安常、徐彦纯、张子和、李东垣、朱丹溪、张洁古、严用和、王隐君、许叔微、纪天锡、刘河间、王冰、罗谦甫、徐嗣伯等数十家学说。因此《注解病机赋》是研究、学习病机学说的极其珍贵的文献，早应整理再版，可惜迄今仍未有人做这一工作。因本文篇幅所限，这里姑且将注解部分删去不录，仅录《病机赋》全文，供赏析。

《病机赋》：太极已判，民物咸生。一气周旋，变化不息。惟人灵于万物，心具五常，身缘四大，七情交动乎中，六气相盪于外。有生难免于沉疴，具体莫逃乎疾病。

先圣作经，悯斯民之疾苦；后贤著论，阐大圣之深仁。志在养生，当搜奥论，广寻经义，无执一家。伤寒遵仲景之书，热病考河间之论，韩祗和阴证最佳，李东垣内伤切当，针艾法窦太师，汤药宗孙思邈。

欲穷本末，先求内外之因。要识安危，力究阴阳之候。调四气而治五郁，须知法正行权。治其本而治其标，熟审六淫五恶。万病知源，分阴可惜，究五科七事之机，行十剂七方之制。审劳伤与六极，晓苦欲并九气。

白虎飞尸附骨疽，异名同类。脾气横泄水血分，形同病别。暑暍禁汗下温针，秘发于古。风眩行针灸须药，理至于今。肺病面白而不泽，因知六脱所致。脏病身热而可验，当求五按须知。

风寒暑湿诊之不同，望闻问切辨之有异。故知风则脉浮自汗，然须走注。寒则脉紧无汗，必定拘疼。中暑则心烦面垢，脉必虚弱。伤湿则重著肿满，诊须细沉。

嗟夫，感寒病同，伤中何异？伤寒为旧热郁而体不甚虚，别六经而行四治。中寒因胃虚冷而卒冒严寒，法温补治随六气。

身热而常贪纳被，内虚寒而邪热浅浮，药辛温而取效。体寒而每欲掀衣，素壮热而感寒郁闭，饮辛凉而必痊。

伤中既分，表里宜审。外病内和谓之表，内病外活谓之里。当解表时莫攻里，和汗之剂宜分。当攻里时莫解表，下补之方可谛。表里如或两可攻，后先内外须循理，汗以偶方，下以奇剂。发表不远热，中病便休。攻里不远寒，更衣即止。若乃不发不攻，必致寒热内贼。天犯天时，其义不忒，犯其司气，是谓迷惑。思强攻而洞泄，岂得延年？痛过汗而亡阳，果难引日。万派千枝，在表在里，曰脏曰腑，曰血曰气，顿时调燮，惟平而已。知命存诚，方为高士。愈疾脱死，即是良方。

经言：寒者热之，热者寒之，是谓正治。微者逆之，甚者从之，谓之反治。正治之方，切审用寒用热。反治之道，当知从少从多。寒因热用，须知反治之详。辛散酸收，已识正治之概。

盖闻所病有似是而非，所诊有如虚而实。曾伤酒即归于酒，曾伤食即归于食。感风寒必恶风寒，鼻为不利。伤劳役必倦形体，而微声少气，口为欠和。气口伤而知饮食内伤，人迎盛而知风寒外中。鼻以候天，口以候地。

且夫大寒甚而热之不热，是无火，而当补助其心。大热甚而寒之不寒，是无水，而当补助其肾。无火兮，热来去而昼见夜伏。无水兮，寒动止而倏忽往来。呕逆生而食不得入，有火之病宜求。溏泄久而止无常，有水之缘可责。故心盛则生热，肾盛则生寒。肾虚则寒动乎中，心虚则热攻于内。有与盛而宜泻宜抑，无与虚而宜补宜助。

治热以寒，寒之而饮食不入。攻寒以热，热之而昏躁以生。理宜疏通气脉，法可和阴阳，随寒暑温凉之时，用甘苦酸辛之剂。热应寒疗，投寒而新热随生。寒应热治，进热而沉寒愈滋。故治诸寒者，当益心阳。治诸热者，宜滋肾水。

如黄连、苦参，多服反热，附子、干姜，久饮反冷。非补旺而致偏胜之愆，必习熟而招见化之害，作成岁后之忧，因乐目前之效。尝谓无失气宜，动小而功大。得其机要，用浅而功深。

痈、疽、疡、疹、丹、瘤、核、瞀、郁、瘈、暗、转筋、呕吐。小便浑、笑、惊、谵、妄、鼻流清涕，谓之鼽，鼻出鲜血谓之衄，鼻冒昧躁扰与癫狂，数病总归热火属。

耳鸣耳聋者是水虚火实。目昧肿者乃热郁气闭。病有兼化之形，治必当求其本。胃利腥秽肠胃寒。屈伸不利经络冷。

无乐小成，当思大体。先知五胜五诸，次察九藏九候。三因四因兮，讲之宜详。七损八益兮，审之莫后。三阳结兮，成膈之噎疴。三阴结兮，为水肿之病。溺黄目黄者，阴阳可推。面肿足肿者，水风可辨。证视五虚五实，脉验三阴三阳。登高而歌者，阳实四肢。弃衣而走者，热盛一体。呕血衄血者，乃乾坤之亏损。赤浊白浊者，缘坎离之未济。舌之于味兮，苦热咸寒虚则淡，甘疸食酸。目之于色兮，黄赤热而白为寒，青黑者寒。经行气而络主血，其色常变不同。脏主藏而腑主纳，其治原来却异。

盖闻形假地生，命惟天赋。形志有苦乐之殊，治疗有熨药之异。体热如炙者，久则内消。身寒如水者，病名骨痹。胆移热于脑者，病名鼻渊。膀胱脱移热小肠，疾秘口糜。身意懈惰，汗出如浴，恶风少气者，名曰酒风，以术泻而调治。胃虚肠鸣，恶闻食气，睡卧不安者，中府不和，等参术而疗理。筋挛骨痛兮寒多谋，筋弛内烁兮热胜势。病怒犯者生于阳，饮以铁落，故夺其食而即已。固知血为身之本，气乃体之克，荣虚则不仁，卫虚则不用，荣卫俱虚，则不仁而且不用。明四海兮识强弱，辨五官兮知逆从。寒气入经，五脏卒痛，脉涩不行，不行则痛，痛则不通，通则不痛。知痹病者，合风寒湿气。言风疾者，无春夏秋冬。遗尿者寒虚，癃闭者热壅。诸痿生于肺热叶焦，病因内脏不足，治在阳明，药参芪苓术，按君臣而处用。

观夫四象不明，四失不理，妄治时痊，短人夸己。谁云，临渊羡鱼，即此弃术于市，若言退而结网，是读圣贤之书。时令为客，人身为主，主胜客，而食不及新，客胜主，而尸埋如旧。诊尸厥兮，形若死，而脉动如常。验息积兮，气久逆而饮食如故。问寒厥兮，秋冬多欲而得。问热厥兮，饮酒行房所致。寒厥以凉剂清心，热厥以温剂补肺。尝谓土为万物之母，水为万物之元。脾土不可损伤，肾水大宜节养。腰痛本肾之亏，腹胀乃脾之恙。尿血有血淋之分，疟疾有脾寒之辨。有怀娠者，九月喑，而十月复，生日即痊。有厥病者，五有余而二不足，死期必矣。

经言入国问俗，入家问讳，上堂问礼，脑病问便。中热消瘅则便寒，中寒之病则便热。胃中热则消谷善饥，肠中热则泻黄如糜。肠中寒则肠鸣飧泄，胃中寒则噫气腹胀。胃中寒而肠中热，则腹胀而大腑且泄，胃中热而肠中寒，则疾饥而小腹痛胀。脾病视唇舌之好恶，肺病验鼻气之通闭。共倾深视神将夺，背曲肩随府欲崩。腰为肾府，败则转摇不能。膝乃筋由，衰则屈伸不便。骨惫兮不能久立久行，胃消兮却美多食多饮。目为五脏之精华，黑白分明气血好。心为一身之主宰，言辞不乱藏神清。凡诸病证，先识其本。既识其门，治之有道。得强者昌，失强者亡。戒夫不虞之誉休夸，求全之毁当勉。夸则处事疏，勉则治疗慎。人病有三虚三实，治疗贵百发百中。

阳甚阴虚，汗则死，而下则生。阳虚阴甚，汗则生，而下则死。察五逆而知死期，究八虚而识病候。荣乃水谷之精液，卫为水谷之悍气。五味宜调，调之则五神生。四伤可理，理之则四病息。更问女子重娠，因甚吐而不食，盖为精血内郁，秽腐攻胃，乃精化生，故百日而伤味也。

切见病有名同实异，亦有名异形同。伏梁与心积之分，暑证有热病之辨。痰热瘘虚风湿气，细看彷佛之形。食疾虚烦脚气痰，热论依稀之候。咳嗽有肺胃之名，积聚别脏腑之病。明结胸痞病之形，考俨误郑声之异。九种心疼，五般淋病。若便闭者，审阴结阳结。治癃涩者，在上焦下焦。疝证兮寒热不同，厥病兮阴阳却异。

常评水满皮肤，身体否肿，内阴精而损削，外阳气而耗减，则三焦闭涩，水道不通而然矣。欲疗斯疾，知表里而察浮沉，开鬼门而洁净府。所谓平治权衡，去菀陈莝。温衣以宣阳气，缪刺以调经络。气脉调和，形体如故。详观无形而痛者，阳完而阴伤。有形不痛者，阴完而阳病。阴阳俱动，则形乍有乍无。加以烦心，命曰阳亏而阴胜。阴结者便血，阳结者肢肿。手屈而不伸者，其病在筋，伸而不屈者，其病在骨。伤于风者上先殃，感于湿者下先受。寒气入胃食饮衰，热气内藏肌肉瘦。甚矣，痰之为病，考无择之言，识三因而显诸四饮。详隐居之论，诊十证而病八九。戒子和之热补，亦有虚寒。讲严氏之理气，亦多火郁。详而诊之，治无差失。诊之宜详，治之可得。滞下，虽若寻常，手足暖而阳热甚推，手足冷而阴寒可审。发吃逆者，治降火以扶虚，除没重者，乃齐东之野语。宣为泻剂，诚市井之狂言。外有刃伤打扑堕马，皮不破而瘀血停积，攻利为先，肌肉破而亡血过多止疼兼补。察轻重与浅深，分上下知多少，攻补两途，择斯二者，已而平调血气，补胃强脾，此良法也。

要识瘕症并聚积，须知石瘕与肠覃。论石瘕兮，恶血留而败血衃，生于胞户，硬似石，而形似孕，月信不来，治宜宣导下出，脉见睨而取效。辨肠覃兮，清气聚而浊气结，成如怀孕，按则坚，而推则移，月事时下，法当消积和气，取晞露以收功。

且谓胀满，维云可下，须求内外之因，还审寒热新久。脚气古宜针灸，外因风寒湿热，有脉证而疏导为先，内起饮食房劳，量温利而略行滋补。破伤风休作小看，有和解表里之分，内虚而热郁者可畏。牙齿痛，似为大患，有脾胃盛虚之别，里实而湿热者何妨。斑疹固有阴阳，轻重俱从火化。急则治标，缓则治本。阳证可清热化斑，阴候宜调中温胃。致若喉痹，乃阴阳经结火郁而成。

杂病妙子和之砭针，药须咸苦。伤寒详仲景之汤散，法用辛温。气逆风痰皆成此患，切详不顺天时，不随病体，从中治而得痊。忽施热剂，忽以寒方，妄前攻而失死。血阴如地水流行，气阳似天风旋转。病在血而调气多宜，病在气而理血多阻。不炼金丹，且吞玉液，呼出脏腑之毒，吸采天地之精。望闻问切，熟审病机，补泻宣通，细详用药。知古典则精参有据，懵前经则灭裂无凭，譬无舵之舟，安能泛海？假有缰之马，仅可登场。

纵观刘氏《病机赋》，使人不禁慨然赞曰：此乃遵经旨、宗先贤、识病因、述机理，发前人之未发；详内外（内伤、外感）、辨证型、定治则、遗方药，括前人之未备。实为后学之楷模！

二、关于《注解药性赋》

医史上有药性赋，或方药歌括的作品较多，但是，刘氏的《药性赋》有自己的特色。

（1）刘氏非常强调掌握药性与方剂配伍理论的重要性。云：“黄帝玄论，神农理药。方分奇偶缓急，药按君臣佐使，味尝甘苦辛酸淡咸，性别寒热凉毒。善相配合者，品用随宜，相反畏恶者，单行取效。明而用者，若步康衢，昧而行者，如登蜀道。”即是说，掌握了药性与方剂配伍的理论，临证便能运用自如，否则，临证用药就会遇到许许多多困难。

（2）善用比喻、典故，以说明某药之性能。如云：“若人参、白术、黄芪、甘草、当归、茯苓、陈皮、姜枣，德似一夔，气同四皓，杰比子房，正如颜果，有守有为，似乎国老。”

“夔”：相传为尧（一说舜）时乐正。《吕氏春秋·察传》孔子答鲁哀公问，谓夔一人就可以制乐，后因以“一夔”指能独当一面的专门人才。

“四皓”：即“商山四皓”。汉初商山四个隐士，名东园公、绮里季、夏黄公、用角里先生。四人须眉皆白，故称四皓。高祖召，不应。后高祖欲废太子，吕后用留侯计，迎四皓，使辅太子。一日四皓侍太子见高祖，高祖曰：“羽翼成矣！”遂辍废太子之议。

“子房”：即西汉留侯张良。他与萧何、韩信一起被誉为汉初三杰。

“颜果”：即唐朝官吏颜果卿。性刚直，莅事明济，守忠义，后为安禄山所杀。

“国老”：古代称告老还家的卿大夫。“国老”，亦为甘草之别名。[《本草纲目·草部一》：“（甘草）调和众药有功，故有国老之号。”辛弃疾《千年调》词：“寒与热，总随人，甘国老。”]

总之，喻义人参、白术诸药性，类一夔之德行，四皓之气节，子房之才能，颜果之中正，似国老之有守有为，补气养血，和胃健脾。

又如云：“大黄号为将军，朴硝、巴豆之属类也焉，以其能破结攻坚，推陈去积，若勇将之敢死擒生，身先士卒而不难也，如关公之刺颜良，班超之斩边使，李世勣之豪强，薛仁贵之英武也。”

“关公之刺颜良”：公元200年2月，袁绍派遣大将颜良进军白马（今河南滑县东北）。他亲率大军驻黎阳，准备渡黄河、攻许昌。四月，曹操从官渡出兵去解白马之围。随军谋士荀攸献计，要他声东击西，分散袁绍的兵力；可率兵先到延津（今河南延津北），伪装要渡河进攻袁绍的后方，然后趁其不备，派轻骑兵突袭白马的袁军。曹将采纳了他的建议。袁军果然中计，等到曹操的轻兵到达离白马十多里的地方，才被颜良发现而慌忙应战。曹军前锋关羽出其不意突入袁军阵中，斩杀了颜良，袁军顿时溃败。

“班超之斩边使”：公元73年，班超出使西域，一行首先到达鄯善。开始，鄯善王对班超等人殷勤接待，以礼相敬，但由于匈奴使者的活动，使鄯善王很快改变了态度，对班超表现出疏远和怠慢。班超马上召集了同行的吏士三十六人，采取果断措施，乘夜以火攻匈奴使者，并消灭了他们。这一果敢行动，粉碎了匈奴贵族的阴谋，也打消了鄯善王的犹疑态度，促使他下决心脱离匈奴羁绊，与东汉复通和好。班超有勇有谋，当机立断，表现了杰出的才能。

“李世勣（594—669年）”：唐初大将，本姓徐，名世勣，字懋功，曹州离孤（今山东东明东南）人。家富有，初从翟让起义，参加瓦岗军，因功封东海郡公。瓦岗军失败后降唐，任右武侯大将军，封曹国公。赐姓李，因避太宗讳，单名勣，据有过去瓦岗军所占十郡之地。后被窦建德击败，到长安从李世民镇压窦建德、刘黑闼等起义军。贞观三年（629年）与李靖出击东突厥，因功封英国公，守并州十六年。高宗时官至司空。

“薛仁贵（614—683年）”：唐大将。名礼，绛州龙门（今山西河津）人。农民出身，善骑射。太宗时应募从军，因功升右领军中郎将。后又率军战胜九姓突厥于天山，军中有“将军三箭定天山”之歌。乾封初参与进攻高丽的战争，后留任右威卫大将军兼安东都护，封平阳郡公。咸亨元年（670年），对吐蕃作战大败。后任右领军卫将军、代州都督等职。

以上把大黄的功用，比若关公刺颜良等，不仅形象生动，而且会使大黄等药的功用铭刻于学者心上，永志不忘。

（3）该《药性赋》，既有单味药性之叙述，如“白术疗泄，健脾胃以驱风，茯苓主呕，伐肾邪而渗湿，黄芪补虚汗最佳，生姜治呕吐却妙”等，又有脏腑用药药性之记载，设有《心脏药性》《小肠药性》《肝脏药性》《胆腑药性》《脾脏药性》《胃腑药性》《肺脏药性》《大肠腑药性》《肾脏药性》《膀胱腑药性》《三焦腑药性》等。

（4）对《药性赋》详加解释。有时引医论进行说明，有时举医案加以讨论，使习医者联系实际，一目了然，口服心服，记忆牢固。如在解释“治须逐积以和脾也，宜温养”句时，引用了罗谦甫治愈食积患者的案例：

一年冬天，一人马刺猎得兔，以火炙食一只，晚上，极困倦，渴饮潼乳斗余，是夜腹胀如鼓，疼痛闷乱，卧而欲起，起而复卧，欲吐不吐，欲泻不泻，手足无所措，举家惊慌，请罗医生治疗。具说饮食之由，诊其脉，气口大二倍于人迎，乃应食伤太阴经之候也。右手关脉，又且有力。盖烧肉干燥，因而多食，则致渴饮，干肉得潼乳之湿，是以滂满于肠胃，肠胃乃伤。非浚急之剂，则不能去。遂以备急丸五粒，觉腹中转矢气。欲利不利，复投备急丸五粒，又与无忧散五钱，须臾大吐，又利十余行，皆物与清水相合而下，约二斗余，腹中空快，渐渐气调。至平旦以薄粥饮，少少与之，三日后，再以参术之药，调其中气，七日而愈。

刘氏又引《内经》理论对病案加以分析：水谷入口，则胃实而肠虚，食下则肠实而胃虚，更虚更实，此肠胃传化之理也。今饮食过节，肠胃俱实，胃气不能腐熟，脾气不能远化，三焦之气不能升降，故成伤也。大抵内伤之理，伤之微者，但减食一二日，所伤之物自得消化，此良法也；若伤之稍重者，以药内消之；伤之太重者，以药徐下之；今饮食太过，使阴气燥乱、神气不藏，死在旦夕矣，方用峻急之剂，而后调理。

（五）《药性赋》中设有《补真养性篇》：

全真养气高仰农黄，慎疾防邪斗瞻孔孟。寿欲高如泰山，心要宽如北海，然须仁至，也要药扶……补元阳而益脾胃，永寿丸实可常吞。鹿菟丸妙充肾水，茸珠丹能养心阳。要龙居坎户、欲虎到离宫。镇心丹实会施为，补阴丸尽能摆布，枸杞丸最治风劳，地仙丹果除风冷，筑垒防邪末菖蒲与白术，整宫养正九香附共茯神。久服延年，何首乌可生可熟，长吞去病，豨莶草宜曝蒸。丹号草还气冷而肠滑者善，止渴生津地黄膏时时可饮。健脾助胃白术散日日宜调。琼玉膏久服成仙，养寿丹长春不老。服巴戟男女多生，吞六子髭须少白。健脾和胃受拜堪凭，温肾轻腰青娥可托。生气血无出二黄，益寿筭难得双补。姜糖煎老子宜吞，猪肾粥衰弱可食。固本永济斯民，延寿鲁扶彭祖。健足膝丸就青盐，止渴浊捣成玄兔。寿当散火升阳，夏须生脉益气。积术豆蔻亦可秋吞，异功厚朴却堪冬饵。男为阳质，女为阴体，病患虽同，胎产实异。产前顺气安胎，脉贵乎实，产后扶虚消瘀，脉却宜虚。妇人求孕宜抑气以滋荣，男子欲儿当益精而养气。阅古方当师古道，临时病须达时宜。法孙吴而可将兵，师和扁而堪用药。

古人云：善用兵者不拘手法，为天下之将者不可无法。善用药者不执于方，为天下之医者不可无方。孙吴非不拘法，暗与法合；和扁非不权方，暗与方合。今为医者，当法古方而扩充之，其应变则无穷矣。

《补真养性篇》之精髓有二：其一是说要想长寿应靠两方面，即既要调养神志，又要用药补真。其二是提出“今为医者，当法古方而扩充之，其应变则无穷矣”的思想。

（六）《药性赋》中又设《论四时六气用药权正之活法篇》，也值得重视。云：

客曰：春夏秋冬人气顺应者，天道之自然，寒风暑湿脏腑伤中者，人事之偶然。知其自然，顺正调之，知其偶然，以权制之。若能知权与正，则寒热温凉之时，表里虚实之病，汗吐下和之法，辛苦甘酸之剂，随时处用，则左右逢源矣。然，为医不知权正，如子莫不知中也。苟知正而无权，不能泛应诸病，妄行权而失正，未免有伤真败乱之失。故正也，权也，行而适，中病情而已。然正者，即经，所谓用寒远寒，用热远热，用凉远凉，用温远温是也。然此经之义何如？客曰：知经义者则治病其庶几乎？所谓用者，乃时候旺相之气，即春温、夏热、秋凉，冬寒，不违时者，天之用也。运者，乃人事作为之法，即药饮衣食，冬裘饮汤，夏葛饮水，春食凉，秋食温，随时而处者，人之道也，故时不可犯也。不可犯何如？谓春气温，药食易用凉，当远去其温。夏气热，药食宜用寒，不宜用热。秋气凉，则药食宜用温，不宜用凉。冬气则药食宜用热，不宜用寒。是谓从天气则和者邪。若夏用热药，冬用寒药，以水济水，以火济火，此谓逆天气者。有病，病增；无病，病必生矣。可不敬畏而远之，此谓正也。然是则是矣。常见夏用热药，冬用寒药，往往治病捷愈，或者时亦可犯手？客哂之曰：子可思矣。岐伯有言曰：天气反时及客胜其主，则可犯，或如九夏寒甚为病，则可用热犯热，寒气不甚，则不可犯，且饮冷太过，中腔停寒，不用温药，何自克治？中病即止，过则与犯同。三冬热甚为病，则可用寒药犯寒，热气不甚，则不可犯。若积热于中，则用寒药除之，中病即止，是谓权也。又如春夏感暴风寒，邪在于表，则发表不远热，如宋人所制十神汤、香苏散之类，以行乎春；二香散、苏苓饮之类，以行乎夏。若冬伤于寒而致里证者，则攻里不远寒，如得张长沙用诸承气之类也，况气动有胜复，不可不御也。六步之气于六位中，应寒反热，应热反寒，应温反凉，应凉反温，是谓步之邪胜也。差冬反温、差夏反冷，差秋反热，差春反凉，是谓四时之邪胜，胜则反其气以平之。反其气者谓如差冬反温，则凉药可用；差夏反冷，则温药可行；差秋反热，则寒药可施；差春反凉，则温剂宜用；故经曰：无失天信，无逆气宜，无翼其胜，无赞其复，是谓至治。余悦，唯唯拜谢。

本篇提出了四时用药的总则："知其自然，顺正调之，知其偶然，以权制之。"要求医者知常达变，随证遣药以取左右逢源之妙。本篇发挥了《素问·六元正纪大论篇》"用寒远寒，用凉远凉，用温远温，用热远热"及"天气反时，则可依时，反胜其主则可犯，以平为期，而不可过，是谓邪气反胜者"的理论。本篇又以《六元正纪大论篇》"无失天信……"作结语，意思为：不违反天气的时令，不违反六气的宜忌，不助胜气，不助复气，是最好的治法。这便是刘氏所论四时六气用药权正之活法之根本所在。

李中立

李中立，字正宇，明朝雍丘（今河南杞县）人。其父李衮曾中进士。他年幼而才敏，少从万历三十五年（1607年）进士罗文英业儒，青年时代“博极秦汉诸书”且多才多艺，亦考中进士，曾任大理寺评事等官职。中立兼通医术，尤精于本草。他有感于当时的医家“谬执臆见，误投药饵，本始之不原懵懵”，于是“核其名实，考其性味，辨其形容，定其施治”。“运新意于法度之中，标奇趣于寻常之外，皆于自书而手自图之”，遂于1593年撰成《本草原始》一书，1612年刊行。

《本草原始》共12卷，分草、木、谷、菜、果、石、兽、禽、虫鱼、人10部，记载药452种。

该书无总论。各药体例是：药名（大字），下注产地、原动植物形态及性味（小字）；“主治”（大字）；药材图及解说（小字）；“修治”及附方等。

下面就其内容，择其要者加以介绍和研究。

一、考药物之名

关于药物的名称，很有考究，有以不同缘由命名者，有因历史缘故更名者，有一物数名者，等等。该书对所载之药的名称，均一一道出了所以然。初学中药者若览此书，一定会使你大饱眼福。

（一）考药名之来历

有按功效命名的。例如：补骨脂，“能补添人之骨脂，故以名之”；起阳石，“阳痿不起，吃之即起，故以能命之”；葶苈，“葶，定也；苈，沥也，行也。能定肺喘而行水故名”；当归，“此药使气血各有所归故因名”；灯心草，“茎圆细而长，真可燃灯故名”；甘遂，“甘者土之味，遂者田沟行水之道。此药专于行水攻决故名”；桃仁，“桃，逃也。能令鬼邪逃遁故名”；羊踯躅，“羊误食其叶则踯躅而死，故以为名”；等等。

有按形态命名的。例如：桔梗，“桔，结也；梗，绠也。其文缔结如绠也因名”；通草，“有细孔，两头皆空，通舍一头吹之，气即出彼头故名”；贝母，“根有瓣如聚贝子故名”；虎掌，“根似半夏而大，四围生芽如虎掌，故以名之”；鸢尾，“因叶类鸢尾，故以名之”；昆布，“势大如布故名”；等等。

有按产地命名的。例如：苏方木，“有苏方木国，其地产此木故名”；常山，“因生常山道中故名”；零陵香，“香，即香草也。生于零陵山谷，故以山名”；等等。

有按生长习性命名的。例如：水萍，“生于水中，无根蒂，平浮水面”故名；忍冬，“多生田坡或墙垣，凌冬不凋”故名；女贞子，“此木凌冬青翠，有贞守之操，故以女贞状之”；夏枯草，“夏至时枯瘁故名”；三白草，“初生无白，入夏叶端半白如彩，农人候之莳田三叶白，草便秀，故谓之”；王瓜，“独生于诸瓜之前”因名；等等。

有按传说命名的。例如：刘寄奴，“宋高祖裕之小名也。裕用此止金疮出血如神故以名之”；土茯苓，“昔曾有仙人弃冷饭于山野，后发而为土茯苓，以之治杨柳疮漏获效，故名曰仙遗粮，又名曰冷饭团，因色如土，形如茯苓，俗呼为土茯苓”；草余粮，“昔禹会诸侯，余粮于地，化为此草故名”；墓头回，“昔蔡太君内人危急，吃之回生因名”；何首乌，“因顺州南河县何翁吃之，白发变黑”故称；威灵仙，“先时商州有人重病，足不踏地数十年，良医殚技莫能治，所亲置之道旁，以求救者，遇一新罗僧见之告曰：‘此疾一药可治，但不知此土有否。’因入山求索果得，使吃之，数日能踏地，因神名之”，等等。

有按功效、形色、产地诸因素命名的。例如：海牛，“生东海”“头有角似牛”故名；巴豆，“出巴蜀而形如菽豆故名”；密蒙花，“其味甘甜如蜜，花一朵数十房，蒙蒙然细碎也故名”；白蔹，“皮赤黑肉白”，“多见于敛疮方中”因名；蜀漆，生蜀中，常山苗也，采时茎内有汁如漆故名；乳香，“其气香，其形如乳头故名”；山茱萸，“生汉中山谷，茱言色红，萸，肥润也故名”；等等。

（二）考药名之变迁

例如，干山药，“古名薯蓣，今以生怀庆者为良。有一种生山中，如指细长坚贯皮黄类竿，一名山竿。古方用山药多药云干者，言生湿则滑，熟则滞气，只宜刮皮置筛中风干，若日干，凡药日干者极多，何必加‘干’字于山药之上，按薯蓣二字，上一字犯宋英宗讳，下一字犯唐太宗名，故改薯蓣为山药，盖言山中之药也，世遂以干山药为名”。

商陆，“生咸阳川谷，《本经》别名‘莲薚’，今关西亦呼为薚。陆，路也，故江东呼为当陆，人家围团亦多生产。春生，苗高三四尺，叶青如牛舌而长茎青赤，至柔脆，夏秋开红紫花朵，根如芦菔而长。释又曰：‘如人形者有神。’易曰：‘苋陆未央，苋与陆皆阴类也。’或曰此一物即名苋陆，今俗名樟柳根，又一名夜呼，莫知其义。据今荆楚岁时记三月三日，杜鹃初鸣，田家候之，此鸟鸣昼夜口赤，上天乞恩至章陆子熟乃止，然则章陆子未熟以前，为杜鹃鸣之候，故称夜呼。”

（三）考药物之名实

历史上由于种种原因，某种本草著作对某些药物的记载，名与实不符者，是常有的事，须要后人加以订正，以正其名。《本草原始》也载有这方面的内容，如：“女萎、萎蕤，陶云同是一物，但名异耳。苏云女萎与萎蕤不同，萎蕤叶似竹，一名土竹，干如箭竿，有节，一名地节。女萎苗叶类冬青，但冬青凌冬不凋故获女贞之誉，此味秋末即萎，故有萎之名。”等等。

有关蘼芜、江离、芎䓖之间的关系，该书考曰：“蘼芜一名江离，生雍州川泽及冤句。《博物志》曰：芎䓖苗曰江离。《本经》云：蘼芜，穹䓖苗也。芎䓖有两种，一种似芹叶，一种如蛇床。古今说者皆云蛇床乱蘼芜。陶隐居士云：蘼芜叶似蛇床。又《蜀本》云：蛇床似小叶芎䓖，然则蘼芜、江离□皆芎䓖之苗。此小叶如蛇床者，即名蘼芜，则大叶芹者当名江离，气香相似，用以不殊。”

即使同一种药物，由于色质不一，部位不一，而名称各异，情形也相当复杂，该书也一一考察。例如：沉香，“朱烂者为青桂；黑坚沉水者为沉香，俗谓之角沉；半沉者为栈香；中形象鸡骨者为鸡骨香；像马蹄者为马蹄香；在土中不待刨剔而成薄片者谓之龙鳞；不沉者谓黄熟香，俗讹为速香是矣；削之成卷，咀之柔潮者谓之黄蜡。沉入药。沉水者上，半沉者次之，不沉者但可熏衣及焚烧而已。南越至交州，人称为蜜香，谓其气如密脾也，梵书名阿迦卢香”。等等。

二、辨药物之质

药物有真伪之别，优劣之异和产地之不同，临证用药不可不辨。因此我国自古以来，医药学家都非常重视对药物的鉴别，而且药物品种愈是增多，就愈是重视其鉴别。该书在这方面的论述也十分详确。

（一）辨其真伪

蒲黄，“用者当择色淡黄有涩稍者方真”；续断，“状如鸡脾，节节断，皮黄者乃真也”；鹤虱，“取百个置掌中势如劲者真”；芦荟，“味苦色录者真”；黄芪，“世多采苜蓿根充卖真黄芪，不知苜蓿根而肉黄，黄芪软而绵肉白，此为异耳”；人参，“世上多以桔梗造参欺人，形象亦相似，亦有金井玉栏，但皮无横纹，味亦淡薄，不同耳”，“近卢有横纹者假”；丹皮，“市人或以丹枝梗皮售人，其乖殊甚”，郁金，“如蝉肚有节，色黄者真，以姜黄之小者当郁金，非也”；缩砂蜜，“去壳缩砂象白豆蔻，市人以白豆蔻剥去壳充之，市有草豆蔻当之”；商陆，“市亦有片者，白色者良”；郁李仁，“粒小皮光者真，皮皱颗大者偳”；牛黄，“真者自宝色奇层次者，体轻；伪者色黄无光，体重”；独活，“有一种土当归类独活，但肉白闻臭气熏人，卖者假，不可不细辨明”；等等。

（二）辨其优劣

苍术，“肉白者佳”；麦门冬，“肥大者胜”；沙参，“白实者良”；远志，“皮微粗大者良”；肉苁蓉，“肥大者佳”；黄连，“卢多者劣，黄色鲜明者善”；川芎，“雀脑者最佳，如箅千力微”；黄芪，“前如箭余不歧者佳”；人参，“独横力全，碑条力微”；甘菊，“黄小为良”；天门冬，“肥大明亮佳”；玄参，“肉黑实坚者佳”；知母，“黄色白毛似发润，肉白者佳”；条芩，“黄色鲜明者善”；牡丹，“根黄白色”，“皮肉肥者长”；香附子，“坚根者佳”；蓖麻子，“形大□红者佳”；石菖蒲，“色紫有肉，中实多节良”；葛根，“以入土深者为佳”；白芷，“色黑气香者佳”；贝母，“黄白轻为良”，“独轻圆不佳”；肉豆蔻，“肉油色者佳”；甘遂，“皮赤好”，“白皮者下”；狼毒，“以陈而沉水者良”；白芨，“肉色者佳”；土茯苓，“大块肉白者佳”；常山，“条光细如鸡骨，俗呼鸡骨常山最佳”；芍药，“肉赤者更佳”；乌药，“连珠者佳”；广木香，“形如枯骨者良”；茯苓，“似人龟鸟形者为良”；桑寄生，“惟寄生桑树枝节间者佳”；猪苓，“肉白而干者佳”；橘红，“皮薄色红味辛苦者佳”；白僵蚕，“白直者良”；蛇蜕，“色白如银者佳”；石决明，“九孔、七孔者良”；蓬砂，“色白明亮者佳”；牙硝，“以色白净者为良”；滑石，“色白光润者良，黄色者劣”；白石英，“色白光润，一头尖如箭头，有大棱者最佳”；阳起石，“色白明莹若狼牙者为上”；栀子，

“赤色者上”；没食子，“颗小文细者佳”，“有孔者佳”；厚朴，“肉厚色紫油润者佳”，“山厚朴肉薄而味淡不堪用”；当归，“上品形象马尾头信”，“下品形象蚕头彷彿”（不堪入药）。

（三）辨其产地

同样一种药物（植物），由于生长的条件不同，如土壤、气候不同其质量也大不相同。所以古人非常注重药物之产地。此书记载：木瓜，“宣城者佳”；柿，“青州者佳”；白芷，“出奚地者为良”；小蓟根，“出北地蓟门者胜”；白鲜皮，“以蜀中者为良”；黄药，“万州者佳”；半夏，“齐州者佳”；何首乌，“以西落嵩山及柘城县者为胜”；威灵仙，“出商州上洛山及华山并平泽不闻水声者良”；蓖麻子，“胡地者良”；薄荷，“姑苏龙脑者第一”；枸杞、地骨皮，“今以甘川者为佳”；黄柏，“蜀中者胜”；厚朴，“今以梓州、龙州者为上”；川楝子，“以蜀川者胜”；吴茱萸，“以吴地者佳”；五倍子，“以蜀中为胜”；橘红，“广东者胜”；茯苓、茯神，“以云贵生者为佳”；荔枝，“岑南及巴蜀闽地产者佳”；升麻，“蜀川者胜”；牛膝，“怀庆者良”；甘草，“生汾者佳”；泽泻，“出汉中者佳”；干山药，“以生怀庆者为良”；沙参，“生冤句沙地者佳”；苍术，“以茅山者为良”；防风，“东京者佳”；菟丝子，“冤句者佳”；续断，“陕蜀最佳”；芍药，“淮南者胜”；等等。

要之，《本草原始》之长在于它专门介绍药材有关知识，是我国古代重要的药材学（或生药学）专著。今天，仍然可以发挥它在中药鉴定学等方面的作用。近人郑金生先生对此评价道：“在本草史上，像李中立这样通药善画的人才，的确不多见。李中立是依靠自己的精思力行，才完成了他的不朽之作《本草原始》，在本草史上占据了一席地位。”我们同意这一评价。

高 我 冈

高我冈，又名尧臣，河南信阳人，明代痘疹科专家，撰著《痘疹真传奇书》（又称《仙传痘疹奇书》），刊于1598年。现存早期的刻本，为“道光丙午（1846年）月镌·青龙巷万顺堂领刻·读画山房藏版”。据光绪二十六年（1900年）再板时连平、价臣的叙中称：“我冈氏出，另立门户，专以挑拨为宗，症之顺者利者固无烦借著，而症之险者危者必籍针砭以济药饵，所弗逮余服，及荆楚未闻有习其技者。”“挟其术以济人者三十年”，名噪当时。

《痘疹真传奇书》的内容分上卷、下卷与图说三部分。上卷有气血论、痘论、五行痘辨、寒战咬牙辨、升麻葛根汤可用不可用辨、七吉、痘说、惊搐说、夹疹痘说、认痘疔诀、看耳目诀、避解秽气诀等二十三篇。下卷有疹论、盖痘疹、脓疹、胎疹、斑疹、痘疹用药法、痘疹诸方、医戒等十六论。图说部分包括手足瘢、承浆瘢、鼻凹、痘脓、蜘蛛、虾蟆等二十七图。另有针图和用针手法。

本书对痘疹的病因、病机、诊断、治则、方药等作了全面介绍。就其学术思想而言，最为突出的是以下几点。

一、“治痘之法，以气血为主”

高氏治痘，以气血立论。他在上卷之首篇专设《气血论》篇，使气血的理论贯穿于痘之病因、病机、诊断、治疗各个方面。《气血论》云：“……人身，由气血而生；火毒，由气血而中。故痘者，假气血以成形。气为卫，行于脉外；血为荣，行于脉内；无炁者，又为荣卫之主。使元气盛，则气血运行五内百骸，周流不息，而痘毒随气血而出焉。譬如元气者，主帅也；气血者，卒徒用命而敌为之自破。否则，鲜有不肆害于吾之疆土者。观于气血之盛衰，而痘有员陷荣枯，可信矣。故智者必补以真元，调理荣卫，诚攻贼之上策也。然气血盛，固能逐诸毒，而火毒盛，亦能损气血。急则治其标，宜清火；缓则治其本，宜补气血。书曰：气有生血之功，血无益气之理。然痘，气不可亏，亏则阳会不及，而员晕之形不成；血不可盈，盈则阴乘阳位，而倒陷之祸立至。凡痘疹者，必先益气。气盈则能引血，成脓结痂，以逐其毒。如水得风而舟行，自然而吉。苟或过于益血，则必载毒，泛溢久为太逆矣。此扶阳抑阴之大道也。况气无形而血有形。无形者可旺于一时，有形者源养于平日，故保元汤补其气，四物汤益其血。气可补也，血不可过溢也。书曰：气以成痘之形，故气充则痘起，员晕稀疏，如沙子、铁子等痘，易出易靥，再不可用补气血之药，使其气尽出于外，内无所主，而毒得易入，吉反成凶矣。血以华痘之色，故血盛则痘之根窠，红活光泽，如实红、透顶红等痘，均是气血交会。苟不失气有余，而复补其余，则痘为空壳无脓；气虚则为顶陷，为痒塌自干，为皮薄软，或寒战咬牙、吐泻灰白。若不失血盛，而复补其血，则为夹痘斑、痘疹、丹毒、紫黑、倒靥。血虚则痘色淡白，根窠无晕，以手抹之，红色不见，起手即红，是交会不足。枯紫焦黑，是血热之极。可用解毒清凉之剂。顶红紫而灰黑，是血热而气滞，宜凉血解毒，使血活而气行也。”最后强调说：“大抵治痘之法，虽曰以气血为主，然有寒热虚实之辨。寒则热之，热则寒之，虚则补之，实则泻之，不可执一。”

二、“若能分虚实而辨补泻，则治痘无余法焉”

高氏认为：“大抵治痘之法，虽曰以气血为主，然有寒热虚实之辨。”同时还认为：“若能分虚实而辨补泻，则治痘无余法焉。”为贯彻这一思想，他又专设《痘疹用药法》篇，云：“古人立方，各有所见，但用之不当其时，或执一而不通，以致遍寒、遍热，误儿多矣。若能分虚实而辨补泻，则治应无余法焉。诸方之用，不过发散、升提、和解、下利、补益、闭涩数者而已。然，病症又有微甚，方药亦有轻重。大抵看其微甚，辨其重轻，则方药之加减固有，不必拘泥于定法者。凡发散表热，微者，用升麻汤；甚者，用麻黄汤。凡解利内热，微者，用解毒汤，益元散；甚者，利大小便方。内外壮热，微者，和解汤，小柴胡汤；甚者，用连翘饮、参苏饮。气血俱虚，用补中益气汤；甚者，用八珍汤、十全大补汤。补血活血，微者，用四君子汤；甚者，用当归活血散、白芍独圣散。补气行血，微者，用四君子汤、保元汤；甚者，用内托散。虚寒之证，微者，用理中汤、参苓白术散；甚者，用木香异功散。小便亦涩，微者，用四苓散、八正散。大便秘，微者，用蜜导法、四顺散、宜风散；甚者，用大柴胡汤，兼外热者，用承气汤、凉膈汤。”最后特别指出：“此数方为诸方之要领，其余一症有二十三方者，亦当审其轻重而斟酌用之，庶几无误。”这里，高氏反复强调分虚实、辨补泻、看微甚、别轻重等，说明他把辨证论治的原则运用于痘的诊治，而且至精至微。

三、“治疹无他奇法，惟清凉解毒为第一义”

高氏说治痘之法，在于分虚实辨补泻，那么治疹之法呢？他认为“惟清凉解毒为第一义”。他在卷下《疹论》篇详细地讲述了他对疹的辨证及其治疗方药。文中说：“夫痘与疹异，痘出五脏，而疹则出于六腑。腑属阳，阳主气，故疹有形而无浆，其症多实热而无寒。为症既异，治法亦殊。疹有实热之症，令儿战栗，似寒不可作寒看，乃火象也。热极生阴，反作寒耳。初热时，只宜发表，再宜补阴制阳可也。盖疹热甚，则水分受其热煎而血多虚耗，故治以清火滋阴为主，不可少动其气，若燥悍之剂，首尾当忌。世惟知儿痘能系之重，不知疹之所系亦不轻。予平时治疹，初见发热，多似伤寒，然而咳嗽喷嚏，鼻流清涕，眼角生膜，眼胞两睑浮肿，其泪汪汪，恶心干吐，恒欲饮水，则实与伤寒迥异，宜慎风寒，忌荤腥，此其大节，一日三次出为易，二日再出六次为吉，便发出不快，急用药表之，使皮肤通畅，腠理开豁，自无留毒。看诊之法，多于耳后、项上、腰腿，先见顶尖而不长，随出随收，其形小而匀净者吉也。若色见红者兼火化也，其症可治宜化斑汤为主，或人参白虎汤亦可。如以手伏之，其色即白，而手起即红者，此血不足也，宜养荣汤主之；如紫赤干燥、灰暗、火盛毒炽、大渴饮水不止，宜六一散解之，或黄连麦冬汤亦可，大热不退加柴胡、黄芩、升麻、干葛、牛蒡、玄参，热甚谵语、昏昧不省人事，宜用黄连解毒汤。儿如发渴，勿禁饮水，但不宜多，虽出自寒天，亦不当重加衣服被褥等件，恐热毒入咽喉，令儿声哑而疹不得出，为害不浅。疹有吐泻，宜用四苓散，加牛蒡、诃子。或疹出而身犹大热，升麻白虎汤内，倍加牛蒡、玄参。至九日升毕，声哑而无音，凉水调儿茶，对入硼砂服之即愈。疹后有痢者，皆因积腻所伤，必先利其毒而后补，须用大黄，与黄连、枳壳、槟榔，以疏利之。勿食甘甜，以免牙疳，如有此症，红枣去核，入一米粒雄黄，烧过为末，米泔漱口，少入盐汤可愈。隐疹不得出，升麻汤内加麻黄即出。数日不食饮水，须以清胃养脾解毒为主，毒退自然饮食如常。疹毒未尽，不可当风，防恐病目，且见风太早，一肿即消，必定体瘦肌黄。勿食椒面热物，以致胃火烟触，口舌生疮，令儿啼哭，如有此疮，尿盆白垢烧过，少许，擦之即愈。”最后高氏总结说：“治疹无他奇法，惟清凉解毒为第一义。”并且告诫病家：“疹出三七以及百日，皆不可忽。语曰：痘前难，疹后不易，信哉。”

四、“我冈氏出，另立门户，专以挑拨为宗”

儿科中的痘疹学，向为历代医家所重视，初则钱仲阳近于凉解，陈文中偏于温补；朱震亨出，乃折衷其间，解毒、发表、和中三者兼用，一时医家翕然宗之。以后明之万密斋著《世医心法》，清之徐大椿著《痘学传真》，均为开示后学、最切实用的佳作。然，历来医家所用治痘疹之法，多以方药为主。到高我冈时，他集前人之治法，又总结当代之经验，即既用药物治疗，又用银针挑拨之法，而且蔚为专门，为此，《连平、价臣叙》曰：“我冈氏出，另立门户，专以挑拨为宗。”特别是出现危险之症，“必籍针砭以济药饵”。这种方法，在痘疹学发展史上应书上一笔。以下引用数例：

《梅花班图》注云：“此痘发热二日，或二日半，面部稀少，身上如分颗粒，有明净者，就有可生之机。其众痘中陷，皆有黑点子，四五枚成形，如梅花之状，此即痘疔也，把住众痘不出，当长不长，急用银针挑拨，点二妙丹，众痘即长，须臾变成好痘，红润可爱，此斑五六相聚，止用一针拨入，次日即成一个脓包，众痘红丝既断，亦即起长，五六日不拨至七八日，黑陷浆回，干枯不起，已出者，收入脏腑，未出者不必言矣。……”

《四班图》：“此痘……成串陷顶，当先用针挑拨，缓则无益矣。……挑拨应在三四五日之内，如过七八日，则痘入里不能治……”

《茱萸班图》：“急挑拨之。拨一个茱萸，即时发一百好痘。如腹响如肠鸣、放屁，两腿、两尻骨上有此痘，非拨不能除也。”

《水泡班图》：“……两腿、两股齐出，痘大小不一，其中有如水泡，明珠之状，名为空壳无浆之痘，急用针刺破，去其毒水，方可生浆。”

关于用针挑拨手法，高氏在《用针手法》篇中指出：“用针挑儿时，以二指拿针沓二韭叶宽平不入痘，拨断痘中经络，众痘即发，不可直上破顶，不可直下伤肉，不可傍穿破皮，轻重疾徐之间，有得心应手之妙，须三、四、五、六日上浆之时，痘可含针，方宜挑拨，过此，亦无用矣。此是真诀，留心玩之。”

该书还有对针消毒的方法，即《煮针法》。云：“甘草、甘遂、川乌、草乌，右四味等分，用水一钟，入砂锅内，以水干为度，每次可煮四五针，煮完入鹅翎筒内，两头蜡塞收之。”

五、“凡此八戒，皆医者所宜三复”

每种职业有每种职业的道德规范。医生有医生的道德规范。值得称道的是，高氏规定了痘疹医家的道德规范。虽然是痘疹医家的道德规范，也适用于各科医家，今天看来，也很有现实意义。这一规范，即高氏书中之《医戒》篇。这里全文录下：“语曰：人而不仁，不可以作巫医，医乃仁术也。受司命之托，而不知戒慎谓仁术何，故医有八戒：一曰欲，二曰酒，三曰好利，四曰无量，五曰异医，六曰任人，七曰博弈，八曰临危用药。夫欲何以戒也？痘症宜洁，最忌秽气，虽好色之心，人告有之，须于斯时，断绝欲心，独居书舍，或寺院之中，以净其体，庶不误儿之命，其戒一。酒何以戒也？酒能迷人真性，耽误时日。若医为酒困，闭户不出，儿痘一日是一日症候，如何迟得？或逼请，不得已而往视之，酒气熏人，以恹其痘无益而反损，误人之罪大矣，其戒二。利何以戒也？儿之父母，平日用财吝啬，轻命重财，不知敬医，医遂鄙夷不治其儿，此儿何幸？若豪富之家，爱儿于掌上珠，定以多金诱医之心、藏于秘室，不容出门救济群儿，医亦贪恋而不顾众家之请，利虽入已，所活几何？亏损阴隙无过于此，其戒三。何谓无量？如儿痘变症，死生在反掌之间，请医方至，或坐间，与人言语相犯，或主人礼貌不隆，使者答应不周，辄悻悻而去，不顾此儿生死，是以小忿而害仁者心忍之甚矣，其戒四。何谓异医？富足之家买药不难，即极贵之药皆可力致。若贫家之儿，宜用人参，渠必无力置买，为医者即宜自己备办，少分豪贵之财，以救贫家之子，未为不可，切不可那用别药以误儿命，其戒五。何谓任人？儿之父兄少知些须药性者，要用自己聪明请医，问此症宜用芩连，医曰可宜用姜桂，医曰可随人口吻，徒以迎合主人得其欢心，倘儿不救，父兄之过，与抑医之过也，须要实见得是主张用药，不可轻随主人，以致差误，其戒六。七戒者，何人有癖在博弈者，即有要事在前，置而不顾，甚至有不知寒暑饥饿者，宁顾儿痘之吉凶哉？徒恣一时之乐，而不念痘家百状之苦，如良心何？其戒七。八戒者何？如儿痘，原来不治，或为他人误治，不可救药，即宜明与儿之父母言之，不可轻以下药，倘儿不讳，庶不归怨于我，不然贪图利物，苟且下药，儿之夭也，谁之过哉？我将不得而辞其责矣，其戒八。凡此八戒，皆医者所宜三复，知我罪我任之而已。”“三复”者，乃再三反复也，在这里言曰“八戒”，医生应该认真思考，谨慎对待。

张 昶

张昶，字甲弘，号海澄，明代大梁（今河南开封）人。宋著名医家张锐后裔，童年从伯父维屏授祖业，撰写《百病问对辨疑》行于世。

笔者所阅览的版本为“明万历间曲沃张学诗精刻本”（善乙），但遗憾的是，全书应为一函六册，只见到卷首、卷三、卷四和卷五，缺卷二与卷六。

该版本无他人作序，仅有一篇类似自序的文字，但无标题，而是直书其内容。现把这篇文字全录于下：

“昶，宋名医张锐后裔，髫年从伯父维屏授祖业。万历戊寅（1578年）春，节宣不谨，染时疫，劳复者五伏枕十旬余日，精神消耗，变而为虚损劳疾、痰喘、咳血、蒸热、遗泄。服饵千剂，历尽沉疴。至辛巳（1581年）秋始能离床。凡医书有虚损补益者，无不绅绎。潜心久，颇有一得之。愚设为问对，以辨其疑。然，万有不齐之症，固不能悉其奥旨，而劳瘵之梗概则未必无小补云。”

看来张昶一生多有不幸，“历尽沉疴”。但他并未因病魔缠身而使意志衰退，相反更加努力，潜心于医学研究，尤其是对虚损劳瘵的研究成绩特别显著。

从该书的整个内容看，由书名便知是以答疑的形式对百十种病进行辨析。如卷一，即卷首的劳瘵；卷三系痰症、诸气、诸郁、诸血、诸汗、诸痛，泄泻、痢疾、霍乱、疟疾；卷四载肿胀、脾胃、调养老人脾胃、内伤、恶心、哮喘、疸、痞满、吐唠呕、疝、淋、三消、关格、噎膈、痛风、吞吐酸、嗳气、嘈杂、疠风、破伤风、难睡、斑疹、瘧疭颤振鼓栗；卷五为阴虚阳虚、风缓痿躄、痿痹、脚气、精浊便浊、精滑梦遗、眩晕、煎厥（附薄厥）、癫狂、大小便证、九虫、厥痓痫三证。

本书对劳瘵专设一卷，且置于全书之首，篇幅大（近3500字），必辨析详（回答了48个问题），是张昶在学术上最突出的成就。

张昶曰：“病有劳、有极、有伤，其为症不同，皆虚损劳瘵之类也。”其实，张昶所说的劳瘵，就是指虚劳。最初，虚劳与劳瘵似乎可以混称。

虚劳是由脏腑亏损、元气虚弱而致的多种慢性疾病的总称，亦称虚损。凡禀赋不足，后天失调，病久失养，积劳内伤，渐至元气亏耗，久虚不复，而表现为各种虚损证候者，都属于本病范畴。

关于致虚之由和治虚之法，历代医家论述颇多。早在《内经》就提出了“五劳所伤”“五虚死”的病因和预后的论断。如《素问·通评虚实论》提出“精气夺则虚”的理论，说明了人体内阴血与阳气的消耗不复，可以形成虚损。《难经》以“五损”立论，在《内经》的基础上，进一步从症状的表现，观察内损的程度及其演变，以预测其转归，并提出了治疗大法。《金匮》立虚劳为专篇，列举本病的证因脉治，包括亡血失精、阳虚寒胜、阴虚阳浮，以及风气百疾、瘀血内结，等等，着重在阳虚的温补治疗外，还提出扶正祛邪和去瘀生新的治法，不仅补充了《内》《难》二经的不足，并指出了新的治疗途径。《诸病源候论》提出了五劳、七伤、六极，并对各类证候，罗列甚详。此后，李东垣、朱丹溪对劳倦内伤之证，各有阐发。前者长于甘温补中，从脾胃立论；后者善用滋阴降火，从肝肾论治。元代葛可久著《十药神书》，从肾虚精极、火盛金衰立论，对咳嗽失血等证，具有卓见，批判了妄施大热竭其内、大虚虚其中的偏弊，至今仍为医家所重视。（见《中医内科学》）

张昶：“凡医书有虚损补益者，无不䌷绎。”纂辑前哲的理论与经验，加以阐明。

一、虚劳病机的阐发

（一）虚劳多因说

张昶认为引起虚劳的病因很多，他说：“百病足以致虚损劳瘵。”按照五劳（肺劳、心劳、脾劳、肝劳、肾劳）、六极（筋极、脉极、肉极、气极、骨极、精极）、七伤（肝伤、心伤、脾伤、肺伤、肾伤、形伤、志伤）分别述及之。认为：久于悲哀、咳喘，而成肺劳；过于忧思，久成心劳；劳于运化，久则脾劳；凡谋事不决，拂而数怒，久则肝劳；强力入房，以竭其精，久成肾劳。数劳四肢，筋液耗竭，必成筋极；失血所致血脉空虚，而成脉极；阴火久灼，或饮食劳倦伤脾，久则肉极；色欲无度，而成骨极；大怒逆气伤肝，忧愁思虑伤心，饮食大饱伤脾，形寒饮冷伤肺，久坐湿地伤肾，风雨寒湿伤形，喜怒恐畏伤志。

以上致虚劳之原因可概括为六淫侵袭，饮食所伤，七情所致，房事无节，劳役过度，久病不已等。

六淫所致者，如伤形，张氏认为：冲冒风雨，则寒湿不可免。外因得之，故令伤形。形伤，则皮毛枯槁。

饮食所伤者，如脾劳，张氏认为：脾乃足太阴之经，少血多气，己土之脏，仓廪之官，五味出焉，胃为水谷之海，二者健，则水谷消磨，劳于运化，久则必脾劳。

七情所致者，如心劳，张氏认为：心乃手少阴之经，多血少气，丁火之脏，君主之官，神明出焉，过于思虑，久成心劳。

房事无度所致者，如肾劳，张氏认为：肾乃足少阴之经，多血少气，癸水之脏，作强之官，技巧出焉。是肾也，为藏精之脏，若人强力入房，以竭其精，久则肾劳。

劳役过度所致者，如筋极，张氏认为：数劳四肢，筋液耗竭，终成筋极。

久病不已而致者，如肺劳，张氏认为：肺乃手太阴之经，多气少血，辛金之脏，相传之官，主行荣卫，治节由之而出焉，是主气之脏也，久于悲哀喘咳而成肺劳。

此六种病因，皆为重要的因素或条件，验之临床，是符合客观实际的。

明末绮石著作《理虚元鉴》，又提出先天之因（由于父母身孱弱，精血不旺，以致生后根底不坚，骨软行迟，动作手颤，头摇目瞤，幼多惊风等，常为招致虚劳的先兆）和医药之因（本非劳证，反因药误而成，如病非感冒，而重用发散，或稍有停滞而过用攻伐，或并无里热而施以苦寒，或体弱受邪未经宣解，而漫用固表滋里，遂致邪热胶固，永不得解）后，虚劳病因的认识就更趋于全面了。

（二）虚劳统归肾经一脏说

张昶在分析以上虚劳诸证与虚劳诸因之后，又着重引述先哲之“虚劳统归于肾经一脏说”，并加以辨析。他说：“所谓虚损老瘵之多端，先正有言，统归于肾经之一脏耳。然，肾不独水也，命门之火并焉。肾不虚，则水足以制火；虚，则无火所制，而热病生矣，名之曰：阳虚火动。此刘河间所谓肾虚则热是也。凡人足心热、阴股热、腰脊痛，大率耽此病矣。老人得之为顺，谓阴微也；少年得之为逆，谓阴虚也。虚则咳血之肇端乎！从此初觉之时，思患而预防之，造化挽回不难矣。经曰：七节之旁中有小心。小心者，少火也。又曰：肾具两枚，左为肾经，右为命门。命门火，相火也。相火即少火。夫一阳居于二阴之中为坎，水火并而为肾，此人生与天地相等也。今人入房盛，而阳事举者，阴虚火动也。阳事先萎者，命门火衰也。又曰：真水竭而隆冬不寒，夜卧而涌泉如火是也；真水息而盛夏不热，履阴地而皮肤洒淅是也。知此则知劳瘵之已病未病矣。”

肾为水火之本，真水真火均藏于肾中，水有所亏，火必翕然而起，阴虚诸症以作；火有所损，水必泛无所归，阳虚诸症以兴。气属阳，血属阴。虚劳不外是人身阴阳气血之衰竭，因而突出肾经一脏的作用有一定意义。历史上有所谓治阴虚者，统之以命火，八味丸、十全汤之类，不离桂附；治阳虚者，统之以肾水，三补丸、百补丸之类，不离知柏，即寓有此意。至于依此而提出的预防思想和测试是否患虚劳之方法，同样是可借鉴的。

二、虚劳论治大法

虚劳的病理变化，既然是多样的，所以论治的方法应是多种的，即张昶所说的“治之必求其源”。例如：

肺劳：短气虚寒，皮毛枯涩，津液不通，气力损之，脉迟缓，可用参、芪、桂、附以温补；若金衰火乘而致肺热脉数者，可用二母之苦以极之，二冬以清之，二地以凉之。

心劳：忽忽喜忘，大便难，或时溏利，口内生疮，劳心动火，吐衄不止。此当以凉心之剂疗之，以犀角、生地为君，白芍、牡丹佐之。同时又指出：“善治者，疏肝以缓脾，调中以益胃，则万物从土而生矣。”

脾劳：四肢不用，五脏皆乖，胀满肩息，舌根苦直，不能咽唾，劳之日久，中气不足，懒于言语，恶食溏泄，日渐羸瘦。用参、术、芪、草以补中气，佐以柴胡、升麻以升助清阳之气。

肝劳：人面目青，口苦，精神不守，恐惧，不能独卧，眼目昏暗，黑花绕前。指出：“肾为肝之母，滋肾则肝自平矣。”

肾劳：背难俯仰，小便不利，便后有余沥，其色黄赤，囊湿生疮，小腹里急。治当用甘淡咸寒苦润之剂为主。

肉极：肌肉消瘦，皮张枯槁。认为：“若肉极由于阴火久灼，憔悴枯槁者，极为难治；若由于饮食劳倦伤脾而致肉极者，宜大补气血以克之。经曰：气主煦之，血主濡之。故用参、术、芪、苓甘温之剂以补气，气盛则能克实于肌肉，用四物、肉桂味厚之品以补血，血生则能润泽其枯槁。”

精极：梦泄遗精，瘦消少气，目光如雾。须用鹿角、龟板之类，人参、枸杞之属，以固气、滋阴、生精。

肝伤：血枯，目盲。指出：“柴胡升肝气，用之以达其气，白芍能酸收，用之以抑其过，丹栀凉泻，用之以伐其实。木胜则土弱，白术、甘草以补其不胜者。肝伤则血病，当归、地黄养其阴血。木胜则火燥，茯神以宁其心志，则肝血可生，目盲渐明矣。”

心伤：苦惊悸健忘，夜不成寐。须用苦以泻火，重以镇心，凉以养血，甘以益脾。

脾伤：面黄善卧。用参、术、芪、苓、龙（眼）、远（志）、枣（仁）、归之属。若一时宿滞停留，可用曲蘖、山楂、朴、苍消导之剂以涤之。

肺伤：气短，咳嗽，脉微迟。认为：“损其肺者，益气，参、术、炙甘；祛其寒者，温其中，附子、干姜。”

形伤：皮毛枯槁。以补气之剂主之。

志伤：恍惚不乐。指出：“下者，举之；郁者，达之。须用二活、防、柴升举之剂。气郁于中，脾胃受病，再用参、术、芪、苓、橘、半、甘、芍之类。泄陷下之气者，方选泽泻。平膻中之逆者，药用宣连。斟酌用之，则志意可舒畅矣。”

张昶这种以五劳、六极、七伤对虚劳进行辨证论治，是比较详尽，在当时亦是最为合理的，正如他“序”中所讲的：“劳瘵，之梗概则未必无小补云。”所以，在临证实际中，起到了一定的历史作用。但是，又失之过繁。所以，绮石著作《理虚元鉴》时，总结出“三本二统论”之治虚劳之大法。三本者，即肺脾肾是也；二统者，即“阳虚之证统于脾，阴虚之证统于肺”是也。这样，虚劳之辨证论治更具纲领化了。若再看当今教科书，把虚劳分为气虚、血虚、阳虚、阴虚四种，又把气虚分为肺气虚、脾气虚，血虚分为心血虚、肝血虚，阳虚分为脾阳虚、肾阳虚，阴虚分为肺阴虚、心阴虚、脾阴虚、肝阴虚、肾阴虚，并列出相应的治法与方药，无疑更为科学了。

乔 采

乔采，字善来，明末河南商丘人，自学成才的儿科医学家。著《幼幼心裁》传世。（见《河南通志》）

《幼幼心裁》刊于1638年，现存有康熙四十七年戊子（1708年）刻本（寿康堂藏版）。

该书分上下两卷，上卷目录：脐风、撮口、噤风、变蒸、惊风歌、急惊辨法、惊风治法、慢惊治法、呕吐、呕吐辨法、泄泻、泄泻歌、痢疾、疟疾、发热、哮喘、咳嗽。

下卷目录：食积、虫积、腹胀、心腹痛、疝气、浮肿、胀满、黄疸、诸汗、夜啼、诸疳、大小便、头颈病、目病、耳病、鼻病、口疮、舌病、牙齿、咽喉、形声内附、诸疮、丹毒、惊丹、破伤风、斑毒、瘾疹。

本书除对婴幼儿的多种常见病的辨证论治，分别作了简要的记述外，突出地讨论了儿科疾病及诊治大法，具体来说反映在卷首之三篇论文中。

一、《小引》

"医之道，肇自神农，而源于黄帝，其来尚矣。而黄帝曰：幼小者，吾不能知也。以是知治幼之难，虽圣人之神明，有不遍也。夫人之生也，无论贤愚贵贱，无不由幼小而长成。当其幼时，不能保其无疾，则治之不可无法也。其于胎毒、惊风等杂症，则治之之法，又不可不精也。然而，自今以历溯之于古，治幼之法甚疏。虽自古明哲之士，著论立方，犹未得其窍妙，再况其下焉者乎！世之庸医，任其陋识以用药，世人不知而过听之，其害生灵也不可胜计，世之腐儒率其浅见以著论，世人不察而误用之，其夭害生灵也又何可胜计？夫斯儿童夭折，弗遂长年，岂非举世之大患，而仁者之深忧乎？余少时尝闻其语曰：孝亲者，不可不知医；慈幼者，不可不知医。于是，每乘暇日，博览方书，精察病情，而于治幼尤精心焉，盖于因其术独难也，是以用心独苦。阅历之多，精思之久，天启其衷，豁然深悟其妙理。每用之宗族，用之姻交，随试随效。有可自信者，不惟庸医、腐儒之浅陋，得以洞察其谬而救正之，凡前哲之方论，皆得参酌裁决，无有能出吾范围者。于是写吾心之所独悟，而发前人所未发，诚可以规矩方圆，准绳平直。其辨证也，简而明；其立方也，精而切。著为一编，命之曰《幼幼心裁》。余岂以此自表见乎？然而，吾之苦心如此，是以不忍自私，而必以公之天下后世也为分。”

此《小引》实际上就是《自序》。从中不难看出《幼幼心裁》是一部很有价值的儿科专著。但就《小引》而论，其认为对幼科“虽自古明哲之士，著论立方，尤未得其窍妙”，这一认识是片面的。我国早有儿科学专著《颅囟经》。至宋代，儿科著述逐渐增多，如钱仲阳《小儿药证直诀》，陈文中《小儿痘疹方》、无名氏《小儿卫生总微论》，也可以说，宋代以前儿科论说，至此已汇为大观，特别是钱仲阳的《直诀》诸说，对儿科学影响最大。乔采对这些史科或许了解得不够而得出错误的结论。

二、《幼幼指南》

“小儿方术号曰哑科，口不能言，脉无可视，惟形色以为凭，竭心思而施治。故善养子者，似豢龙之调护，不善养子者，如舐犊之爱惜，爱之愈勤，害之愈急，乍头昏而足冷，忽多啼而不乳，差之毫厘，失以千里。

肠胃脆薄兮饮食易伤，筋骨柔弱兮风寒易袭，重绵重袄兮，反助以耗阴，煎炒油腻兮致败脾而损胃，闻异声见异物失于堤防，深其居简其出过于周密，未期而行立兮快其长成，无事而喜笑兮谓之聪慧，一旦病生，父母心戚，不信医而信鬼，网求医而求巫，弃人事而不修，谓天命之如此。”

小儿阴阳两稚，生化之机未壮，因此，饮食易伤，风寒易袭，所以科学的养护是婴幼儿健长发育的关键。衣食住行务必讲究，但又不得溺爱。一旦有了病，须及时治疗。

对小儿疾病的诊断也有其特点，主要依靠望诊，即望形色，根据形色的异常变化，推断病变的部位、性质、预后。当然也要参之以其他方面。

“欲观形色，先分部位，左颊青龙为肝，右颊白虎属肺，天庭高而离阳心火，地角低而坎阴肾水，鼻在面中为通脾气。观乎色之所现，知乎病之所起。况脾之应乎唇，肺之应乎鼻，舌乃心苗，泪为肝液，胃流注于颐，肾通窍于两耳，爪则筋余，而脾为之运，发则血余，而肾为之主，脾司手足，肾连牙齿，苟本脏之或衰，即所属之先毙，能辨形色，似挺撞钟，若昧朕兆，如石投水。

凡观乎外，可知乎内，红色现而热蒸，青色现而惊悸，如煤之黑兮，中恶之因，如橘之黄兮脾虚之谓，白乃疳劳，紫为热极，青遮口角，扁鹊难医，黑掩太阳，卢医莫救，年寿赤况，多生脓血，山根青黑，频见灾危，能察形以观色，岂按图而索骥。”

“欲观形色，先分部位。”《内经》也早已有这一思想。就面部而言，如《素问·刺热论》云：“肝热病者，左颊先赤，心热病者，颜先赤，脾热病者，鼻先赤，肺热病者，右颊先赤，肾热病者，颐先赤。”再如《灵枢·五阅五使》：“肺病者喘息鼻张，肝病者眦青，脾病者唇黄，心病者舌卷短、颧赤，肾病者颧与颜黑。”历代医家多有研究，如清代医家周学海所著《形色简摩·面部藏府肢节分位图说》云：“额心、鼻脾、颐肾、左颊肝、右颊肺，以应五脏气化之正位也。”心居上，故候以额；肾居下，故候以颐；“肝生于左，肺藏于右”，故左颊候肝，右颊候肺。以上《内经》、周氏及乔采所言，无非就是指此而言。此五脏候于面的部位，最为中医临证所习用者，但又不可尽拘。

病有诸内，必形诸外。因此观乎外，可知其内。同时，必须掌握五脏生理状态下外观之正色和病理情况下呈现于外的变色。这方面，《内经》也早有论述。《灵枢·五阅五使》云五色内应五脏，青属肝木，红属心火，黄属脾土，白属肺金，黑属肾水，此其常也。病则有变，《素问·五脏生成篇》云：“青如翠羽者生，赤如鸡冠者生，黄如蟹腹者生，白如豕羔者生，黑如乌羽者生。”此气血虽病，神气未伤，有光有体，能内含而不外露者也。同篇又云：“青如草兹者死，黄如枳实者死，赤如衃血者死，白如枯骨者死。”此气血俱亡，无光无体，神气已去者也。此为《内经》色论分平、病、死之论述。乔采在具体运用中有所发挥，亦有实际参考价值。

三、《慈幼儆心》

“尝闻治无一定，但占症候，治标救本，从乎权宜。先察运气，阴阳合契，次观形色顺逆。了然春夏阳而苦寒可用，在夫人之勇健，秋冬凉而辛温可参。相其人之劳瘠，既温反补，已寒再宣，七神离散，五脏亏减。胎积急于解毒，食积利在消疳，治分二法，效可十全。襁褓未宁，但调其母，匍匐不快，当固其元。肠胃泄痢，实药堪食。气血微弱，以渐发生。且如病以热起，热则惊生，或制热以热，或攻寒以寒。

热在表兮，柴葛解肌而可饮，热在里兮，芩连消毒而急煎，集热兮，无如集圣，虚热兮，妙以调元，要识色脉，不可妄投汤丸。

泄久变痢，积久成疳，疤久生癖，惊久成痫。未至留连，攻之宜速。已见沉疴，治之宜缓。肠胃闭塞，急泻而顺。气血虚弱，急补而安。外毒急攻，勿令入腹。表邪急解，休使再传。当徐渐而调理，恐急迫而生变。若药下咽，恒防其过，治或中病勿彰其能。智者常虑于一失，死者不可以复生，与其悔于已误，孰若谨于未然。”

此乃儿科症治大要，亦是乔采多年临证体验，若能全面掌握，灵活运用，常见之病是不难治愈的。

景日昣

景日昣，字东阳，登封人，康熙辛未（1691年）进士，官至户部侍郎。（《四库全书·史部地理类存目说嵩注》）自总角时治《周易》，稍长以先儒人寝疾，从事岐黄之学，又数年读《难经本义》，已而读《灵枢》《素问》诸篇，恍然于医易之同源。"固研心有年，略见大意，聊次其所及知，及素所闻见者，叙述为篇。"（《嵩崖尊生全书·弁言》）即著《嵩崖尊生全书》。

该书属综合性医书，成书于1690年，15卷，卷一气机部，记述五运六气；卷二诊视部，分析脉法；卷三药性部，介绍200余种药物性味功能；卷四论治部，从脏腑虚实、时令、药性诸方面阐述用药法则和服药法；卷五病机部，分析病机九十余条；卷六至十三按人体生理上、中、下部和周身部，分述多种疾病证治；卷十四妇人部；卷十五幼部。书中记述治疗方剂颇多。

该书合《内经》、伤寒》《难经》《脉经》《准绳》诸学以括之，撷张仲景、孙思邈、庞安时、陈无择、李东垣、吴又可诸家经验以发之，对医学基础理论、临证各种疾病作了全面叙述，且结合自己的研究与临床体验进行了发挥，取得了多方面的成就。兹分述如下。

一、析"医易同源"之说

"医易同源"之说早已有之，事实亦如此。《内经》与《易经》同源，其源同在思维方法上，即阴阳的对立统一思想。景氏先治《周易》，后读《内经》，数年后，"恍然于医易之同源"，并颇有卓识，他自已在《弁言》中也说："其于易医同源之理，或亦有一解云尔。"《弁言》曰："今夫天地间，不过此阴阳动静之理，消长变化之机，在天地与人身，原无二致，乾坤之阖辟，即人身之呼吸，昼夜之潮汐，即人身之脉息，故《内经》言五运六气，而民病因之。夫易以道阴阳，伏羲八卦，分两仪之象；文王八卦，明五行之精微。对待流行，交感错综。凡天地间之有形之气，有体有质，其变化不测尽之矣。乾尽于午，坤尽于子，当二至之令，为天地之中，而左右以判人身之左右，所以有升有降也。离尽于卯，坎尽于酉，当二分之中，为阴阳之半，而上下以分人身之上下，所以别清别浊也。圆图象天，其阳在东南，故天不足西北，人身之耳目，所以左明于右也。方图类地，其刚在西北，故地不满东南，人身之手足，所以右强于左也。要之，人身之配天地，不过此一阴一阳之道。而医理之赞化育，不过此为升为降之理。微阳宜养，而亢龙有悔，微阴宜惜，而坚冰可畏。所以阳极则热，阴盛则寒。微者甚之基，盛者衰之渐，故上工不治已然治未然也，宜降不宜升者，防剥之渐进；宜升宜降者，培复之死生。畏剥所从衰，须从观始；求复之渐进，宜向临行。盖不易以立其体，而后变易，以致其用。不通变不足以知常；不守常亦不足以达变。易医之理括于此矣。”实际上是在解析阴阳对立统一的思想，即阴阳的对立、互根、消长、转化之规律，并且用以说明人与自然的关系，说明医学中的根本道理。因此，景氏认为一个医家应该通晓易医之理，方可对医术运用自如。《弁言》又云：“业医者，诚能融合《内经》，合之四圣之书，则阴阳聚散，剥复消长，一以贯之，运一寻之本，转万斛之舟，拨一寸之机，发千钧之弩，易危为安，转乱为治。”当然，由于时代条件的限制，景氏上述所谓“圆图象天，其阳在东南，故天不足西北，人身之耳目，所以左明于右也。……人身手足，所以右强于左也”的说法，牵强附会，未能摆脱形而上学观点的束缚。

二、发脉诊方药之理

关于脉诊的新创见。医者皆知，公元3世纪王叔和著《脉经》十卷，确立了寸口脉法，即分寸、关、尺三部脉位，并配属了脏腑：左手寸关尺应心（小肠）、肝（胆）、肾；右手寸关尺应肺（大肠）、脾（胃）、命门。自此以下无有易其说者。然，景氏却有新的见解。他在其书《脉候十二脏部位辨》中认为：“以之候病，亦往往有合其谬于理者。”王氏所定脉位所配脏腑不尽合理，接着说：“二肠位居极下，而候于两寸至高之地，说无伦次，然犹能准病者，以腑从脏，理可通也。然而毫厘之差，千里之谬。设腑病而脏不病，吾未见其能合也。脏与腑犹主仆，脏不受邪，辄移于腑，故诊脏可以知腑。候二肠于两寸者，因主以知仆也，主安车而仆乘，主褴褛而仆馁，则其理也。若二肠之病，苟不至于结固而反上者，不能复还于本脏，但诊两寸，乌能吻悉？故自有《脉诀》而世人宗之，合者半，不合者亦半也。”从而道出了王叔和、高阳生之说的局限性。如何补这一不足、使之完善呢？景氏遵《内经》本文，参之以理，云“酌定部如左，幸高明择焉”。现将其新创见列于后：

“左寸：外以候心，内以候膻中。

右寸：外以候肺，内以候胸中。

左关：外以候肝胆藏之，内以候膈。

右关：外以候胃，内以候脾。

左尺：候肾之元阴，膀胱属水从之。大肠属金以金从水，以候之母隐子胎也。

右尺：候肾之元阳，命门属火从之。三焦属火为脏腑之总，肾为脏腑之本。以本从本，亦候焉。小肠属火从火，亦候焉。

左寸心脏之火通于右尺小肠命门之火。右寸肺脏之金通于左尺大肠之金。

心、小肠属血，肺、大肠属气，左右相通，故左亦有气，右亦有血。

左尺金水相生，而上左寸复下通于右尺，此先天之本。

右尺火土相生，而上右寸复下通于左尺，此后天之本。

左右上下终始无端，正合十二经循环之妙。”

景氏以五行生克、十二经循环之理，对脉位所应脏腑进行辨析，确有见解，医者若能以此参和叔和之脉法，并行不悖，融会贯通，则思过半矣。

关于方药的新发挥。首先是对“七方治病”之发挥。七方是指大方、小方、缓方、急方、奇方、偶方和复方。如大方有君一臣三佐九之大方，一般适宜于病有兼症而邪不一，不可以一二味治者；有分量大而顿服之大方，一般适宜于肝肾及下部病道远者。小方有君一臣二之小方，适宜于病无兼症，可一二味治者；有分两少而徐呷之小方，适宜于心肺及在上之略……景氏不以“七方治病”为满足，又“臆加四方”，且一一详加注释。“四方”曰：“重病轻方：久病元虚，如草木将枯，大其浸灌速其毙耳，细细沽濡，庶可回生。轻病重方：邪气初感，正元未亏，急用重剂，劫而夺之。反佐方：即从治也，如热在下，上却寒，则寒药中入热药为佐，下膈之后热散寒性得力也；寒在下，上有浮火，则热药中入寒药为佐，下膈后寒清热性得力也。顾忌方：如肾病，心气不足，肾药凌心，心益衰，故曰诛伐无过命曰大惑，治上必妨下，治表必妨里，黄芩清肺必妨脾，苁蓉治肾必妨心，干姜治中必僭上，附子补火必涸水。”

其次是对“十剂”之说的补充。“十剂”是唐代药物学家陈藏器依据临证病理变化，对所需药物进行的分类。其“十剂”为：宣可去壅，通可去滞，补可去弱，泄可去闭，轻可去实，重可去怯，滑可去着，涩可去脱，燥可去湿，湿可去枯。景氏又添立八剂：寒可去热，热可去寒（温亦热类），锐可下行，和可安中，缓可治急，主可主养，静可制动。

方药之用法，经过景氏的发挥、补充，更加完备了，并对祖国中药学、方剂学的发展产生了一定的影响。

三、泄千古治验之秘

该书收载医方约两千余首，包括引用前人的方、化裁古人的方和自己创制的新方，其中有许多是他通过自己的临床实践反复验证过的，因而在一些处方之首或尾加上“奇效方”“效方”“立效”“秘方”“验方”“神效方”“一方立愈”“百发百中”和“永不再发”等字样，真可谓泄千古治验之秘。为了提供读者研究应用，发挥社会效益，尽量多录一些。卷六《民病篇·上身部》：

〔脑〕脑转、耳鸣、目眩、胫酸、怠卧，治在填精益髓，熟地、牛膝、何首乌、山萸、菟丝子、补骨脂、沙苑蒺藜等分甚妙。

〔偏头痛〕石膏二钱　牛蒡子二钱　为末酒下大醉立愈。

〔一切头痛〕何首乌三钱　土茯苓一两　天麻　当归　防风各二钱　煎服立愈。

〔自鱼尾上攻头痛〕当归　川芎　连翘各三钱　熟地三钱　薄荷二钱　水煎沸吸其气候即服，安卧即效。

〔头发脱落成片〕当归　川芎　白芍　天麻　羌活　熟地　木瓜　菟丝　蜜丸盐汤下，外以菊花　薄荷　防风　藁本　藿香　甘松　蔓荆　荆芥　汤洗之。

〔白秃疮〕（麦硫散）小麦一升炒橘黄色，乘热搅硫黄末四两，白砒末一两搅匀，冷了加烟胶半斤、川椒三两，生矾、枯矾各二两，共为末，临用葱汤洗净，麻油调搽，纸盖三日一换，三次愈。

〔耳痛如虫在内奔走〕蛇蜕灰吹入立愈。

〔鼻流浊涕〕藿香枝叶五钱水煎，入公猪胆汁一枚，通口服，三服愈。

〔齿痛连脑〕羌活附子汤一服立愈。

〔满口牙出血〕枸杞为末煎汤嗽之，然后吞下立止。

〔失音、惊瘖〕乌梅、五味一敛即愈。

〔生津液方〕（神方）兜铃　水芹　旋覆花　酱瓣草具鲜煮取汁　薄荷叶　五倍

子各四两　捣作饼合，七日出白毛，又采前四种取汁，拌捣，待干，又拌汁捣，不拘遍数，每用五厘，入口津液涌溢。

〔劳嗽失音〕（诃子汤）诃子二个一炙一生　桔梗五钱炙半生半　甘草二钱炙半生半　童便水各半　煎三服愈。

〔喉痹口紧〕（急救验方）马兰根　捣汁入醋少许，滴鼻孔中或灌喉中，痰自开。

〔喉音如故但舌本不能转运言语〕体虚有痰（补康汤）黄芪　白术　当归　陈皮各一钱　竹沥　姜汁各一盏　一服效。

〔瘰疬〕用活鲫鱼破腹，去杂，将肥皂核塞满泥裹盛火中成灰，服一两，无不愈者。

〔瘰疬秘方〕核桃壳一个　生蝎二个　生蜘蛛五个　入内，线缠定，湿纸裹火煨存性，为末黄酒下，至重不过五服即消。

卷七《民病篇·中身部》：

〔吹乳杂方〕萱花根捣烂涂，或蒲公英捣烂涂，俱神效。

〔一切腹痛〕（黑神丸）芦巴　石菖蒲各四钱　皂角去皮弦二钱　面糊丸，每服一钱五分。

〔食积血块〕（神效化坚汤）白术　茯苓　当归　川芎　香附　山楂　枳实　陈皮　半夏　桃仁　红花　莪术　炙草　〔胀〕加莱菔〔壮人〕加三棱

〔肺痈勿论已成未成〕鲤鱼一个重四两去肠勿经水　贝母末二钱入鱼肚内，线缝之，童便半碗浸之，重汤水煮，至煎眼出为度，去鳞骨净肉仍浸童便内顿熟，作三次，一日便肉俱食之，速效。

〔久嗽不已百药不愈〕（立效方）五味四钱　贝母五钱　杏仁一两　冬花八钱　天冬一两　瓜蒌五钱　葱白七茎　川椒每岁一粒　苏梗一两　共为末，将猪肺一个入末于内，荷叶包蒸熟，五更作一次食，以薄烧酒蘸食尽，另饮陈甜酒少许，安卧至晓。

〔痰甚喘〕（神仙佳喘汤）黑丑头末一钱　明矾三分　皂角四分木香三分　人参一分　莱菔汁调下，十服愈。

〔劳碌气虚发喘〕胡桃不去衣九钱，人参一钱，杏仁去尖皮二钱，姜枣煎一盅带渣服，去大解一次，即效。

〔出涎清痰〕（秘方）大青梅破开去核，将明矾入内，竹签钉住武火煅，梅烬勿用，止用白矾轻白如腻粉，用出涎洁痰甚捷。

卷八《民病篇·中身部》：

〔被物惊心跳不宁〕（妙方）猪心一个劈开　入朱砂末于内，纸包火煨熟，食之大效。

〔身热盗汗〕（柏仁丸）柏仁　半夏各一两　牡蛎　人参　麻黄根　白术　五味各五钱　麦麸二钱半　枣丸，日二服愈即止。

〔吐血不止〕（立效方）血余灰二钱　阿胶二钱　童便　藕汁　生地汁　刺蓟汁各一盏　好墨磨水温服即止。（又方）生地五钱　郁金二钱　降香二钱　浓煎服，立止。

〔痔下血不止〕（神效方）白矾五钱　绿矾三钱　黄丹　灶心土各二钱　猬皮二钱　入罐内，炭火烧半日，候冷取出，研如粉，每空心服十丸。

〔肠风下血〕（神效奇方）蒲黄二钱炒　皂荚一钱　炒黄连三分炒　槐角一钱炒黑　棕灰五分　槐花二钱炒黑　柏叶捣汁　和药煎服。

〔足汗〕（矾葛散）白矾　干葛各四两　水煎洗足，五日愈。

〔吐血〕少阴寒，寒在肾，面赤口渴，不能饮水，胸烦，小腹痛，或不痛，或呕，用张仲景白通汤：附子　干姜　葱白　一服而愈。

〔衄血〕衄甚而久始，与吐血无异，黄芩二两　白芨二两　水丸，治久衄神效。

〔五窍出血〕耳目口鼻一齐出血，药不及煎，死在顷刻，先将水当面喷几口，急分开头发，则粗纸数层蘸醋令透，搭在囟门，血即止。次用当归二两煎好，磨沉、降香各五钱，加童便服，血自归经，然后以四物加人参五味丸服，可收万全之功。

〔经逆行或血腥、吐血〕服韭汁立效。

卷九《民病篇·中身部》：

〔腹胀忽泻日夜不止，诸药不效〕此气脱也，益智仁二两　浓煎，饮止立愈。

〔噤口痢〕莲子去皮心五钱　人参五分　水煎温服，二服愈。

〔湿霍乱发不可忍〕（诃子散）诃皮　炙草　厚朴　炮姜　神曲　苹果　良姜　茯苓　麦芽　陈皮各等分，入盐少许，煎服，一服即愈，老幼皆宜。

〔上吐下泻〕生姜三钱　熬水调六一散三钱（又）韭叶汁重汤煮，热服立止。

〔当歧骨之中痛者是〕（奇效方）小燕粪瓦上焙黄为末　每用火酒调下一分，连进三服绝根。

卷十《民病篇·周身部》：

〔浑身筋骨痛〕（立效散）当归五钱　生地三钱　茯苓二钱　木通三钱　故纸盐炒三钱　枸杞四钱　鹿茸炙五钱　生附子五钱　为末，作四服酒调下立愈。

〔贴走注痛〕（神效膏）牛皮胶一两水熔成膏　芸薹子　安息香　川椒各五钱为末入胶和膏，随痛处摊贴。

〔疯犬伤〕（秘方）木鳖子二个用泥沙，炒黄　雄黄五分　各为末和匀，每服一半，温酒调，临卧时服，永不再发。

卷十一、十二《民病篇·周身部》：

〔水肿，头身俱肿，腹并胀痛〕沉香　木香　乳香　没药各三钱俱笋上炙　琥珀一钱半　白丑头末生六钱　黑丑以牙皂汁浸半日焙半生半熟八分　槟榔半用皂角汁浸焙熟为末　以皂角水打糊丸如梧子大，每服二钱七分，五更砂糖煎汤下，神效。

〔治湿肿〕三年老黄米炒焦黄色为末　芒硝三两锅化炒干内熔为末　每用一杯和匀研细，大人三钱，小儿一钱二分，用黑糖白滚汤，空心调服，至午便一次，至晚再便一次，日久虚者间服陈皮　茯苓　白术　白芍各一钱　藿香　人参　厚朴　山楂泽泻　半夏各五分　甘草　猪苓各三分　女人加香附一钱　姜灯心煎服，至重不过五服愈。此二方百发百中，无不验者。

〔小儿瘟病〕遇时气盛行时发热、目吊、惊搐、发痉，宜太极丸：天竺黄　胆星各五钱　大黄三钱　麝香三分　冰片三分　僵蚕三钱　糯米饭丸如芡实大，朱砂为衣，凡遇疫症姜汤下一丸，神功。

〔水肿鼓病皆宜〕（秘方）大田螺四个　大蒜五个　车前三钱为末　捣作饼，贴脐中，以手帕裹之，少顷水从小便出。赤芍　葶苈　炒瞿麦各一钱　大黄一钱半　细辛　官桂　甘草炙各五分　姜枣煎。

〔痨病偏好一物〕（黑虎丹）此腹内有虫成劳瘵也。先服牛黄一钱　阿魏一钱木香五钱　鸡肫皮焙二钱　使君子四两　合前末面糊丸，追虫后服，滋养补脾之药，神效。

〔阴毒不肿、不疼、不热、不红，但坚硬者〕（回阳汤）炮附人参一钱　黄芪当归　川芎　茯苓　枸杞　陈皮　萸肉各一钱　木香五分　甘草　紫草　厚朴　苍术　红花　独活各五分　皂角树上白皮二钱　煨姜三片　水酒各半煎，三服取效。

〔肿毒初起，寒热骨痛，呕恶，似伤寒〕（梅花五气丹）冰片五分　麝香五分轻粉　辰砂各六分　乳香　没药　血竭　雄黄各一钱　鲜酥自取蟾二钱用男□调　将上药为末，入酥乳汁内调丸，即刻晒干，用川椒、灯心同药收藏瓶内，以蜡封口。凡遇恶疮大毒，用葱白食后嚼下，然后将药丸放舌下，睡暖处盖被药化徐咽之。

疮大者二三丸亦可，即得汗而愈。寒月将葱白汤偈之如暗疔势，急用葱白煎酒一杯，研药五丸灌下，其效如神。此外科第一奇方也。

卷十三《民病篇·下身部》：

〔一切腰痛〕（立金汤）杜仲五钱　故纸四钱　萆薢三钱半　当归一钱半　续断二钱　牛膝二钱　木瓜一钱半　炙草五分　胡桃肉一两五钱，一半同煎，一半嚼下药　酒二碗煎加盐下，连服二服立愈。戒房事。

〔下部一切疼，并鹤膝风〕附子炮一两　当归　天麻　牛膝　枣仁　熟地　防风各二两　全蝎一两　麝香一钱　乳香　木香　没药　羌活　炙草各五钱　槟榔　萆薢　肉苁　故纸　巴戟　苍术各一两　蜜丸盐酒下七十丸，近者七日，久者半月见效。

〔两臁生疮〕皆忧郁亏损，肝脾湿热下注，外邪相侵而作，外臁足三阳易治，内臁足三阴难治。初期发肿赤痛，属虚热外邪，人参败毒散，若漫肿作痛，或不肿痛，或色黯，皆脾胃虚寒，补中益气汤；疮内出血不止，脾虚不能统血，补中益气最妙；有两臁如癣，瘙痒久，则脓水淋漓，名肾脏风，用四生散去风邪：白附子　黄芪　羌活　沙苑蒺藜，用猪腰子批开入药，湿纸包煨熟，盐汤下，再用六味丸补肾水，永不再发。

〔小肠疝气〕（神验方）白术　茯苓　朱苓　泽泻　官桂　小茴　川楝　木通　山楂　槟榔　海藻　橘子　昆布　橘核等分

〔疝气偏坠不向左右〕（效方）川楝　木香　苍术　石菖蒲　大茴各一钱　为丸，每服三钱，空心盐汤下，安卧片时，微汗即止。

〔一切疝气外肾肿〕栀子一钱盐炒　益智七分　橘核一钱　槟榔五分　荔核八分盐炒　小茴香一钱　共为末，烧酒调服二钱立愈。

〔二便不通〕皂角末和葱白须共捣，加蜜少许，麝香二分，摊贴脐下至毛际即愈。

由于篇幅所限，只能录此五十余方。

景氏对运气学说亦很有研究，且专设一卷，立于诸卷之首，惜本篇已够冗长，不再赘述。

刘 璞

刘璞，字石友，号尔琢。明乡贤方伯公汉儒曾孙。天资高亮，学行纯粹，贡于成均[1]，不乐仕进。少孤，足不履市，闭门谢客，图书数卷而已。事孀母以孝闻[2]。母病，昼夜伏榻，夜不解带百余日，吁天以身代[3]。病良已，抚其幼弟成立，心力俱殚[4]。性多施予，每腊底及二麦前，辄发粟，减价售。遇贫者不取值。亦不问其姓氏，岁以为常。家开义塾，延名师督课，里中子弟，咸令就学，所成就不可数计。精于医理，要求诊视者，无论雨雪，必旨其家。贫者即裹药与之。所著有《医学集要》六卷行于世。（见《沈丘县志》）

刘璞因病而钻研医学，且造诣日深，具有丰富的治学经验。《医学集要·自序》云："余家以诗书为世业，从来不知医。至壬辰岁（1652年），余患疮症，几至不起，幸□庠蜚立张君[5]，百方调摄，始得再生，真起枯骨而肉之。于是领略其教旨，潜心此中，二十有八载，斯知医之一道阴也，阳也，为病不过风寒暑湿燥火六淫之外感，喜怒忧思悲恐惊七情之内伤，其发过也，有脏腑表里阴阳气血，虚实标本之别；则用药也，有补泻温凉，轻重缓急，升降浮沉之妙。全在医之能晰能断，神而明之。果其了了指下，对症投剂，则捷如桴鼓，岂不谓活人之术哉？无如学者，不多读古人书，或固执己见而强恃聪明，思博一日之名，或好奇立异而卤莽苟且，此乃以活人之术而反害人也。独不思望闻问切，古人于此四字，缺一不可。今人何得辄以药试人而不详且慎欤？茹茫无主见，头痛救头，脚疼救脚，当补而不敢邃补，当攻而不敢邃攻，比又过慎者之误人，其害亦后不浅。医之一道诚阴也，阳也，途不避踈拙，苦心揣摩，或博采前哲，或近宗名流，编帙未敢木，恐人嗤其妄。不幸长男申以清弱之姿，抱凌云之志，于辛酉（1681年）负笈新蔡，思图大业，因心力过劳，火载血溢，而医不为之清心清补，以致阴脱阳亡，后反谬为外感。及余至，则大势已去。虽曰进补剂，终成难挽。庸医杀人，何须操刃？故敢述不得已之意，以质诸同人：惟愿临证时，恪遵前人之法，求其当，无务其奇；不厌详，勿失之躁。是即今之越人也。区区一得，幸勿以管见鄙之。"

刘璞的医术异常高明，对症投剂，效如桴鼓。刘璞的医德亦异常高尚，对病人精心治疗，从不计较名利。如“赐同进士原杭州令沈人刘祖向撰”《序》曰：“……凡寒热虚实之理与标本岁时之宜，网不洞悉源流，就亦未尝辄试也。偶遇病者，不忍其一误再误，投以一剂，沉痼立起。如吴姓伤寒后闭癃待毙，诸医皆利之不应，而独以参、苓、熟地、麦冬、牛膝服之，溺如泉涌。一妇人产后，两手肿裂流血，治以四物加荆芥、桂枝、白苓，一服血止肿消。庠彦郭辟图，夏月偶病，误服破气开滞之剂，致怪证丛出，自谓不起，而以归脾汤、还少丹治之全安。此皆为所目睹者。用药虽云至平，而获效最著，因而造请者无虚日。几至忘寒忘暑，废寝废餐，医名大著。”而且刘氏“不重名，不计利，惟以拯世济人为心”。再如“同邑唐远任”作《序》曰：“邑人士有沉疴痼恙，为时医所不能疗者，投以汤液，无不冰消雾散，或疼症奇疾，虚实莫辨，补泄无从，一往质之，指下了然，判若黑白。数年来起白骨而肉之者，未易更仆数，且寒暑不惮躬亲，贵贱弗忍异视，不弋名射利，不伐善施功，真立人建人，己饥己溺之心也。”

刘氏之著作《医学集要》成书于1682年，一函六册。流传下来的原版书，珍藏于中国中医科学院图书馆。

《医学集要》是一部非常重要的医学临证著作。唐氏《序》中刘氏话说：“予攻苦此道，二十有八年矣！诊视捷法、经验奇方，悉在是书。简练揣摩，心血为枯，成是集非易易也。”唐氏《序》对此书评价曰：“一展阅之，振裘挈领，披蜕导窍，视他书之浩瀚纷颐，不啻暗室一灯也。”

该书具有以下三个特点：

一、简要的杂证读本

《医学集要》是一部简要的杂读本。因为，就笔者所见该书一函四册而言，第一册好似现代《内科学》之总论，包括《十三幅脏腑图谱》《四幅经脉图》和《人身中部位》《症治大略》及《脉诀》数篇，简论脏象学说、脉法、药性与症治纲要。第二册包括中风、类中风、痉病、瘛疭、伤寒、感冒等六种病。第三册包括寒症、火症、气症、痰症、湿症、中暑、温疫、疟疾、痢疾、泄泻、霍乱、嘈杂作酸、痞满、鼓胀、水肿、咳逆、呕吐、噎塞反胃、积聚、痞块、黄疸、膈病、哮喘、郁结、梅核气等二十五种病症。第四册包括惊悸、怔忡、恐、健忘、不寐、汗症、眩晕、癫狂、痫症、疮疡等十种病症；又包括补方、膏药方、杂方等内容；还包括《妇人科》之脉、经水、血虚、众疾、妊娠、临产、产后良方，以及《小儿科》之初生、急惊、慢惊、呕吐、泄泻、痢疾、疳疾、喘急、小便不通、大便不通、白秃辣杂疮、麻疹等内容。看来几乎概括了主要的常见病与多发病。

不仅如此，而且对每种病的病因病机、诊断要点和治则方药均作了简明扼要的论述。如对“中风”有如下论述：

“风症良由内伤而外邪之也。经云：‘邪之所凑，其气必虚。’可知风是乘虚而入。其中也，有中府、中藏、中经脉之分。每见中府多于藏。热急者，不拘中藏、府、血脉，以吐为主，使胸中郁邪解散，清气升而神明外达，身得心主，始可据脉审症用药，在表者汗之，在里者下之，痰者化之，火者清之，气者顺之，设挟虚者口补血气，茹症在口似，无如先服藿香正气散，不可轻用乌附脑麝等药，倘非真中风而散正气也。如牙关紧闭、两手握固，即是闭症，宜苏合香等药开之；如口开手散，眼合遗尿，声如鼾，或握头直视，上擤吐沫，面赤如妆，汗出如油，乃是脱症，急用参附大剂救之。有日久但闭目，茹醒不醒者，气虚极也，参附汤；如有痰声，少加胆星、木香、白附子开之。”

再如对“类中风”的论述：

“火中，由热拂郁于内，昏倒，脉数。

气中，七情过极，气厥昏冒，身凉无痰，脉沉应气口，非同中风之身温，有痰涎，脉浮应人迎。

寒中，口噤、肢冷、吐沫、脉细微。

暑中，面垢汗出，手足微冷，或吐泻喘渴。

湿中，由受湿生痰，痰生热，热生风。

食中，因醉饱后着怒，以致气寒胸中，藿香正气散，盐水入皂角煎汤探吐。

虚中，乃劳役耗损元气，以致痰生气壅，补用独参汤加熟大附子，肾虚，气不归元，八味丸料，加人参、黄芪煎服。

恶中，或登冢入庙，吊丧问病，卒中不正之气，厥冷面青，肌肤栗起，牙闭口噤，木香调气散合平胃散。”

刘氏对于其他疾病的论述大约如此。

就中风而言，刘氏分为真中风和类中风。真中风者，又从中血脉、中府、中脏立论；入脏入府者又有闭证、脱证之别。因证不同，方药各异。类中风又有火中、气中、寒中、暑中、湿中、食中、虚中、恶中之不同。看来，刘氏有关中风的理法方药的认识是正确的，又是简明的。当然，刘氏之后，医家对中风名义、中风的发病、中风的病变及中风的证治的认识又有所发展，如对中风的名义就有新的认识，清朝医学家姜礼在其著作《四大证全书》中认为，应从中风病的内在病变来考虑这一问题，不能胶固在风之一字的命名上，如果一定要讨论以风命名之义，只是有如疾风迅发之义而已。姜礼这一见解，是比较高明的。如此等等。但后人不能苛求前人。

二、珍贵的症治荟菜萃

本书第二个特点是刘氏写了《症治大略》篇，这是他数十年中，苦心揣摩、博采前哲、近宗名流的结果，是医界症治之荟萃，医家之箴言。请阅其全文：

“经云：必先岁气，无伐天和。望闻问切宜详，补泻寒热须明。升降浮沉则顺之，寒热温凉则逆之。病在于阴毋犯其阳，病在于阳毋犯其阴。病在于表毋攻其里，病在于里毋虚其表。治上不犯下，治下不犯上，治中上下俱毋犯。补上治上制以缓，补下治下制以急。用热远热，用寒远寒，中病即止。热因寒用，如寒在下，而上有火格，热药中佐以寒药。寒因热用，如热在下，而上有寒格，寒药中佐以热药。热应寒疗热反生，寒应热治寒转甚，此喜攻增气之害。治寒当益心阳，治热宜滋肾水，此求本化源之妙。塞因塞用，如虚胀用参术。通因通用，如挟热利用承气汤。实热泻以苦寒，虚热治以甘寒，大虚补以甘温。外寒散以辛热，中寒益以甘温，大寒佐以辛热。气病，实则宜降宜清，虚则宜温宜补。血虚则热，补之以清。血热则瘀，消之行之。因气病而及血，先治其气。因血病而及气，先治其血。积聚宜消，须先养胃气；有邪宜祛，须先随时逐散。虚证如家真虚，积累无速法。实证如寇在家，急逐无缓法。至实有羸状，不可遽补。至虚有盛候，不可反泻。先病为本，次病为标。缓则治其本，急则治其标。病发不足，标而本之。先治其标，后治其本。阴阳之要阳密乃固，此阳密则阴亦固，斯重阳也。无阳则阴无以生，无阴则阳无以化，补气在补血之先。见瘦休治瘦，见血休治血，无汗不发汗，有热莫攻热，喘生毋耗气，遗精莫涩泄，明得箇中趣，方是医中杰。”

《症治大略》仅五百余字，把前人的症治精华与刘氏自己的症治经验熔于一炉，实医者之指南矣。若能把握真谛，并能推而广之，便可临证胸中有数，收到好的效果。

《症治大略》的内容，多来自《内经》。如“必先岁气，无伐天和”；“用热远热，用寒远寒”；“塞因塞用，通因通用”；等等。也有的来自其他医家的著述。如文中最后句：“见瘦休治瘦……方是医中杰。”便是医家王应震的话。这段话似乎难以理解，这里略加解释。因为痰、血、无汗、发热、气喘、遗精等病，都有各自不同的病本，必须先探明其病本之所在，然后议治，方能根除。试以痰为例，须知脾为生痰之源，肺为贮痰之器，脾恶湿，湿胜伤脾，脾阳失运，聚湿生痰，上贮于肺，治宜温运脾阳，健脾理湿为主。又有阴虚火炽，灼液成痰，治宜养阴清火为主。若是命门火衰，水泛为痰，又须温纳肾阳为主，痰液虽同，而病本各异，所以说见痰不要单纯地去化痰，应当探本求源，从根本上去解决。如此，“明得个中趣，方是医中杰”。

三、收载众多奇效良方

《医学集要》应用处方数百首，单《妇人良方》就达70余首。其中有许多是奇效良方。兹录几首如下：

（1）定喘奇方，治痰火壅盛：

橘红二两　明矾五钱同炒香去矾　半夏半两　杏仁　瓜蒌各一两　甘草炙七钱　黄芩五钱　皂角三钱泡去皮弦为末　浸姜汤打，蒸饼，糊丸，绿豆大，每食后白汤下一钱。

（2）调中健脾丸，治腹胀膈满大有奇功：

白术六两土炒　人参　白芍　苍术制　五加皮炒各二两　茯苓　半夏制　香附小便浸　苡仁炒　山楂炒各三两　黄连　吴萸水浸炒　泽泻各一两　末之，用大腹皮、荷叶煎得，打米糊丸。

（3）遇仙丹，治一切积滞：

白牵牛头末半生半炒四两　槟榔一两　茵陈　蓬术醋煮　三棱醋煮　牙皂炙去皮弦子各五钱　末之，醋糊丸，豆大，每服八分，渐加至一钱五分，姜汤下，后随以米粥啖之。

（4）无名恶疮疔毒，未溃立消：

当归三钱　防风　枳壳　甘草各一钱五分　黄芪五钱　金银花一两　酒水各半煎服，微汗。

（5）消毒饮，治一切疮毒未成立散，已成立消：

地丁　金银花各五钱水三碗，煎碗半，去渣，加陈皮　白芷　花粉　甘草节各一钱　入酒一碗，煎半碗，去渣，又加乳香　没药各八分　贝母一钱　穿山甲六分　蛤粉炒八分　煎，热服。

（6）接骨丹，此方为一贫寒家藏，屡试有效：

当归　半夏生各五钱　抓地龙四两烧灰　乳香　没药　千里马路上破草鞋烧灰二两　血竭　儿茶各三钱　蝉蜕二十个炒　蛇蜕二条先炒后又烧　陈棕两烧灰存性　共为细末，随用之多少入陈醋内熬，再加白面少许熬成膏摊纸上，乘热贴患处，一日两换。

（7）奇效肥儿丸：

陈皮净洗一两　青皮醋炒　神曲炒黄　麦芽炒　槟榔　黄连姜汁炒　使君子煨各五钱　木香二钱　末之，水跌丸，芡子大，每服一丸，米汤化下，十岁者二丸，冬月姜汤下。

纵观刘氏的阅历，说明他是一位医德高尚、医术精湛的医学家，他的著作《医学集要》虽然称不起医学理论著述，但确堪称为一部简要的临证读本，特别是对初学者大有向导意义，同时也颇具临床实用价值，也是应该挖掘整理的。

注释：

（1）贡：荐举。成均：西周的大学。唐高宗时，改国子监曰成均监。后人亦有称国子监为成均者。本文即为国子监。

（2）孀：寡妇。

（3）吁天（yù）：呼天诉苦。

（4）殚：竭尽。

（5）文中“□”皆原文脱字，以下同。

袁 句

袁句，字大宣，别号双梧主人，清代河南洛阳人，于1753年撰《天花精言》，1755年刊行。全书共六卷，卷一至卷三专论痘疹的治疗；卷四为痘疹图说；卷五论药性；卷六备用诸方，共录验方11首。此书又有四卷本，名《痘症精言》，内容略有增补。

有关袁氏生平史实，记载很少，仅能从他1753年农历六月二十五（乾隆癸酉六月二十五）所写的《天花精言小引》（以下简称《小引》）和李廷于1798年农历六月（嘉庆戊午六月）为“萱茂堂重梓”所作的序中窥其概略。

《小引》云：“医书之多，汗牛充栋，先儒固以备言，后人何容置喙乎？独痘疹一门则气运不同，治法亦异，往往各有专长，而其实不无小偏者。予生平儿女辈，半伤于痘。每见出痘之儿，辄触目而心伤之，爰究心此道，于今已十六年矣。考之前人，参之己见，辨其两实两虚，察其偏胜偏逆，因其经络，定其部位，考其颗粒，参其颜色，而后即其症候，投以药饵。私心揣摩，恒期不悖于古，而又不敢株守乎成见。故每当痘症盛行之时，至亲好友不能辞，其间不无幸中一二者。癸酉夏日，予以将次谒选，为北上计，惧无暇再理其业，而十六年之心血，竟抛弃于一旦也。爰随笔志，而谬为友人所许，美其名曰《天花精言》。磋乎，予何敢言精哉！倘阅是书者能鉴予之苦心，其相指摘，以匡其所不逮，是则予之所探望也夫。”由《小引》得知袁氏由于其“儿女辈半伤于痘”，而“究心此道”，并于16年之后，撰著此书。得知他治病与著书的情况，以及其“恒期不悖于古，而又不敢株守乎成见”的治学思想。

《李廷序》曰：“洛阳袁大宣先生，文行气谊，卓卓有以自异于人，而襟怀高洁，性情直亮，有南轩实之风，官西曹。日与家随轩兄昕夕过从，称之莫逆交。论文之暇，间及医理。其诊脉用药，皆时下学折肱者所未梦见，而于痘疹一门，尤为神异，似是名噪京师。有叩于门者，不论贫富贵贱皆往，间遇险逆之症，每拉余往观，就其发端，及受病之处，以断吉凶不爽。晷剂其所论断，多前人所未有也。

先生曾述其读书嵩少时，遇异人于石室中，虔心请业年余，始授以文章五十三，参及医宗三昧焉。先生以一身承四祧，而生子又屡以痘殇。是以尤专心于痘疹。《天花精言》一书，自小儿发热起，至结痂止，顺逆平险，论辨详明，就其书悉心看视，百无一失。先生居家立朝，无一不以人为念，即此书已可见一斑矣。余旧藏十数本，为人索借殆尽，特为重梓，以广其传。”由此可知袁氏品德高尚，医术高明，且名噪京师（说明其在北京一带行过医），他以文为主，“间及医理”，但又在嵩少读书时曾向“异人”学过医，他父辈四门单传，由他一人继承，然而又遭不幸，子女“屡以痘殇”；他做过官，并“官西曹”；其书曾多次再版，广为流传等。

在讨论《天花精言》之前，有必要简略地介绍一下我国人民同天花做斗争的历史，以便更好地了解袁氏及其著作在医学史上所处的位置。

天花病，又名痘疮、天痘、天行痘、豌豆疮、登豆疮、鲁疮、虏疮、百岁疮、天行发斑疮等。是一种烈性传染病。天花据传发源于印度一带，我国晋唐以来才见记载。晋代医学家葛洪在其《肘后方》中，称此病乃建武中于南阳击虏所得，始呼为“虏疮”，且描述了天花的症状。宋以后，天花日益猖獗。元明以来，几乎每人都难以幸免。人们在同天花长期斗争中，逐渐积累了防治经验，出现了几十种专题著作，发明了人痘接种法。这种方法于17世纪推广于全国，同时又远传海外，成为人工免疫的先驱。

1796年，英国贞那发明了牛痘接种法。从而取代了人痘接种法。牛痘接种法于19世纪初传入我国，给我国人民同天花做斗争增添了新的武器。新中国成立后，广泛地开展了群众性的种痘运动。

1960年，我国云南发生最后一例天花患者。1979年7月，全球消灭天花验证委员会主席来我国考察，确证我国已无天花。1980年5月召开的第13次世界卫生大会，正式宣布全球已消灭天花。至此，危害人类几千年的天花随着医学科学事业的发展，终告绝迹。

在同天花的斗争史上，河南医家撰写了许多专著。有明代廖作栋的《痘疹指掌》、冯国镇的《痘疹规要》、清代李鼎玉的《痘疹》、蔡临溪的《痘疹要论》、朱光熙的《痘疹摘锦》、陈青云的《痘疹条辨》、王似之的《痘疹慎始集》、张同仁的《痘疹备览》、吕田的《天花精言绪余》、王启文的《痘疹辨症》、王心一的《痘疹新集》、薛灿的《痘疹新法》、杨永锡的《痘疹详说》

等。本篇要介绍的《天花精言》正是这众多的天花专著中的一部。虽然说今日天花已告绝迹，但是以上医家及其著作在天花斗争史上的作用是不可泯灭的。尤其是袁氏给后人留下了宝贵的精神财富，很有必要加以学习和发扬。

一、不悖于古，又不株守成见

袁氏云：“私心揣摹，恒期不悖于古，而又不敢株守乎成见。”（见《小引》）这是他对自己的治学思想的高度概括。这一思想是正确的和科学的。它既是原则性与灵活性的统一，又是对“古”之继承与发扬的统一。他同庸医迥异。一些庸医要么墨守成规，要么背弃医学理论。整体观念和辨证论治是中医两千年前就有的基本理论，袁氏忠实地将其运用于天花的诊治方面，而且十分自如。如该书卷一《痘形论》说：“痘之形孰吹虚之鼓铸，领毒而出者也，而各种形象不同者，为实为虚之分，各经各络之别也。然观其形，犹必察其症候，考其象，更须究其神情，症候与形象合，而真伪辨矣。神情与症候合而疑似昭矣。”即是说，在辨痘形时，即要辨虚实、经络之别，同时又要从整体观念出发，做到“神情与症候合”，这样才可做出正确的诊断。袁氏在辨痘色时也是如此。卷一《痘色论》说：“吾愿看症者，辨其颜色，合之病候，兼之神情，为虚为实，为浅为深，会之于心，而疑似不能淆。”袁氏尤其强调辨证。如卷一《头面周身部位论》，对无视辨证论治的医生提出了尖锐的批评，说：“世之论痘者，大抵先观头面，次观周身。头面之部位不明，未悉某处为某经之位，而概曰上焦火旺，混而施之，不得其要，未有不南辕北辙者。周身之部位不分，遥论乎某位某经之发，而统曰脏腑火胜，纷而投之，不得其宜，未有不张冠李戴者。”为此他极为感慨，说：“呜呼，以此治痘，设遇大敌，一味攻之破之，不遗余力治之而不效，束手无策矣！”他又向治痘医生诚恳地提出了自己的意见，曰：“吾愿治痘者辨头面周身之部位，则知何处之痘，为何经所发而用药，自有把柄，不至无适从焉。”而他自己实际上已成为一般治痘医生运用辨证论治的典范，正像他在《小引》里总结的那样：“考之前人，参之已见，辨其两虚两实，察其偏胜偏逆，因其经络，定其部位，参其颜色，而后即其症候，投以药饵。”为了使痘科医生重视辨证论治，以免照搬成方，而不去认真研究医学理论，所以，他又打破以往医著“皆有成方”的惯例，基本上不载治方。卷六《备用诸方论》说：“从来医书皆有成方，而此书独不载方者何也？盖病无定形，方难预度。每有执前人之方，穿凿附会，强为袭取，而认证不真，疑似影响之间，遂成毫厘千里之谬，而反归于前人者不知凡几。由此观之，与其定方，何如辨药，药性与痘症两相合方自成矣。予之不敢著方者，恐执方以治，人衹知用方，而不知审证故也。”这样的认识是很有见地的。因此，仅录前人之方11首，“以备采择”。

袁氏在学术上一方面“不悖于古”，另一方面又不株守成见。卷二《攻读凉血论》指出株守成见之危害，云：“今之治痘者，动云攻毒莫嫌其早，清火贵及其时，株守其说而不知变通。于是前三日内凉药俱不敢用，七八日间一味清凉而不用攻伐，众口一敌，牢不可破，此痘之所以多破也。”正确的做法应该是：“治痘者或攻或凉或清，随时而察，因症而施，不必论其前后，何须定以日期，攻之凉之清之，各善其用，不胶于一。”卷二《倒发论》云：“如何发之，则又不可拘滞，而相机而动。”卷三《治法总论》云：“盖治痘之法，曰补气，曰养血，曰攻毒，曰凉血，曰清火，曰解表，曰升达，曰透毒，尽于此矣，而运用之妙，则有机关，在眼会通，在心变化，在手而成见，不敢少拘者。”卷三《痘证始末论》云：“痘之规则……但安（按）常处顺，可以循规而蹈矩。破格出奇，贵乎通常而达变，神明于规矩之中，虽屡易而不逾其则，通达乎经权之用，即守常而不胶于一。”以上不“守株”“胶于一”“不敢少拘”的思想是很可贵的。不悖古，学术发展才有根基。不株守，学术发展才有动力和方向。正由于他“守常而不胶于一”，因此在痘科做出了重大成绩。这就是他的治学思想。

二、究心此道，以济人为念

上面研究了袁氏的治学思想，那么“究心此道”“以济人为念”则集中地反映了他的高尚医德。本文前面已录其《小引》。《小引》里有这样的话：“每见出痘之儿，辄触目而伤之，爰究心此道。”可见他是为了救死扶伤而学医的。《李廷序》云：“先生居家立朝，无一不以济人为念。”“有叩于门者不论贫富贵贱皆往。”可以看出他一心一意为病人着想。从本书内容也可了解他的“菩萨”心肠，而且感人肺腑。如卷三《休息痢》说：“每见症后之儿死于此条者，不知凡几，而治之法，则又时而用攻，继而用补，而不得变通之道，予之所以目击心伤也。”卷三《鹤膝论》云：“治者不究其源，见其虚肿，多认以为对骨生疖，犹欲封贴而使之消，岂不误哉？……其腿必坏，终身废弃矣，岂不惜哉？”卷二《痘疤论》云：“呜呼！曾以思孩之死于痘后者不知凡几。则奈何不详审其疤盘而为之图于未疣也？”他告诫治痘者应慎之又慎，审之又审，以期取得满意疗效。如卷二《十日开目无神论》曰：“吾愿治痘者，总于五六日间，留心体验，观其气血转变之由，酌乎药饵转变之宜……斯不至有不继之患矣。”卷三《各经余毒论》说：“吾愿治症者于此或当发热，而细心考究，绸缪未雨之先，或既见症而加以寻思斟酌于顺事之际。”且引孙思邈语：“胆欲大而心欲小，智欲圆而行欲方”，以示医者。他对那些粗枝大叶不负责任的医生表示遗憾，甚至愤慨。如卷二《痘痂论》云：“谓痘已成痂，便可告竣，即有毒亦不过皮肉之间，无甚关系，往往以轻忽之愈，使毒气酝酿转而内攻，卒成不解之祸，反以为痘后变症。嗟呼，吾谁欺哉？吾谁欺哉？则奈何不深视，夫结痂之景象而粗率若是乎！”这是以高度的责任心对那些不学无术、不负责任的庸医进行鞭笞。为了使医者便于掌握要领，得所适从，该书每一篇都条分缕悉，详其节目，探本穷源，究其纲领；对每一种不正确认识，皆分其由来，详著其错误；对每一种症候，均明其不治之害，著其兼治之妙。要求医者要有胆识，要有较高的思维水平和熟练的技术。如卷一《隐伏发扬论》说：“胆力固期壮，识见不可不精。有扎硬寨打死仗的手段，而后可以临大敌；有出奇制胜随机应变之智谋，而后可以除枭寇。心灵手活，见景生情，是在人之善领悟耳。”袁氏在卷二《痘疤论》中宣布他行医的宗旨为：“仁人君子之用心真，于万难措手之地而冀幸于垂危者也。”这既是他美好心灵之表露，又是他对医学界之期望。

今日天花绝迹了，但袁氏的治学思想、医道和高尚的医德仍有现实意义。

李守先

李守先（1736—？），字善述，长葛人，清代中叶针灸名医，著有《针灸易学》（亦称《绘图针灸易学》）三卷。嘉庆三年（1798年）成书，道光二十七年（1847年）刊行。1985年收入《中医基础丛书》第一辑。

该书上卷述针灸源流，手法与认症定穴；中卷述十二正经循行路线及穴位图，奇经督任图及奇经各穴，经外奇穴等；下卷为七十二番图说。

从该书的题名便不难辨别它是一本针灸普及性的读物。作为专门给初学针灸者所写的书，它具有以下两个特色。

一、苦口婆心，劝习针灸

中国的知识分子，无一不熟悉《荀子·劝学篇》，此文阐述教育思想，强调教育可以培养人的美德，学习应该“锲而不舍”，专心一致。这种思想，在我国教育史上，产生过积极作用。古代的医学家也留下了许多治学名言，激励着后人。李守先的《针灸易学》，实际上是清代针灸学术界的“劝学篇”。他苦口婆心，劝人们学习针灸，同样有一定的影响。其内容归纳为四方面：

（一）明意义，即阐明学习针灸的意义

“自序”中说：“针灸之法尚矣，惟圣于医者能得其全，下此而能因易入难，推所已知，及所未知，当其应手，亦可有功于世，比于哲匠无二效也。”就是讲针灸的治疗方法有悠久的历史，只有学问渊博的人能全面掌握，其他人只要能由易到难、由浅入深地学习，一旦熟练，也可以为社会做出贡献，同有才智人相比功效是一样的。这同宋代大政治家范仲淹所说的“不为良相，当为良医”的涵义是一样的。

（二）消疑虑，即帮助消除学习针灸的种种疑虑

当时学习者的顾虑主要有二：一曰古书深奥难懂，二曰害怕出现晕针。“自序”说：“近有习之数年，不能用一二，针一二病者，盖其书古奥难窥，一人认

穴繁而且碎，句不可读，读记，指归要领，求之无从，兼怵其晕针之说，手法不明，往往中止，业以难废，其惟不由其序之过也。”李守先认为以往的针灸书确实存在难懂的问题，但是可以解决的。他在“自序”里讲述了他自学成才的过程：“先（即李守先）少学针灸，六年未尝一日少懈，特无名师口授，总不信心，以为非吾能事也。至乾隆五十一年（1786年），先已五十一岁，时疟疾十人而九，择其少壮医之，治三效一。更日治五效三。由此复究其书，而无不效矣。计二十二日，获效四百三十七人。后学治杂症，有效有不效，用针多则内有约略，且更考核诸先辈之书，医十得三者有矣，医十得五得七者有矣。此已因易入难，推所已知，而及所未知者也。至于深远详细，吾未有得，惟圣者能之耳。兹将古法者之于前，愚见列之于后，浅而易知，显而易明，名曰针灸易学，以为后之君子便览之资云尔。”李守先现身说法，用心良苦。《针灸易学》的成书，可帮助学针灸者打消“古书深奥难懂”的疑虑。

有关怎样解除“晕针”的疑虑，李守先在本书“卷上·论合法”条说：“今人习针少，而用药者多，恐晕针也。独不知晕针者无不获效。用药不当，难以保全。针与药较，针易而药难也。胡不学？”

又说：“晕针神气虚也。古云色脉不顺而莫针，并忌风、雨、雪、阴天，及醉、劳、房事、惊、恐、居丧之人。先（李守先）治三千余个，男晕针者十六人，女晕针者一人。初以指甲掐病人十指甲盖上一分肉上，晕者即醒。今以指甲掐病人鼻下正中肉上，醒而方去，较前更捷，然晕针者必获大效。以血气交泰之故，俗语针不伤人，此之谓也。”以上讲了产生晕针现象的原因、出现晕针时应采用之手法，强调“晕针者无不获效”。因之，对晕针的疑虑可以消除了。

（三）树信心，即对初学针灸者进行鼓劲

上面已引录李守先的话：“……针与药较，针易而药难也。胡不学？”另在“卷上·手法歌”一则更贯彻了这个精神：“三阴三阳气血分，凝滞全凭用金针。左指点穴知真所，右手持针须静心。补要久留虚不虚，泻要去疾实不侵。转左阴中能生阳，旋右阳中可生阴。发明素难真玄妙，景仰岐黄秘诀深。诚欲劳心劳力学，必往愈明愈哲亲。譬如闭户造车辆，出门合辙值千金。企望志士细推此，机秘千载有知音。”读了这段文字，着实能使人精神大振，信心倍增。

（四）讲方法，即同初学针灸者谈学习针灸的方法

为此，李守先在“自序”后，特别“附书一则”，介绍了自己的宝贵治学

经验。他写道："先（李守先）少学针灸，或止之曰穴难不知。难不在穴，在手法耳。明于穴而手法不明，终身不医一疾。明于手法而因症寻穴难者多而显而易知者，亦不少矣。如十二井易知也，五募八会五俞易知也，八脉主穴易知也。得一二穴，从此以尺量之，以类推之，由浅入深，因此知彼，而医亦成矣。"因此，他提倡习针灸"首学手法，次学认证，而以寻穴为末务"。这是因为腧穴显而易知之故。为此，《针灸易学》之卷上，首论针刺手法，如持针、定神、补泻法、退针、合法等；次论认证，如灵枢杂证、纪氏治法、行针指要、百症治法、胜王治法、天星秘诀、肘后治法、玉龙治法、妇人科、小儿科等；而于卷中再次论寻穴，如怎样寻穴，十二经穴、奇经各穴、经外奇穴等。

二、浅而易知，显而易明

浅而易知，显而易明，是《针灸易学》一书的又一大特点。也是李守先撰书用心之所在。

（一）简考源流

针灸学的发展，源远而流长。自《内》《难》《子午经》，到《千金》《十四经》《神应经》，再到《古今医统》《玄机秘要》《针灸大成》等，李守先不做烦琐考据，只做简要介绍。上下不足五百字，字虽简，但反映了李守先自觉不自觉地具有科学史的意识，即认为科学的发展是具有连续性的，学习科学是具有继承性的。因此，有必要让学习者知道"针灸之法尚矣"。

（二）约述己见

本书满打满算不超过一万五千字，但所容纳的信息量极大，这便要求作者做到言简意赅。在内容的安排上采用的原则是"古法著之于前"，李守先的见解"列之于后"。每一问题古法之后，他自己的见解仅寥寥数语。这寥寥数语，也多是临证经验之谈，如"卷上·玉龙歌治法"之后说："先治周身疼痛多矣。必病人先指出病所，即以左大指或食指爪掐之，病人啮牙咧嘴惊颤变色，若疼不可忍，即不定穴也，即天应穴也，右手下针痛极必效。"又有的仅加按语一句，如"卷上·五脏募穴"之后，"先按《难经》云阳病行阴，故令募在阴"句。等等。

（三）歌赋连篇

李守先深知有的"书古奥难窥"，"句不可读，读不可记，指归要领求之无从”，给初学者带来不便。他为了改变这一状况，使其著作“浅而易知，显而易明”，除力争言简意赅外，多采用歌赋体裁，使其朗朗上口，易于记忆。如“行针指要歌》《百症赋》《胜玉歌》《肘后歌》《玉龙歌》《八脉交会歌》《八穴配合歌》等。

（四）文图并茂

本书所绘图有：奇经八图，督任头图，背部穴图，腹部穴图，督脉图，任脉图，十二经图等，最后有“七十二番图”。尤其是所绘“八脉寻穴治病图”和口眼㖞斜、内障眼、头顶痛等十三种病针刺治疗图，画面栩栩如生，穴位历历在目，更是“显而易明”，使医者可按图索骥，取得桴鼓之效。在“八脉寻穴及治病图”，每图之下填词一首，指明主穴及治病范围，如“冲脉图”下的词：“（西江月）九种心疼涎闷，结胸反胃难停，酒食积聚胃肠鸣，水食气疾膈病。脐痛酸疼胁胀，肠风疟疾心痛，胎衣不下血迷心，泄泻公孙（穴）立应。”这样，不仅学到针灸知识，同时，又是一种文学方面的享受。书后的“七十二番图”是以文图说明运用针、灸、单方救治七十三种病（多为急病），文字表明某证用某法。诸如“蚯蚓翻”，症状：“摇头摆尾，上吐下泻。”“治法用蚯蚓粪和黄酒送下即愈。”“无语翻”：“其症得病不语，治法先针天门一针，次针两脚心，又次针两曲池症穴。”“白眼翻”：“其形常翻白眼，治法将顶门灸三艾炷，如不愈再灸三艾炷即愈。”等等。这种新鲜之体裁，别开生面。这不能不是一大发明。实在是“浅而易知，显而易明”！

简言之，清代针灸名医李守先所著《针灸易学》之书，苦口婆心，劝习针灸；意在浅而易知，显而易明。为使学习针灸者，树立信心，得其要领，推所已知而及未知，普及针灸学，可以说有功于世。

杨　璇

杨璇（约1705—1795年），字玉衡，又字栗山，清代河南夏邑县人。“乾隆时贡生”（《河南通志》），“幼聪敏，学问渊邃。早岁蜚声黉序，所读四书五经各书，随在注录，具见精义。寻以棘闱再蹶，遂不应举”，（《夏邑县志》）专治岐黄术，究心用世书。“以世人于寒温两病之辨不明，故处方多误，以至杀人，而反诿于病之不可治也。先生有深痛焉，不惟救耳目所接之人，而欲救天下之人”，（卢文绍《序》）乃作《伤寒温疫条辨》（又名《寒温条辨》）六卷流传遍天下，“历代各省刊印，代有巨儒评序，裨世非浅，寿九旬无子”。（《夏邑县志》）

根据《自序》刻书时为“乾隆四十九年（1784年）岁次甲辰，时年七十有九”，生年可上推七十九年（1705年）。又根据民国九年《夏邑县志》云“寿九旬无子”，卒年可下延约至1795年。

不少学者根据《自序》最后“书于溧水县署”的文字，便草率确定杨璇是“溧水县”人，是不正确的。

杨璇是夏邑县人，这一结论是毫无问题的。首先看该书的两个序是怎样写的。卢文绍《序》曰：“中州杨栗山先生专治岐黄之术。”袁枚《序》称：“中州杨玉衡先生，以经世之才，旁治轩岐之术。”两序中之“中州”无疑指“河南省”。再看，民国九年，《夏邑县志·人物·儒修》载有杨璇之传记；民国三十一年《河南通志·艺文志·子部·医家类》曰：“杨璇，字玉衡，夏邑县人……”

至于《自序》最后“书于溧水县署”的文字，只能说明《自序》“书于溧水县署”，而不能说明杨璇是溧水县人。

关于杨氏撰写《寒温条辨》之起因、动机，请读《自序》。《自序》略曰：世之凶恶大病，死生人在反掌间者，尽属温病。而发于冬月之正伤寒者，百不一二。仲景《伤寒论》温病副之。王叔和搜罗遗稿，杂以己意，以温病为伏寒、暴寒，混淆不清，贻害无穷。一日读《温疫论》至伤寒得天地之常气，温病得天地之杂气，而心目为之一开。又读《缵论》至伤寒自气分至传入血分，温病由血分而发入气分。不禁抚卷流连，豁然大悟。于是集群有之粹，择千失之得，零星采辑，参以管见，著《寒温条辨》九十二则，辨出温病与伤寒另为一门，其根源、脉证、治法、方论，灿然昌明于世，不复掺入《伤寒论》中，以误后学，是则余之志也。

《寒温条辨》，目前见到的有同治九年庚午（1870年）重刻本四册；光绪戊寅年（1878年）镌善成堂藏版六册；光绪三十三年丁未（1907年）重庆同经阁刻本六册；1914年广益书局石印本；1955年上海锦章书局石印本6卷四册。

该书凡6卷。卷一，论伤寒和温疫的区别，载医论二十余篇。从伤寒、温疫的病因、脉法、证候、治法等方面，一一予以详辨。卷二和卷三，记载并分析温疫病可能出现的发热、恶寒、恶风、头痛等七十余种症候。卷四和卷五，为医方辨，载方剂二百余首。卷六，为本草辨，载常用药一百八十余种。

杨氏著作的最大功绩是“辨出温病与伤寒另为一门，其根源、脉证、治法、方论，灿然昌明于世”。（《自序》）

一、辨寒温之根源

杨氏在《温病与伤寒根源辨篇》中，指出长期以来寒温混同的原因，叙述了寒温混同的历史，并对寒温为什么不可混同进行了详细的辨析，他说：西汉张仲景著《伤寒卒病论》十六卷，当世兆民赖以生全，至晋代不过两朝相隔，其《卒病论》六卷，已不可复睹。即《伤寒论》十卷，想亦劫火之余，仅得之读者之口授，其中不无残阙失次，赖有三百九十七法、一百一十三方之明目，可为校正，而温病失传。王叔和搜讨成书，附以己意指为伏寒，插入异气，似近理而弥乱真。其《序例》有曰：“冬时严寒杀厉之气，中而即病者为伤寒，中而不即病，寒毒藏于肌肤，至春变为温病，至夏变为暑病。成无已注云：‘先夏至为温病，后夏至为暑病。温暑之病本于伤寒而得之。’由斯以谈温病与伤寒同一根源也。又何怪乎后人治温病皆以伤寒方论治之也，殊不知温病为一种，非寒毒藏之春夏变也。自叔和即病不即病之论，而后世各家方附会之不暇，谁敢辨之乎？余为拨片云之翳，以著白昼之光。天严寒中人，顷刻即变，轻则感冒，重则伤寒，非若春夏秋风署湿燥所伤之可缓也。即感冒一证之最轻者，尚尔头痛，发热恶寒，四肢拘急，鼻塞痰喘，当即为病，不能容隐，今为严寒杀厉所中，反能藏伏过时而变，谁其信之？更问何等中而疾病，何等中而不即病。何等中而即病者，头痛如破，身痛如杖，恶寒项强，发热如炙，或喘或呕，烦躁不宁，甚则发痉，六脉如弦，浮紧洪数，传变不可胜言，失治乃至伤生。何等中而不即病者，感则一毫不觉，既而挨至春夏，当其已中之后，未发之前，神气声色不变，饮食起居如常，其已发之证，势更烈于伤寒？况风寒侵入，未有不由肌肤而入，所伤皆同荣卫，所中均系严寒，一者何其灵敏，感而遂通，一者何其痴呆，寂然不动。一本而枝殊，同源而流异，此必无之事。历来名家无不奉之为祖，所谓千古疑城，莫此难破。然而孰得孰失，何去何从，芸夫收竖，亦而辨之。再问何等寒毒藏于肌肤？夫肌为肌表，肤为肤皮之潜者。其间一毫一窍无非荣卫经行所摄之地，即偶尔脱衣换帽，所冒些小风寒，当时而嚏，尚不能稽留，何况严寒杀厉之气且藏于皮肤最浅之处，反能容忍至春、更历春至夏发，即此固不待辨而自诎矣。乃又曰：须知毒烈之气，留在何经，而发何病，前后不答，非故自相矛盾，其意实欲为异气四变，作开山祖师也。后人熟知其为一场懵懂乎？予岂好辨哉？予不得已也。凡治伤寒大法，要在表里分明，未入于府者，邪在表也，可汗而已；已入于府者，邪在里也，可下而已。若夫温病，果系寒毒藏于肌肤，延至春夏，犹发于表，用药不离辛温，邪气还从汗解，令后世治温病者，仍执肌肤在表之寒毒，一投发散，非徒无益，而又害之。且夫世之疫疠大病，死生人在反掌间者，尽属温病，发于冬月正伤寒者千百一二，而方书混同立论，毫无分别，总由王叔和序《伤寒论》于散亡之余，将温病一门失于编入，指为伏寒、异气，妄立温疟、风温、温疫四变，插入《伤寒论》中，混而为一，其证治非徒大坏，而将泯焉，后之学者殆自是无所寻逐也已。”杨氏反反复复指斥王叔和，说张仲景原有“温病”硬是让王叔和编掉了，且以“四变”插入《伤寒论》，由此寒温混而为一。这种说法是一个说不清道不明的历史问题。一唯指斥王叔和，则反失之过偏。然而杨氏所说的长期以来医界将温寒混为一谈，且造成恶劣的后果，这确属事实。更可称道的是杨氏所讲寒温不应混同之理，十分明白。

同篇杨氏进一步指出温病与伤寒之总根源。他说：“余于此道中，已二折其肱矣！兼以阅历之久，实见得根源所出，伤寒得大地间之常气，风寒外感自气分而传入血分；温病得天地之杂气，邪毒内入，由血分而发出气分，一彼一此，乃风马牛不相及也。何以言之常气者，风、寒、暑、湿、燥、火天地四时错行之六气也；杂气者，非风、非寒、非暑、非湿、非燥、非火，天地间另为一种偶荒旱潦疵疠烟瘴之毒气也。故常气受病在表浅而易；杂气受病在里深而难。”

二、辨寒温之脉证

（一）辨伤寒之脉证

《伤寒脉证辨篇》云："太阳经病，头顶痛，腰脊强，身痛发热，恶寒恶风，脉浮紧，以太阳经脉，由脊背连风府至颠顶，故为此证。此三阳之表也。"

"阳明经病，身热目痛，鼻干不眠，脉洪而长，以阳明主肌肉，其脉挟鼻，络于目，故为此证。此三阳之里也。正阳明府病，由表传里，由经入府也。邪气既深，故为潮热自汗，谵语发渴，不恶寒，反恶热，揭去衣被，扬手掷足，或发斑黄狂乱，五六日不大便，脉滑而实，此实已传于内，乃可下之，若脉弱无神，又当详辨。"

"……"

"按伤寒自外之内，脉证一定，而传变无常，但不可拘于日数，泥于次序，《内经》次第言之者，以发明其理耳。大抵太阳证居多，然岂无初病径犯阳明者，岂无发于太阳即少阴受之者，岂无太阳热郁以次而传三阴者，岂无太阳止传阳明少阳而不传三阴者？所以仲景有云日数虽多有表证即宜汗，日数虽少有里证即宜下，此二句语活而义广，治伤寒之良法也。"

（二）辨温病之脉证

《温病脉证辨篇》云："《伤寒论·平脉篇》曰：'寸口脉阴阳俱紧者，法当清邪中于上焦，浊邪中于下焦。清邪中上名曰洁也，浊邪中下名曰浑也，阴中于邪，必内栗也。'"

"玩篇中此四十六字，全非伤寒脉证所有事，乃论温病所从入之门，变证之总，所谓赤文绿字，开天辟地之宝符，人未识之耳。大意谓人之鼻气通于天，如毒雾烟瘴，谓之清邪，是杂气之浮而上者，从鼻息而入于阳，而阳分受伤，久则发热头肿，项强颈挛，与俗称大头温、虾蟆温之说符也。人之口气通于地，如水土物产，化为浊邪，是杂气之沉而下者，从口舌而下于阴，而阴分受伤，久则脐筑湫痛，呕泻腹鸣，足膝厥逆，便清下重，与俗称绞肠温、软脚温之说符也。然从鼻从口所入之邪，必先注中焦，分布上下，故中焦受邪则清浊相于气滞血凝不流，其酿变即现中焦，与俗称瓜瓤温、疙瘩温、阳毒阴毒之说符也，此三焦定位之邪也。气曰脉盛属内伤，洪长滑数阴阳搏激曰紧，若三焦邪溷为一，则怫郁熏蒸，口烂蚀断。卫气通者，游行经络藏府则为痈脓。荣气通者，嚏出声嗢咽塞，热痈不行，则下血如脉肝如屋漏。然以荣卫渐通，犹非危候。若上焦之阳，下焦之阴，两不相交，则脾气于中难运，斯五液注下，而生气几绝矣。《缵论》所谓，伤寒自气分传入血分，温病由血分发出气分，铁案不移。伤寒得天地之常气先行身之背，行身之前，次行身侧，自皮肤传经络，受病于气分，故感而即动，认真脉证治法，急以发表为第一义，入里则不消矣，未有温覆而当不消散者，何至传入血分，变证百出哉？河间以伤寒为杂病，温病为火病，信然。盖温病得天地之杂气，由口鼻入，直行中道，流布三焦，散漫不收，去而复合受命于血分，故郁久而发，亦有因外感，或饥饱劳碌，或焦思气恼，触动而发者，一发则邪气充斥奔迫，上行极而下，下行极而上，即脉闭体厥从无阴证，皆毒火也。”

三、辨寒温之治法

《温病与伤寒治法辨篇》云：“读仲景书，一字一句都精义，后人之千方万论，再不能出其范围，余又何辨乎？盖乃本仲景矣。《伤寒论》曰：凡伤寒之为病，多从风寒得之，始因中风寒，入里则不消矣。未有温覆而当不消散者。成氏注：风寒初客于之肤，便投汤药，温覆发散而当，则无不消散之邪。此论伤寒治法也。其用药自是麻黄、桂枝、大小青龙一派。《伤寒论》曰：凡治温病，可刺五十九穴。成氏注：以泻诸经之温热，谓泻诸阳之热，逆泻胸中之热，泻胃中之热，泻四肢之热，泻五脏之热也。此论温病治法也。若用药，当是白虎、泻心、大柴胡、三承气一派。末又曰：此以前是伤寒温病证候也，详仲景两条治法，于伤寒则用温覆消散，于温病则用刺穴泻热，温病与伤寒异治，判若冰炭如此。信乎仲景治温病，必别有方论。呜呼，历年久远，兵燹散亡，王叔和指为伏寒，插入异气，后之名公尊信附会，沿书耳闻，遂将温病为伤寒，混同论治，或以白虎、承气治伤寒，或以麻黄、桂枝治温病，或以为麻黄、桂枝今时难用，或以为温病，春用麻黄、桂枝须加黄芩，夏用麻黄、桂枝须加石膏，或于温病知用白虎、泻心、承气，而不敢用麻黄、桂枝、青龙者，但昧于所以然之故。温病与伤寒异治处，总未洞悉。惟王氏《溯回》，著有伤寒立法考，温病热病说，其治法较若列眉，千年长夜，忽遇灯炬，何幸如之？惜其不知温病中于杂气而于严寒中而不即病，至春夏变为温暑之谬说，一样糊涂，以为证治与伤寒异，病源与伤寒同，而未免小视轻忽之也。刘氏《直格》以伤寒为杂病，以温病为大病，特制双解散、凉膈散、三黄石膏汤，为治温病主方，其见高出千古，深得长沙不传之秘。惜其不知温病中于杂气而于伤寒未传阴证，温病从无阴证之治法，无所发明。庸工不能解其理，不善用其方，而猥以寒凉斥之也。诸家混淆不清，而二公亦千虑之失也。余于此道中，抱膝长吟，细玩《伤寒论·平脉篇》曰："清邪中上焦，浊邪中下焦，阴中于邪"等语，始翻然顿悟曰：此非伤寒外感常气所有事，乃杂气由口鼻入三焦，怫郁内炽，温病之所由来也。因此以辨温病与伤寒异，辨治温病与治伤寒异，为大纲关键。故多采王刘二公之论，并《缵论》《绪论》《温疫论》《尚论篇》，及诸前辈方论。杨氏强调温病之治法源于仲景及前辈诸家。

关于温病的治法，《温病脉证辨篇》又说："治法急以逐秽为第一义。上焦如雾，升而逐之，兼以解毒；中焦如沤，疏而逐之，兼以解毒；下焦如渎，决而逐之，兼以解毒。恶秽既通，乘势追拔，勿使潜滋。所以温病，非泻则清，非清则泻，原无多方。"杨氏三焦均用解毒，而决之以清泻为大法，实为治传染性热病之正鹄。

四、辨寒温之方药

有关伤寒之方药，不再引述，这里单就杨氏治温病之方药介绍如下：

杨氏提出治温病应以辛凉和苦寒清泻之法则。杨氏受刘河间的双解散和三黄汤等方的启发，创制出升降散、神解散、清化汤、芳香饮、大小复苏饮、大小清凉散、加味凉膈散、加味六一顺气汤、增损大柴胡汤、增损三黄石膏汤、增损双解散、增损普济消毒饮、解毒承气汤计十五方。其制方别具一格，用药独有心裁，如升降散中用僵蚕、蝉衣、姜黄、大黄相配伍，以升清降浊、散肿消毒，当堪称国手。兹录数方：

升降散：僵蚕　蝉衣　姜黄　大黄　米酒　蜂蜜

杨氏说："升降散，总方也。"又说："乙亥（1755年）丙子丁丑，吾邑连歉，温气盛行，死者枕藉，予用此散，救大证、怪证、坏证、危证、得愈者十数人，余无算。更将此方传施亲友贴示集市，全活甚众，可与河间双解散，并驾齐驱耳。名曰升降散，亦双解散之别名也。"

增损双解散：白僵蚕酒炒三钱　全蝉蜕十三枚　广姜黄七分　防风一钱　薄荷叶一钱　荆芥穗一钱　当归一钱　白芍一钱　黄连一钱　连翘去心一钱　栀子一钱　黄芩二钱　桔梗二钱　石膏六钱　滑石三钱　甘草一钱　大黄酒浸二钱　芒硝二钱　水煎去渣，冲芒硝，入蜜三匙　黄酒半酒杯　和匀冷服。

杨氏曰："此方解散阴阳内外之毒无所不至矣。"

加味凉膈散：白僵蚕酒炒三钱　蝉蜕全十二枚　广姜黄七分　黄连二钱　黄芩二钱　栀子二钱　连翘去心　薄荷　大黄　芒硝各三钱　甘草一钱　竹叶三十片　水煎去渣，冲芒硝，入蜜、酒冷服。若欲下之，量加硝黄，胸中热加麦冬，心下否加枳实，呕渴加石膏，小便赤数加滑石，满加枳实、厚朴。

杨氏云："余治温病，双解、凉膈愈者，不计其数。若病人大头瓜瓤等温，危在旦夕，数年来，以二方救活者，屈指以算百十余人，真神方也。其共珍之。"

增损三黄石膏汤：石膏八钱　白僵蚕酒炒三钱　蝉蜕十个　薄荷二钱　豆豉三钱　黄连　黄柏盐水微炒　黄芩　栀子　知母各二钱　水煎去渣，入米酒、蜜，冷服。腹胀痛或燥结加大黄。

杨氏曰："表里三焦大热，五心烦热，两目如火，鼻干面赤，舌黄唇焦，身如涂朱，燥渴引饮，神昏谵语，服之皆效。"

神解散：白僵蚕酒炒一钱　蝉蜕五个　神曲三钱　金银花二钱　生地二钱　木通　车前子炒研　黄芩酒炒　黄连　黄柏盐水炒　桔梗各一钱　水煎去渣，入冷黄酒半小杯，蜜三匙，和匀冷服。

杨氏说："此方之妙，不可殚述。温病初觉，但服此药，俱有奇验。外无表药，而汗液流通，里无攻药，而热毒自解，有斑疹者即现，而内邪悉除，此其所以为神解也。"

清化汤：白僵蚕酒炒三钱　蝉蜕十个　金银花二钱　泽兰叶二钱　广皮八分　黄芩三钱　黄连炒　炒栀　连翘去心　龙胆草酒炒　元参　桔梗各一钱　白附子炮　甘草各五分　大便实，加酒大黄四钱；咽痛，加牛蒡子炒研一钱；头面不肿，去白附子　水煎去渣，入蜜、酒，冷服。

杨氏云："温病壮热，增寒体重，舌燥口干，上气喘吸，咽喉不利，头面猝肿，目不开者，此方主之。"

大清凉散：白僵蚕酒炒三钱　蝉蜕全十二个　全蝎去毒三个　当归　生地酒洗　金银花　泽兰各二钱　泽泻　木通　车前子炒研　黄连姜汁炒　黄芩　栀子炒黑　五倍子　麦冬去心　龙胆草酒炒　丹皮　知母各一钱　甘草生五分　水煎去渣，入蜂蜜三匙，冷米酒半小杯，和匀冷服。

杨氏云："温病表里三焦大热，胸满胁痛，耳聋目赤，口鼻出血，唇干舌燥，口苦自汗，咽喉肿痛，谵语狂乱者，此方主之。"

小清凉散：白僵蚕酒炒三钱　蝉蜕十个　银花　泽兰　当归　生地各二钱　石膏五钱　黄连　黄芩　栀子酒炒　牡丹皮　紫草各一钱　水煎去渣，入蜜、酒、童便，冷服。

杨氏云："温病壮热烦躁，头沉面赤，咽喉不利，或唇口颊腮肿者，此方主之。"

加味六一顺气汤：白僵蚕酒炒三钱　蝉蜕十个　大黄酒浸四钱　芒硝二钱五分　柴胡二钱　黄连　黄芩　白芍　甘草生各一钱　厚朴一钱五分　枳实二钱　水煎去渣，冲芒硝，入蜜、酒和匀，冷服。

杨氏云："少阴厥阴病，口燥咽干，怕热消渴，谵语神昏，大便燥实，胸腹满硬，或热结旁流，绕脐疼痛，厥逆，脉沉伏者，此方主之。"

以上足以说明杨氏对寒温之根源、脉证、治法、方论的研究至精至微，使寒温之别朗若白昼。正如邵飒所写《跋》中所说："其分析寒温如快刀破竹，永断葛藤，如明镜取形，不隐毫发，即余不知医者，读之豁然，有以自明，况探入微者乎！"该书对后世医家影响颇深，如周魁的《温证指归》在评价《寒温条辨》时说："治温病一法，可谓集诸说之大成，而包罗万有，总汇众流者也。"近代医家姜春华的《历代中医学家评析》在评析《寒温条辨》时肯定："杨氏继承吴又可之厉气、张璐之清邪，作为温病之源。从血分说明温病病位，气分说明伤寒病病位。从伤寒先有恶寒，温病一发通热，伤寒由表及里，温病由里达表，以此区别温病，从中医角度来说，是比较清楚的。"而且赞扬杨氏"对温病之厥逆，主张仍用苦寒解毒，是伟大的见解"。

此外，如同其他古代医家及其著作一样，杨氏的《寒温条辨》也有自己的缺点。如杨氏摘取《瘟疫论》大段文字而不著出处，哪些是吴氏之论，哪些是杨氏之说，使读者难以分辨；本书亦有"温""瘟"不分的错误，书中所说的温病，实际上均属瘟疫病，而论温热病则不足。

除以上成就之外，杨氏又精于运气学说，列举许多资料以言医家通晓运气学说的重要性，并且设《治病须知大运辨》专篇，置于第一卷之首，以示强调，现全文录于后，以供研究。

《治病须知大运辨》云："天以阴阳而运六气，须知有大运有小运，小则逐岁而更，大则六十年而易。大小有不合，大运于阳，岁位居阴，是阳中之阴，犹夏日之亥子时也。大运于阴，岁位居阳，是阴中之阳，犹冬日之巳午刻也。民病之应乎运气在大不在小，不可拘小运遗其本而专事其末也。譬之子平，以运为主，流年利钝，安能移其人大局乎？病而与大小俱合无论矣。有于大运则合岁气相违者，自从其大而略变其间也，此常理也；有于小则合，于大相违；更有于大运岁气俱违者。偶尔之变，亦当因其变而变应之，如冬温夏凉怪病百出，俱不可以常理论也。总以大运为主，不以岁气纷更强合乎证，又不设成见于中，惟证为的与司天不合而自合，庶乎其近道矣！若概谓必先岁气，无伐天和，似非世则之言。尝稽东垣李氏，一以补中为主；丹溪朱氏，一以滋阴为重；戴人张氏，一以荡涤为先，皆能表表于世，总得挈领提纲，故合一本万殊之妙，不则当年岂无岁气，而必各取其一耶。再以痘疹言之，有扼要于保元，有独取于辛温，有得意于清泻，是亦治痘之名手，何不见有逐年之分别耶？要知大运之使然非三氏之偏僻也。如曰偏僻，则当年各操其一应世何以得各擅其胜乎？后学不明其故，各效其一而不通变，亦有畏其偏僻，而第据证按时，侈谈岁气以示高卓，皆不知循环之大运者也。余留心此道，年近四旬，乡闱已经七困，肇于乾隆九年甲子，犹及谢氏寒水大运，证多阴寒，治多温补，纵有毒火之证，亦属强弩之末。自兹以后，而阳火之证渐渐多矣。向温补宜重者变而从轻，清泄宜轻者变而从重。迨及甲戌乙亥所宜重泻者，虽极清极解而亦弗验矣，势必荡涤而无枭之势始杀。至甲申乙酉，荡涤之法，向施于初病者，多有首尾而难免者矣。历年以来，居然成一定局，间有温补者，什一千百而已，是大运转于相火矣。凡时行之气，如正伤寒与冬温、风温、暑温、湿温、秋温、飧泄痎疟、燥咳、吐痢霍乱，并男妇小儿一切诸证及痘疹，民病火病十八九，何况温病，从无阴证，得天地疵疠旱涝之气，其流毒更甚于六淫，又岂寒水司大运者之所可同年语哉？自古运气靡当纯驳无定病，故变态靡常，补泻无定。今之非昔可知后之非今先圣后圣，其揆一也，易地则皆然矣。任胸臆者，断断不能彷佛，余于当事，时怀冰兢，惟恐偏僻致误，庶几屡经屡验，差可自信，亦有莫挽者，明知其逆不必治，不过热肠所迫耳。”

吕　田

吕田，字心齐，一字研平，河南新安县人，道光元年（1821年）恩贡生。工书法，字为人所珍；善诗文，著作《澹成轩诗文集》，极为学使吴慈称评；通医学，撰有《瘟疫条辨摘要》和《天花精言绪余》行世。

本文着重研究《瘟疫条辨摘要》。

此书系清·嘉庆辛未（1812年）撷陈（三锡）氏《二分晰义》及杨（栗山）氏《伤寒瘟疫条辨》之菁华，参以实践经验而成。全书约计四万言。其意简而明，其方截而良，为温病学说中的佳作之一。

有关吕氏编写此书的动机，全部反映在他的“引言”里。

“引言”大意是说：汉长沙太守张仲景《伤寒论》为方书之祖，其治伤寒诸方最为后人称善，亦流传最广，但后人执守成方，不管遇到什么病，概以伤寒施治，张冠李戴，贻误匪浅。随着医学的进步，明时出现所谓“外感尊仲景，内伤法东垣，热病用河间、杂病用丹溪”之通论，惜于温病治法犹未发其奥妙。明末，吴有性（字又可）《温疫论》的问世，使治温病有了新法，可是人咸奉为金科玉律，泥于膜原之说，而失之全。唯觉得山阴陈三锡所著《二分晰义》和夏邑杨栗山所著《伤寒瘟疫条辨》二书，“会张仲景治温病可刺五十九穴之义，而又以后贤诸书神明而化裁之，为之条分缕晰，使寒温之辨朗若列眉，实发前人未发之，凡治瘟疫当无有喊冤者矣。为此，爰即陈、杨二家言，特为摘要一卷，略明大义，备载症脉，条列治法，一旦瘟疫盛行，便可使第依样葫芦按症施治”。

该书曾数次再版，广为流传，并有户部主事裴念谟、中浣古歙洪贞谦、燕山宋光祚等人作序，均给以很高的评价。如“裴绪”称：“此书尤发前人未发之，覆简明精当，辟千年之蓁芜，张暗室之明灯，有盖于世不浅。”云云。

本书内容包括十四篇：《瘟（温）病根源症治与伤寒不同辨》《杂气说》《瘟病与伤寒六经症治不同辨》《瘟病症状五十条》《大头六症》《瘟病诸下症》《续增分别瘟病症治八十五条》《四损不可正治辨》《瘟病与伤寒不同诊脉义》

《瘟病正治诸方》《瘟病杂症诸方和补遗诸方》。另附三篇（略）。

下面介绍吕氏在《瘟疫条辨摘要》一书中所表现的学术思想。

一、瘟病伤寒，实出两门

“瘟疫与伤寒，实出两门”，这是吕氏之最基本的思想。长期以来，人们把瘟病与伤寒混为一谈，认为二者均起因于四时六气，拿治疗伤寒的办法来治疗瘟（疫）病，所以，每遇疫疠流行，就出现“不死于病，反死于医”的惨象。明清时期，医家创立温病学说，立下了汗马之功，从而结束了千余年之悲剧。吕氏深研先贤之奥义，悉心体察临床，阐发伤寒（狭义）、温病之异同。

论病因，他认为两者皆属“时病”，但“伤寒得天地之常气（指当令之正气）”，故多见于“冬寒之月”而“温病得天地之杂气（指非时之气）”，所以，“四时皆有”，“而于春夏凶荒之际为尤甚”。

论病机，他指出“风寒之邪由肌肤入，初起多见太阳经症，渐次循经而传……”而温病“邪从口鼻入，中于三焦”，“由内达外，邪气充斥、奔迫，不循经传”。其中“邪气充斥、奔迫”六字为温病传神，最需领悟。又指出“若一乡一家同病则瘟疫是也。所谓疫者，役也，犹今之门头差也”。即认识到“瘟疫”是传染性疾病。

至于瘟疫流行的原因，吕氏在《杂气论》一篇中引杨氏之说，谓“毒气之来也，无端烟瘴之出也，无时湿热熏蒸之恶秽无穷无数，兼以饿殍在野，胔骼之掩埋不厚，甚有死尸连床；魄汗之淋漓自充，遂使一切不正之气，升降流行于上下之间，凡在气中无可逃遁，虽童男室女无以漏之体，富贵丰亨以幽间之思且不能不共相残染，而辛苦之人可知矣！”又指出：“大兵之后，必有大荒；大荒之后，必有大疫。疵疠旱潦之灾，禽兽草木往往不免，而况于人乎？”由此得出结论说：“观此，概知瘟病根源，绝非冬来之常气矣。”这一大段议论，是无数次疫病流行原因之真实记述，吕氏之苦心在于使人们彻底划清瘟疫与伤寒之界限。

论脉诊，吕氏专设《瘟疫与伤寒不同诊脉义》，法陶氏“浮、中、沉”三法，认为“凡瘟病脉；不浮不沉，中按洪长滑数，右手反盛于左手”，其机理为“拂热郁滞，脉结于中故也”。如果是“左手脉盛，或浮而紧，自是感冒风寒之病，非瘟病也”。“凡浮诊，中诊浮大有力，浮长有力为伤寒，凡温病内外有热，……其脉沉浮，不洪不数，但指下沉涩而小急，断不可误为伤寒”。所以

“伤寒多从脉”“瘟病多从症”。总之，“凡瘟病脉中诊洪长滑数者轻，重则脉沉，甚则闭绝，此辨瘟病与伤寒脉浮脉沉异之要诀也。”

论症治，吕氏又撰专篇以辨温病与伤寒六经症治之不同。推崇柯韻伯先提出此论点，指出“凡伤寒……寒则伤荣……麻黄汤主之，开发腠理以散寒，得汗而愈。风则伤卫……桂枝汤主之……风寒并受，荣卫俱伤……大青龙汤主之。此三方者冬月天寒腠密，非辛温不能发散，故宜用之。”同时又指出“春夏之温病……则炎热炽盛，表里枯涸，其阴气不荣，断不能汗，亦不可汗，宜以辛凉苦寒清泻为妙”。又称：“冬月正伤寒，必用表药发散者，缘寒气固蔽在表不能发越，所以用温散药以汗解之”；“瘟病火郁于内，用风药散之，是犹火得风而愈炽，所以其病益甚，故必养阴御阳之药”。吕氏还强调，伤寒多有阴症，而“温病无阴症”。认为“热变为寒，百不一出。此辨温病与伤寒六经症治之要诀也。盖伤寒之邪，风寒外感，始中太阳者十八九；温病之邪，直行中道，初起阳明者十八九”。他谆谆告诫后学，要悉心体察，以免误治。说：“倘审之不详，而误治之，即成坏病，是医者之咎也。”

上述从病因、病机、传变、脉诊和症治等方面，来辨别伤寒与瘟（温）病，使二者之区别已朗若白昼了。

二、温病以辨症为要，治法宜灵活多变

温病以辨症为要，治法宜灵活多变，这是吕氏的又一重要思想。为了贯彻“温病以辨症为要”的宗旨，吕氏辑《瘟病症状十条》，详载有“头晕，浑身壮热，内烧作渴，呕哕吐食者；有头眩，胸膈膨闷，不利，不思饮食，遍身壮热者；有浑身壮热饮水无度者……有似野火丹毒者；有似瘾疹风疮者……有血从目出、牙缝出、毛孔出者”等。岁甲戌（1814年），瘟疫盛行，医药每多乖，“方能事生心，不惮烦琐”，又撰《续增分别瘟病症状八十五条》及《大头六症》两篇，指出：大头瘟“头颠、脑后、项下及耳后赤肿者，此邪毒内蕴，发越于阳明也；耳下前后并头角赤肿者，此邪毒内蕴，发越于少阳也……”虽均从“邪毒内蕴”着眼，但据部位经络以辨析，诚有见地。吕氏曾多次强调“瘟病无阴症”，“惟下症最多”，故辑《瘟病诸下症》一篇，列宜下之症凡五十一条。如“黄面、身黄、目暗不明、目赤、目黄、目瞑、目直视、目反折、舌黄胎、舌黑胎、舌白砂胎、舌紫赤色、舌芒刺、舌裂、舌短、舌卷、舌硬、唇燥裂、唇焦色、口

臭、鼻孔如烟煤、口燥咽干、气喷如火、扬手掷足、小便极臭、小便赤黑、小便涓滴作痛、潮热、善太息、心下满、心下痛……”以上列症可谓详矣。吕氏为此也感到十分满意，说：“详悉辨明，庶临证无复疑义。”

辨症也要有灵活性。仅举一例：吕氏既尊于吴又可的“杂气说”，但又不“泥于募原之说”，认为“若逢初得之，即中阴阳毒，脉伏、体厥，及一切暴症，乃疾雷不及掩耳，必待离于膜原，然后议下，恐亦不可救药也。且如三消饮中用草果、羌活、葛根等味，温中发表，与亢阳之症颇不相宜”。因此他创订“增损三黄石膏汤”“增损普济消毒饮”“增损大柴胡汤”等等沿用迄今，仍为医界所称道。

治瘟（温）病亦有常法，即以“逐秽为第一要义”。正如吕氏说：“瘟病，无论为表、为里，一于清热导滞而已，不宜发表。”特别指出《二分晰义》及《寒瘟条辨》俱云：“凡瘟病一切解肌发汗温中散寒之药切戒无用。”所戒之药有麻黄、羌活、独活、葛根、苍术、细辛、香附、艾叶、苍耳、乌头、桂枝、牙皂、巴豆、川椒、乌梅、胡椒、故纸、茴香、肉桂、附子、干姜、豆蔻、益智等味。故对“发热、头痛、身痛、目痛、潮热、舌黄、胸腹满痛……”等30症（“瘟病阳症”），咸投“升降散”（天虫、蝉蜕、大黄、姜黄）；所有“瘟病五十症”之“单见”或“兼见”者，“大头六症”等，统以“升降散主之”。吕氏从长期实践中体会到杨氏“升降散”应是治疗“瘟病”之“专方”，“神散散，清化汤，芳香饮，大小清凉散……之类，而升降散其总司也”，“轻重皆可酌用，察症切脉，斟酌得宜”，用之无不百发百中。

同时，吕氏又指出“病之变化，治病之随机应变，神明则存乎其人耳”。即是说，治法宜随症之变化而灵活多样。如他虽多次强调“瘟病无阴”，用以“养阴御阳”之药，但又肯定瘟病亦有异常之变，需用以异常之药。为此特撰《四损不可正治辨》，认为“凡人大劳人欲，及大病久病，或老人枯槁，气血两虚，阴阳并竭，名曰四损”。“凡此等不可以常法正治，当以其损而调之，调之不愈者，稍以常法正治之”。故“温病末后，用参、附等药而愈者”间有之。基于此，吕氏在《瘟病正治方》中列升降散、芳香饮、大清凉汤等21方，并有《瘟病杂症诸方》载犀角大清汤、犀角地黄汤、玉枢丹、当归导滞汤等21方，更有《备用诸方》，如增损抵当汤、人参三白汤、三甲散、五福饮等30方，以便随证抉择。

关于“瘟病以辨症为要，治法宜灵活多变”的思想，吕氏在《瘟病无正发汗之理，惟下症最多并为指明》一篇里，讲述得很明白，文中说：“余自三折后，凡临症阅历以来，恪守前贤成规，无不取效，亦间有瘟病末后，用参附等药而愈者，非属四损，即或误治担延久亏，是又在随时详审，脉症形神互相参症诊视，谛当辨别明确，认真虚实寒热，然后施治，行方而出以智圆，心小而济以胆大，始可万全，不至乖方。所谓神而明之，存乎其人，此又不可不知也。”这是他的极为宝贵的治瘟（温）经验，同时又是极可宝贵的治学经验，今日仍具有现实意义。

吕氏书中亦有不足之处，如否认“伏气”之存在和对王叔和之批评欠妥等。

吴其濬

吴其濬（1789—1847年），字瀹斋，号吉兰，别号雩娄农，清代河南固始人。其兄吴其彦，任兵部右侍郎。吴其濬在嘉庆十五年（1810年）庚午科中式第31名举人。二十二年（1817年）丁丑，会试中式第231名进士。殿试却升为一甲第一名状元，授翰林院修撰。嗣后任礼部尚书、侍郎、巡抚、总督等，到过山西、湖北、湖南、江西、浙江、福建、云南、贵州等省很多地方，有“宦迹半天下”之称。

吴其濬的代表著作为《植物名实图考》，其次是《植物名实图考长编》。此外，又著有《念余阁诗钞》《滇南矿厂图略》《云南矿厂工器图略》和《滇行纪程集》等书。

《植物名实图考》38卷：卷一、卷二为谷类；卷三至卷六为蔬类；卷七至卷十为山草类；卷十一至卷十五为隰草类；卷十六至卷十七为石草类、水草类10种，卷十八为水草类；卷十九至卷二十三为蔓草类；卷二十三又含芳草类11种、毒草类11种；卷二十四为毒草类；卷二十五为芳草类；卷二十六至卷三十为群芳类；卷三十一至卷三十二为果类；卷三十三至卷三十八为木类。全书收载植物1714种，分12类。

本篇仅就吴其濬的治学思想和学术成就加以评述。

一、治学严谨，尤重于实物观察

吴氏学术成就的取得，有众多因素：他天资敏悟，学识渊博，“具稀世才”，从“一甲一名”这四个字就可充分说明；他酷爱植物学和药物学，视研究植物学和药物学为自己终生之抱负；他事业心很强，在公务繁忙之暇，朝夕钻研，废寝忘食；他历任大官，有权有钱，又“宦迹半天下”，因此，有丰厚的条件亲自到各地搜集资料，或者役使他人代为整理文献；等等。吴氏的事业之所以成功，除上述因素外，还有一个重要的方面，那就是他严谨的治学态度。从他参考文献之多，对每种植物的方方面面考订之详，所绘图之精良与逼真，以及著作内容之宏富等，足可证明这一点。他在治学方面，尤重于实物观察。他的重视实物观察的思想，又反映了时代精神。为什么这样说呢？这是因为清代的一些唯物主义思想家，他们强调运动变化，强调实际经验与学以致用，如颜元（1723—1777年）就注重实学，强调“习行”“习动”，以及“行”在认识过程中的作用。吴氏的重视观察之思想正同此相一致。另外，明代伟大的医药学家李时珍的治学方法对吴氏也不无影响。李时珍为了著作《本草纲目》这一药物学巨著，既“搜罗百氏”，“凡子史经传，声韵农圃，医卜星相，东府诸家，稍有得处，辄著数言。”（《本草纲目·序》）又“采访四方”，即广涉旷野，不耻下问；深入观察，追根究底；一一采视，对照比较；亲自试验，剖物识真。吴氏也是这样做的。他为了编著《植物名实图考》，先后参考了八百余种古代文献，进行摘录、归类、整理，这些文献包括《神农本草经》《名医别录》《弘景集注》《唐本草》《药性论》《日华子》《救荒本草》《本草纲目》及诸子百家的著作。同时，利用在各地任职之便与游历时，对当地植物特意了解、观察，并进行采集、记录和绘图。他认识到一切真知来源于实践，对于植物知识的了解，劳动人民最有发言权，因而特别善于向劳动人民学习，而且他认为农民、牧童对于五谷草木的知识，确比一般士大夫丰富得多，强调必须“多识下问”。如黍条：“北方以麦与粱为常餐，黍稷则乡人之食，士大夫或未尝果服，即官燕蓟者偶食之，亦误以为黄粱耳。余询于舆台者如此，他日学稼，尚诹于老农。”薇条：“此菜已有结实、不结实二种。结实者豆可茹，不结实者茎叶可茹，余得之牧竖云。”又芜菁条：“后人乃以根叶强别，《兼明书》不知其误，而博引以实之，何未一询老圃？”

吴氏曰：“既不是单凭文献材料，作一些烦琐的、文字上的考证；也不囿于前人的说法，是古非今；而主要是以实物的观察为依据，然后拿文字记载来相互印证。”（《植物名实图考·出版说明》）他的著作里记下了他亲自实地观察实物的情形，而且是认认真真，一丝不苟；有时因为季节的关系，某一种植物标本未能得到，过了许多年想起来还耿耿于怀，引以为憾。如党参条：“余饬人于深山掘得，莳之盆盎，亦易繁衍。细察其状，颇似初生苜蓿，而气味则近黄芪。”雷公凿条：“此草根叶与老鸦蒜图符，而生麦田中，乡人所以饲畜，其性无毒。余尝之，味亦淡，荒年掘食，当即是此，断非石蒜。”鬼臼条：“此草生深山中，北人见者甚少……余于途中，适遇山民担以入市，花叶高大，遂亟图之。”豆叶菜条：“庐山有豆叶坪，实产此菜。余过庐山，遣力往取之，道中不得烹饪，问其形不知其味，可谓食肉不食马肝。”油头菜条：“岭南之艖与牢盆，擅薪油盐饴之利，五岭之间一都会也。余屡至，皆以深冬，山烧田菜，搜采少所得，至耿耿。”

吴氏对于只靠耳食、不由目验的研究方法，曾提出尖锐的批评。如穬麦条：“《天工开物》谓穬麦独产陕西，一名青稞，即大麦，随土而变，皮成青黑色，此则糅杂臆断，不由目睹也。”蔊菜条：“《江西志》以朱子供蔬，遂矜为奇品，云生源头至洁之地，不常有，亦耳食之论。”甘草条：“《尔雅翼》云：不惟似荷，古之莲字亦适于蘦。则直以音声相通，不复顾形实之迥别矣。《广雅疏证》斥沈（括）说之非，而以《图经》诸说为皆不足信，经生家言，墨守故训，固于辨色、尝味、起疴、肉骨者，道不同不相谋也。”

吴氏对许多可疑的植物，虽经过研究比较，仍然不能完全肯定的，就采取实事求是的态度，留待以后继续考察，从不妄下结论。其中有形状、性味相似而名称不同者；有名称相同而形状、性味并不完全一样者；有以所见实物与文献记载印证，似是而非时；有些植物，作者确曾亲见，而人皆不识，过去本草中也无记载者。这种科学的态度、实事求是的精神是值得后人学习的。

上述讲的是吴氏严谨的治学方法，实际上这种方法正是其事业成功之秘诀，同时又是其著作的一大特点和优点。

二、成就巨大，尤以植物名实考订为最

《植物名实图考》的成就是巨大的，正如甄志亚主编的《中国医学史》所归纳的那样：“它对植物名称与实物进行了考证，使植物名与实一致，对植物学分类提供了宝贵的资料；书中所绘的植物形态图，比较精细而近于真实，它比《本草纲目》所收载的植物增加五百余种，且全书记述云南、贵州的植物相当多；此外，它还较广泛地收集了草医经验与草药知识，并且纠正了以往某些植物药的错误论述。”但是贡献之中，尤其以吴氏对植物名实之考订方面的成就为最大。这方面，早在20世纪50年代王筠默先生已有深入的研究。王筠默首先引用《植物名实图考叙》陆应谷的话说：“……天下名实相符者甚少矣。或名同而实异，或实是而名非。先生于是区区者，且决疑纠误，毫发不少假，……”接着指出：“这

样就把有许多别名的中药，许多不同品种的某一中药用实物和产地治验等方法比较对照出来。正如同我们现在研究中药所感到的第一个困难是生药植物学方面的问题一样。现在研究中药如常山、白头翁等不是因为品种问题闹了很久吗？伟大的吴其濬怎能不对本草学罗列的中药品种感到有责任搞清楚呢？当时流行的古本草，当然是《证类本草》及《大观本草》。但是看本草上每一味中药，都不只一个图，两个或两个以上，而且画的图像极不相似。如果再到中药店买点来比较一下，更成问题，也可能中药店所卖的和书上完全不同，甚至为其他东西，《证类本草》明明记载不同的产地，如天门冬，有'汉州天门冬''京西天门冬''建州天门冬''梓州天门冬''兖州天门冬'和'温州天门冬'等六种，就有六个不同的图。术有'荆门军术''石州术''舒州术''越州术''歙州术''商州术'和'齐州术'等七种不同的地方出产了七种不同的'术'。这是些实际问题，这是只从《神农本草》以后即遭遇到一两千年而且是越积越多越难解决的问题。药物是直接关系人民健康的，吴先生便把这个千余年积累下来的重担，挑在他的肩上，下尽功夫，从实际出发。……完成了图考38卷。"（《吴其濬和植物名实图考》）王先生上述说的全是实情，吴氏做了前人未做的事业，开辟了一个新的研究领域——药用植物学。

那么吴氏又是怎样地对每一种植物之名与实进行考订的呢？以下拿"蘘荷"为例，用解剖麻雀的方法加以分析，便可推知全貌。

兹将"蘘荷"条的全文录于后：

"蘘荷，《别录》中品。古以为蔬。《宋图经》引据极晰，他说亦多种植之法。惟《本草纲目》退入隰草，而蔬谱不复品列矣。《滇本草》图其形，贵州诸志皆载之，此蔬固犹在老圃也。

余前至江西建昌，土医有所谓八仙贺寿草者，即疑其为蘘荷；以示滇学史家编修荔裳，编修曰：'此正是矣，吾乡植之南墙下，抽茎开花青白色，如荷而小，未舒时摘而酱渍之，细瓣层层如剥蕉也'，余疑顿释。他时再莅而啖之，种而蕃之，使数百年堙没之嘉蔬，一旦伴食鼎俎，非一快哉。编修名存义，泰兴人。

雩娄农曰：夫物显晦固有时，乃有晦之而愈显，显而愈晦者何也？蘘荷，嘉草也，其叶如荷，故名以荷；其功除蛊，故名以嘉：依阴藏冬，列于蔬焉。词人咏之，本草图之，无异说也。近世《山居录》《野菜谱》亦俱详矣，杨升庵偶未之见，蘘荷一名甘露，而以芭蕉之结甘露者当之。《本草纲目》《农政全书》，转相附会，而《滇志》乃谓芭蕉根可为菹，惜无试者。夫芭蕉，世无不知者，以芭蕉易为蘘荷，能使人不名芭蕉而名蘘荷乎？蘘荷，农圃皆知之，以蘘荷为即芭蕉，能使人种蘘荷如种芭蕉乎？芭蕉根不堪噉，脱以为茹，螫于口而刺于腹，不几如蔡谟食蟚蜞，几为劝学死乎？按《贵州志》有洋荷花，未开时取苞醋渍以食；《湖南志》有阳藿；《广西志》有洋百合；谓即蘘荷。江西建昌土音呼如仙贺，皆方言声音轻重耳。俗医乃书作八仙贺寿草，诚堪解颐，然绝不以本草有芭蕉之说，而强目为蕉也。独怪耳食之徒，扪钟揣籥，且矜芭蕉、甘露之同名，以为能独识蘘荷；于是蘘荷之名虽显，而蘘荷之实益晦。且马之贵者似鹿，有似鹿为马者，马果即鹿耶？雉之文者似凤，有以雉为凤者，雉果即凤耶？唐时谀墓之文，言孝则曾、闵；言忠则稷、卨；言经术则郑、服；言文词则贾、马；读其文者，有以为即曾、闵、稷、卨、郑、服、贾、马耶？有善谑者云：于深山中见古衣冠人，询之，曰：吾某邑、某也，官于朝无奇绩，亦无愧事，殁葬于某原。越数年，有半碑突起于墓道，视之为吾姓名，而碑所纪皆古贤人事，非吾也。过者每扪之而颂古贤人，啧啧不绝口，吾惧嚣，故逃之。今蕉之叶，可以书皮，可以织露，可以饮而止悁，于世非无益者。乃忽有对芭蕉而颂其叶似荷，功治蛊，咀其露，掘其根，以为旨蓄御冬；蕉若有知，不以为晦其所长，而显其所短耶？呜呼！郏庶其之奔，不书盗而实盗者；曹孟德之死，乃书汉而实汉贼；事不崇实，盖之而弥彰，彰之而转没，一人之口，乌能使天下皆为悠悠之毁誉哉！”

一蘘荷之考订洋洋千言，可谓详尽矣。吴氏先考其类属与形态。“蘘荷”，“古以为蔬”，“惟《本草纲目》退入隰草”，究竟应归何类？他带着这一问题走访了江西土医，又求教于滇学史家编修荔裳，终于弄明白了。而后又引征大量文献考其正名，考其异名，考其产地，考其与芭蕉相混之因，考其功能，考其所以然。《植物名实图考》对其所载大部分植物之考订亦大略如此。

吴氏所绘植物图也是非常精美而确实的。从这些逼真的图，使后世研究中药的人得以按图对照实物，为进一步对药用植物生药学研究打下良好基础。

《植物名实图考》对世界医学的影响也很大。正如1919年商务印书馆铅印重排《植物名实图考》的时候所说的，世界各国研究植物学和药物学的人，都注意到这部巨著，拿它作为研究的资料。日本在明治维新以后，虽然兰学渐微，力图学习西洋科学，但对于具有科学性的吴著却仍大加推崇。所以在明治二十二年，日本就出版了小型木夹板式的《植物名实图考》。日本的植物学家牧野富太郎所著的《日本植物图鉴》，就是以《植物名实图考》为基础进一步研究日本植物的心得。又如1957年商务印书馆出版《植物名实图考》时，在其《出版说明》里介绍说："德人E.Bretschneider在他所著的《中国植物学文献评论》一书（1870年出版）中，曾对此书作了很高的评价，认为其中附图刻绘极为精审；并且说，其中最精确的，往往可赖以鉴定科或目。他曾采取蜀黍、粱、薯蓣、檾麻、商陆、佛手柑、铁树果、椰子等八幅重雕，用运史纸拓印，附在书末。"迄今不少国家图书馆藏有此书。

《植物名实图考》有多种版本。1848年（道光二十八年）陆应谷太原府署序刻本。1880年（光绪六年）山西浚文书局重印本。内容与初刻本完全相同。1915年云南图书馆重印本，书首有伊藤圭介的《重修植物名实图考序》。1919年，山西官书局重印本。后又补充一些新版，如1919年商务印书馆排印本、日本明治年间的印本、1957年商务印书馆的铅排印本（改正旧本排印的错误，并校补了原书的脱误）。这本著作的反复出版，足以说明它的价值与影响之广。

《植物名实图考》也有不足之处。对此，王筠默先生列举了十一条（《吴其濬和植物名实图考》），1957年商务印书馆《出版说明》就其内容方面和材料编写方面各列了五条。如吴氏常常在分析植物形态、性味或用途时，夹杂一大段陈腐的议论；（上述所举"蘘荷"条亦十分明显）材料简繁很不均匀，多的达千余言，少者仅寥寥数语；有些药物有图而无名或有图而文与名缺；……。

尽管如此，吴氏仍然不失为我国清代伟大的植物学家和药物学家，他的著作仍然不失为我国19世纪的一部科学价值很高的植物学专著。

刘鸿恩

刘鸿恩，字位卿，号春舫，生于1821年，卒于1887年，清朝河南尉氏县人，道光二十六年（1846年）进士，官陕西凤邠道署按察使，同治三年（1864年）辞官返里。刘氏原系文人学士，并非医生，因为他多病，便同医学结下了不解之缘。他在他的著作《医门八法·自序》中说得明白：“予素不习医，而善医。病则谋之于医，医不效，则谋之于书。”《医门八法·卷三·牙痛》记录了他患牙痛和牙痛的治愈经过，实际上也是他学医的一个侧面的纪实，文中说：“学究自二十岁时，即患牙疼，兼之牙龈溃烂，且起牙床疙瘩，屡愈屡作，必齿落而后已。然一齿方落，一齿又疼，以次递及，直无已时。服方书清热之剂，全不见效，更感于引火归原之说，误服热药，其疼倍甚，至五十余岁，牙齿落去大半，迄未得一治法。戊寅（1878年）之春，究心医理，始知方书之误我良不浅也。方书凡遇热证，但治其热，而不治其所以热，敢用黄连以清热，不敢用大黄以泻热，实不去则热旋生，是以终归糜烂。名医误人，半由姑息，诸证皆然，而牙齿之脱落则其误之，确有可指者也。学究终身受其误，知之最真，故不惮痛、切言之，以为没齿之防，特制大黄清胃饮，泻实热者。”这样年长日久，识炼愈深，对疾病的治疗逐渐成了自己的认识与经验，遂之对前人也不时加以评论，如《自序》言：“因于无病时取医书加以评骘，且汇各种医书互相考正，乃知千古名医殚精竭虑著书立说，皆以其昏昏，使人昭昭者也。”其门下士人徐春元为《医门八法》所作序中也称：“吾师刘公位卿，先生留心医道，博览医书，且研究医理，虽不以医名，而实精于医焉。”《自序》中更记述了他写书的情景，言：“予儒生，非医士也。每于谈文之下，兼谈医，即以谈文之法谈医，举一证以为题，每题作论一篇，振笔直书，毫无忌讳，二年之久，共成若干篇。非欲公之于人，传之于后也，特以自备不时之需耳，是以言多戆拙，亦不删焉。”光绪六年（1880年）成书后，莫不以先睹为快，“争抄者几乎纸贵洛阳”。旋即由门下士徐春元刊之，并为之作序曰：“该书其义简而赅，其论确而当，其辨证则语焉必详，其立方则择之微精，缕晰条分，俾阅者了如指掌，凡遇疑难等证，时医每束手无策，而按方施治，莫不药到病除，此书之有益于世者大矣。”据今人毛德西氏云，此书在尉氏、通许、杞县等地流传至广，后因兵燹灾荒，印本流失几近。近尉氏县卫生局搜得手抄本数种，几经对照补漏，重印成帙。又知河南中医学院（现为河南中医药大学）图书馆藏有清光绪间石印本和手抄本，各四册。

《医门八法》共四卷，卷一论八法与瘟病，卷二与卷三论杂病，卷四论妇儿之疾。

以下探讨本书的特点。

一、纲中有纲，易于效法

治国须有纲，治病亦须有纲。医病之纲，即是阴阳表里虚实寒热八纲。八纲源于《内经》，系统化于《伤寒杂病论》，发展于汉后各代。然而一般医家仅认为八纲之中以阴阳为总纲，或称纲中之纲，但未尝就表里虚实寒热六者再细究之。到清代，刘氏对此做了研究。他在《自序》中讲：“八法者何？阴阳表里虚实寒热也。”这就告诉人们刘氏所说的八法，即是常人说的八纲。他的书既以八法冠之，足以显示他对八法的重视。《自序》又讲：“此八者，病之格律也。病证虽多，不能出此范围。”这是在强调八纲在临证治疗中的重大意义。那么“表里虚实寒热”之中以什么为重呢？《自序》言：“八者虽平列，尤以虚实为重。”他认为八纲之中，最能反映疾病实质的是虚与实。又认为寒热为虚实之所生，表里是虚实之所处，只有虚实才是病机的真谛。因此《卷四·乳证》称：“虚实者，病之格律也。”那么，“虚实”之中谁为主次呢？他从长期的临证实践中观察到，虚证与实证相比，虚证最多。刘氏谓心无实证，肾无实证，肝无实证，肺无实证，脾之实证，其责在胃，他因而在《自序》中而断之曰：“五脏皆无实证，惟六腑之胃，乃实证之所聚也，至于小肠、大肠、膀胱，不过间有实证耳。”考其《卷三》所载二十四种杂病，首先看出实证和虚证居多，实证与虚证相较，虚证又居多。这二十四种病是：头痛、头眩、咽喉肿痛、牙疼、耳肿、耳聋、鼻衄、鼻渊、胃气痛、肝气疼、胁痛、腹痛、腰痛、身痛、便血、脱肛、痔、便秘、癃闭、淋浊、遗精、疝气、脚气、疮证。投书中所示阴阳表里虚实寒热八种证型计（包括兼证），共有五十五个证型，其中阴证1，阳证1，表证2，里证1，虚证21，实证11，寒证5，热证13。可见虚证最多，将近占总数的40%。就依此统计，再加上刘氏的“五脏无实证”之说，可以得出这样的结论：“虚者，病之格律也。”

至此可知：八法者，病之格律也；虚实者，病之格律也；虚者，病之格律也。可谓纲中有纲。

其次，刘氏诊病也有纲，如脉诊以浮沉迟数四脉为纲，四诊以望诊为要。同时他反对把脉诊神秘化，主张四诊合参。《卷一·浮沉迟数》指出：“夫一脉常兼数证，一证常见数脉，据脉定证，乃术士欺人之语。欲消息于阴阳表里虚实寒热之间，则望、闻、问、切，更须兼施矣。”四诊之中他尤其重视望诊，如《卷一·望、闻、问、切》中强调：“望以察其精神……而所重尤在于问。”“若系有夫之妇，须问其曾否有身，此尤人之所易忽，而不可不问者也。”

由上观之，刘氏对于复杂的临床诊断理论，探讨论辨，发明要旨，使之纲中有纲，提纲挈领，俾后之学者，易于效法，此其长者之一。

二、敛肝补肝，乌梅为上

《卷二·痰饮》云：“肝无实证，肝之克脾，非肝之有余，乃肝之不足，宜补不宜平，宜敛不宜散。”即刘氏认为治肝之法，一般应该敛、补。并且刘氏选用乌梅作为敛肝补肝之上品。他的这一主张是长期临床研究的结晶。他在《卷一·虚实》中云：“数十年来，凡遇阴证血少，肝燥克脾之证，谓宜用归地以滋阴，方合虚者实之之义，无奈虚不受补，更加胀满，因思肝木正在恣肆，施之以补，直不啻助桀为虐，惟有敛之之法，可以戢其鸱张。待其就我范围，然后渐施补剂，可惜无此药品耳。思之既久，忽得乌梅，用以敛肝，应手辄效，推而广之，凡系肝病证，用之皆效，因名之曰独梅汤。此诚肝木脾土之救星，而予亦可为乌梅之知己也。老学究千虑一得，即自号为知梅学究以自誉。”此知刘氏以乌梅敛肝补肝之主张，实在来之不易。他经历了几十年的不断探索，“千虑一得”，才有了这一学术成果。“此诚肝木脾土之救星”句，言其这一发现之重大意义；自号“知梅学究”，表明他对乌梅的酷爱。

全书62个杂病中，有52个病选用乌梅。或单味应用，或与滋阴药同用，或与补气助阳药并进，或与清热解毒药同施。处方有：独梅汤，参梅汤，乌梅甘草汤，乌梅四物汤，参芪乌梅四物汤，附子理中合乌梅四物汤，六君子汤合乌梅四物汤，桂附乌梅四物汤，牛膝乌梅四物汤，加减补中益气汤，加减十全大补汤，加味当归补血汤，丹地乌梅四物汤，加减大补元煎，加减养心丸、加味贞元饮等。

刘氏最喜欢用独梅汤和乌梅四物汤。实际上这两个方又是基础方。独梅汤：即乌梅一味煎汤，白糖冲服（疗胃气疼用红糖冲服）。他在《卷二・吐血》中说："五味入腹，各归所喜，脾喜甘，肝喜酸，乌梅酸而敛，白糖甘而清，服之则肝脾各复其常。"凡见肝阴不足，肝气躁动所致的鼻衄、恶阻、胃气疼、痢疾、泄泻、吐血、咳嗽、发热、噎膈、霍乱、肿蛊等，均可选用。具有"不止泻而泻止""不止血而血止""不止嗽而嗽自愈""不清热而热自消"，以及消食、消水的功效。乌梅四物汤：刘氏在《卷一・寒热》中讲："阴亏血少，其责在肝，肝藏血，血少则肝燥，肝燥则热生，法宜滋阴以养血，惟在四物汤去川芎为宜？……尤重用乌梅肉，因名之曰乌梅四物汤。盖乌梅最能补肝，且能敛肝，用于阴分药中，功效甚大，凡虚不受补之证，用之尤宜。"对药物之炮制也有具体要求："当归不用全而用身，防其破血也，土炒虞其滑肠也。地黄不用熟而用生，恐其助热也。白芍用醋炒，取其入肝也。"他治疗痢疾、怔忡、汗证、吐血、胁痛、身痛、耳肿、耳聋、遗精，脚气、乱经、经闭、胎动、子肿、子痫、乳证、小儿风气，以及小儿阴虚诸证，皆选用乌梅四物汤。刘氏在《卷四・子肿子气子满子烦子悬子痫子嗽子淋》里说："证虽百而病则一，病一则方不得不一，一以乌梅四物汤予之。肝敛则脾能消水，子肿、子气、子满愈矣；肝气静则子烦、子悬、子痫愈矣；肝血足则不作热，不灼肺，而子嗽、子淋愈矣。"这很能说明乌梅四物汤之力专效宏。刘氏运用此方，加减变化皆能随症而为，所组成的处方已如上述。

刘氏自己研究乌梅，同时也不断吸收他人运用乌梅之经验。

《卷三・胃气疼》云："友人任玉如传诵治心痛歌云：三个乌梅两个枣，七个杏仁一处捣，加上一杯黄酒饮，不害心痛直到老。"他又接着写道此方"屡屡试之，甚有捷效"。

刘氏在肯定乌梅作用的时候，也实事求是地指出在什么情况下应忌用乌梅。如他在《卷四・带下》中说："惟经期之前不宜用乌梅。"又如《卷四・产后忌用乌梅之证》指出："盖新产之后，气血已虚，而恶露未净，证系虚而兼滞，法宜补而兼行，乌梅四物非所宜矣！"

但是，刘氏有时也过于夸乌梅四物汤的作用，如《卷四・经闭》说："应将方书所用归脾汤、逍遥散、六味丸、八味丸、琥珀散、玉烛散、小柴胡汤、九制香附丸、吴茱萸汤，一概摒除，专以乌梅四物汤予之。”这种执一方疗百病的观点，实际上是对辨证论治的否定。当然这种评论决不是对刘氏全盘否定他对乌梅的研究与应用，仍然是应当称道的。

三、清除谬误，勇于创新

历史表明，科学的发展是没有止境的，它的理论和技术要不断革新、不断进步，要在不断清除谬误中达到新的水平。恩格斯说：“科学史就是把这种谬论逐渐清除或是更换为新的，但终归是比较不荒诞的谬论的历史。”（《马克思恩格斯选集》）医学的发展史也证明了这一点。医学史上出现过许许多多敢于革新的医学家，如金元四大医家等，他们在不断地清除前人的谬误中，将医学推向更高的水平。《医门八法》的作者刘鸿恩正是千百个敢于创新的医学家中的一员。他不论是对于古代先贤，还是对于当代医学界，凡是认为错的，一概予以批驳，抒以己见。有关这方面的内容，尽量多录一些，使人们不仅可以学习他的勇敢的探索精神，而且可以学习他的临证用药经验。

《卷一·方书之误》：“后汉张机……立桂枝麻黄诸汤，其说则晦。……又云太阳病，初服桂枝汤，反烦不解，先刺风池、风府，却与桂枝汤则愈……热证而予以热药……故吾谓方书之误，自张仲景始。”

《卷三·头眩》：“头眩即头运，虚证也……刘河间以为风，治以散风药，误矣！朱丹溪以为痰，治以化痰药，犹之误也，……年老身弱而眩运者，气血两虚之证也，治以阳阳双补者也。六君子汤合乌梅四物汤甚效。”

《卷三·鼻渊》：“鼻渊热证也，虚证也，其责在肺。《内经》谓胆移热于脑，则辛頞鼻渊。此术士假托妄议原不足凭。王太仆谓脑液下渗，则为浊涕，涕下不止，如彼水泉，故曰鼻渊。脑能渗乎？戴复庵治此证，用补脑散，脑可补乎？此皆惑于术士荒诞之说而妄为附和者也。刘河间治鼻渊用防风通圣散，加薄荷、黄连，此散中有硝黄，是以鼻渊为实证矣；张景岳谓鼻渊脑漏……是以鼻渊为寒证。学究尝汇众说核之，窃谓鼻渊者，肺证也，不在胆亦不脑，虚证也。不宜硝，亦不宜黄，阴虚内热之证也；不宜参，亦不宜桂，即谂其证之为虚而施之以补，宜补血而不宜补气。”

《卷三·肝气痛》：“方书按其证，制为平肝泻肝各方剂。施以柴胡、青皮、郁金、香附各药品，直视肝气为有余之证，且以损其有余为主治之方矣。不知愈损则肝愈虚，肝愈虚则气愈燥，而痛愈甚也。名医车载斗量，方书汗牛充栋，一脉相传，谁敢异议？肝经之厄曷其有极也！知梅学究本儒书以究医理于肝经病证，洞若观火，特制乌梅四物汤，注意在滋阴生血敛肝，肝气鸱张以乌梅之酸敛约束之，肝血枯槁以归黄之甘润滋养之，肝性虽狂悍，饵之以此，竟已俯首帖耳就我范围，诸证悉不作矣。”

《卷三・咽喉肿痛》：“咽喉肿痛，热证也。”“盖胃热灼肺，上冲咽喉之所致也。东垣治此证，用普济消毒饮，方书谓其极效，其实不甚济事。缘此等实热病证，热为标，实为本，不攻其实而但清其热，未有不迁延贻误者。其用升麻尤不相宜。予治此证，亦用此饮，然必散去升麻，重加大黄，但得洞下，一剂即愈。”

《卷三・腰痛》：“劳倦腰痛，伛偻不能直腰，伤也。即病也，加减大补元煎自可酌用，至于冲任督带说，乃名医杳冥敞恍之谈。儒生不欺人，亦不受名医之欺焉！”

《卷三・脱肛》：“脱旺虚证也……虚而兼寒之脱肛，忌用燥热之药，盖此寒非外至之寒，亦非在中之痼冷沈寒，乃因寒生寒，宜温润不宜燥烈也。方书治脱肛之证多用补中益气汤，术士依方施治，不甚见效，盖此方中有陈皮、柴胡。陈皮开气非正虚者所宜；柴胡散邪气亦散正气，外感之证用以逐邪，甚为有力，正气虚者用之则大不堪矣。必散去陈皮，以乌梅之敛，易柴胡之散，此方乃纯而无疵，脱肛之证用之乃有捷效，虚而兼寒者加炮姜，虚而兼热者加生地，其虚之甚而孤阳外越者加黑姜炭。”

《卷三・痔》：“方书有溃则为漏之说，洵足骇人听闻；有肠风脏毒之名，亦可眩人耳目。有艾灸之法，是以火济火也。有药腺之制，是以毒攻毒也。名医之心诚可嘉，名医之识诚可笑也！宜将各种方论一笔抹煞，取治虚热脱肛之加减补中益气汤服之，或当有效。”

《卷四・经期迟早》：“《济阴纲目》专理妇科，其与经脉病证，概以四物汤加减主之。查此议创自王好古，名曰六合汤，诸用不效，后人曾有以勉强牵合讥之者。然其失不在牵合，在于误用川芎耳。夫临证以辨别虚实为先，立方以酌核攻补为最要，况虚之为证更危于实，补之为用难于攻，籍草木之余气，以补精血之亏乏，却于滋补中杂以攻伐药品，安能见功？”

《卷四·恶阻》："平肝二字不知何人作俑，历代名医恪遵之以为师承，一遇肝经病证，则青皮、香附纷热杂投，不知肝血虚，故肝气躁，平之则虚者愈虚，而躁者愈躁，躁愈甚则克愈甚，则阻愈甚。"

《卷四·子肿子气子满子烦子悬子痫子嗽子淋》："方书谓子肿子气等皆属湿，治宜导水汤……论虽多而不中于病，方虽多而不适于用。窃叹名医与名士等宜一并置之高阁，免致误国误人也。夫子肿子气子满皆生于湿，湿何由而生乎？导水可以去湿，湿去即不生乎？且导之而湿遂去乎？不见有服利导药成癃闭证者乎？学究为此证与恶阻同，其证在脾，脾不消水则湿，生其病；在肝木克土，则土不消水，是为湿之所由。……"

《卷四·胎漏》："胎漏，虚证也，热证也。……治此方保产无忧散为最谬。此方载于《保产辑要》，附于《达生篇》，流传于闺闱阏间。据称胎气伤动一服即安，腰痛腹痛，甚至见红不止，再服全安，其药率以分计，且云不可增减，故示神奇，实同儿戏，即令对证，亦难见功，况药味多于病证大不相宜乎！方中有川芎，有蕲艾，二味合为探胎饮，有厚朴，有枳壳，二味列于承气汤。夫胎既伤动，安之犹恐不及；血既妄行，止之犹恐不及，尚何取于探胎，承气合而用之乎？是殆以挽之者，推之援之者，挤之乎此等方书，原不足责，然乐善好施者广为刊布，鲜闻浅见者轻于信从，贻误既多，则驳斥自不可少也。此证与崩中相同，宜乃以治崩中之剂治之，惟参芪乌梅四物汤最为对证。"

《卷四·胎动》："胎动，虚证也，热症也。方书治此证率用安胎饮、安胎散、泰山盘石散。此三方中皆有川芎，与胎动不大相宜，且有陈皮、紫苏、艾叶、砂仁行气降气，燥热香窜之品，亦非胎动所宜用者。……治胎动者，舍乌梅四物汤其奚以哉？"

从上述所引录之内容看，上自《内经》，下至《济阴纲目》；上自张仲景，下至张景岳，所有的医家，所有的方书，都在刘氏的评论之列，就此意义上讲，刘氏之书可称谓"医学批评之书"。另一方面，刘氏在批评前人之同时，又讲了自己的理论与经验，所以就这个意义上说，刘氏之书又可称谓"医学创新之书"。认真学习本书，颇有现实意义。目前正缺乏此种性质之书，即既有批评又有创新之书。如果多出版一些这类性质的书，医学的发展将会出现生动活泼、不断前进的局面。

刘氏在《卷二·外感风寒》中写道："既有真言，不妨直陈，心存顾忌，则语必含糊。”上述所引录他对医界的评论，证实了他的这一勇于争鸣的正确态度。但刘氏在批驳前人的时候，也有不当之处，甚至意气用事，对某些问题得出片面的错误的结论。如《卷一·瘟疫说难解嘲》云：“伤寒二字，应一笔抹煞，而以感冒二字代之。”《卷一·方书之误》云：“方书之误、自仲景始。”《卷四·经期迟早》云：“张仲景之制方本未精当，术士尊仲景为医中之圣，率而行之，实尤而效之也。”

虽说刘氏对某些学术认识不那么全面，但是，从总体上仍是瑕不掩瑜。因而《医门八法》仍不失为不可多得的，有相当价值的临证参考书。如果有机会建议出版社再版，那时，《医门八法》的社会效益将会发挥得更大些。

王燕昌

王燕昌，字汉皋，清朝河南固始人，其先七世皆精医，初，“邑先达蒋子潇、阎牧堂两先生，设经帐，君受业，得其秘。由是而书靡不读，艺靡不精”，常意气激昂，立志为国建功立业。后又值“草寇”四起，迫于寇扰，室宇荡然，怀才不遇，未能振羽天衢，遂为衣食计，亦顾医学传世，“至是乃幡然曰：古人谓不为良相，当为良医，盖胥此纳民仁寿之意也。天靳吾于遇，天不能靳吾于学”，于是更加奋发学习医学。“每值群医却走之症，君独奋袂往，目矐矐不俯视，刀圭一投，则沉疴立起。”他幼年时，曾祖、祖父、父亲和他，四世同堂，行医立说，生活十分有意义，因此不时抒发对昔日的依恋之情和今日不得志与惆怅之感。正如《王氏医存·自识》里所写：“顾维先代，以医业世其家者七传矣。昌生也晚，闻见所及，自曾大父以至先子，慕时府君日用留余，必施药济世，汛应有暇，则闭门著书，手泽所遗，总若干种，中更兵火，荡然灰烬。回忆往昔，趋庭承训，忽忽犹前日事。而昌潦倒，青衫蹉跎，皓首俯仰高矩，感慨系之矣！”据《王氏医存·附编·新选验方续·叙一》所述，王燕昌曾协助同里周浚臣治理安徽全椒县，并于庚午（1870年）编写出《新选验方续》。又据《王氏医存·叙》与其“自识”，王燕昌年老时，做过西林制府的幕僚，并于同治十三年（1874年）撰写完《王氏医存》，由西林制府作叙，可能于光绪乙亥年（1875年）付梓。王燕昌确切的生卒年代不可考。仅据“叙”所讲“固始王君汉皋，老于医，客于幕中”，“行而惜君之将老也矣”，当时，即1874年，王燕昌至少已55岁。由此推测，其生年约在1819年。

《王氏医存》为医论、医话、医案、验方的杂论与札记体。计医论、医话258节472条；医案（临证述略）66例，并附按语；验方200余首。其所论述的范围广泛，内容丰富。本书共十七卷，卷一主要为中气、命门的理论，卷二主要为脉法，卷三主要为病因，卷四主要为方药，卷五主要为养生，卷六主要为伤寒、瘟疫，卷七主要为杂病，卷八主要为老年医学，卷九主要为体质肥瘦，卷十主要为诸郁证，卷十一主要为伏匿宿疾，卷十二主要为妇、儿科，卷十三主要为吸烟诸病，卷十四主要为外科，卷十五主要为药误，卷十六主要为医德与治学，卷十七为医案，另有“附编”主要为验方。

本书的学术思想有以下几个特点。

一、阐发中气理论，研究命门学说

中气，通常是指中焦脾胃之气和脾胃等脏腑对饮食的消化运输、升清降浊等生理功能而言，但有时单指脾气。作为中气的理论始见于《内经》，发展于金元医家，尤其是李杲。对此，王燕昌亦非常重视。本书卷一首节即是“中气约言”，指出中气在人体生理、病理方面的重要性，说：“中气在身，自幼自静，出没有处，生发有时”，“所有为病，乃在中气”，引以为注意的是他把中气分为精、气、神，并加以阐发。卷一“中气分为精气神”一节讲：“一中气也，而三其名。氤氲而充塞于身，曰气；灵慧而莹于身，曰神；凝融而温养于脉络，曰精。”这就是说，中气包括了精、气、神三大要素：充满全身并能推动机体活动的动力叫“气”，聪明智慧反映在人体叫“神”，凝聚融合、温养血脉经络的物质叫“精”。这样一来，便牢牢地将中气与精、气、神捆绑在一起，所以在临证上他自然地认为：“保守精、气、神，即中气。精、气、神伤，即中气伤也。”单就或精或气或神所伤在临证上有何意义呢？他指出：“思虑伤神，怒叫伤气，淫欲伤精。”又设“精气神伤一易治伤二难治”一节，进一步证明保全精、气、神，即保全中气的意义。

命门学说也是祖国医学理论的组成部分。命门的概念《内经》中已有，但作为一种学说，则是发端于《难经》，系统发挥于明清。对此王燕昌亦有研究。他在本书卷一“命门有形之始”一节中说：“养身家主气所用，皆无形；医家主质所用，皆有形。故道称气穴，医称命门。”此是说对命门认识，存有两种学术观点。然，对命门之解剖位置的认识分歧就更大了，并由此形成了“右肾命门说”“包络命门说”、“肾间命门说”和“动气命门说”，其代表分别是《难经》、清·程知、明·赵养葵、明·孙一奎。王燕昌主要研究发挥了赵养葵的“肾间命门说”。他说：“命门空居两肾之中，始气之生，先达于此。”命门者，一身有形经络之始也。周身之空处，皆气行之路，本于命门。“命门之一开一阖，九窍应之以呼吸，百脉应之以动静，人所赖以永年也。”这即是说，命门是有形之物，居两肾正中，人体原始之气由此而生，全身经络由此而发，人体机体活动由此而起。“命门之一开一阖”，则目能视，耳能听，二便调顺，鼻能呼吸，全身血液随之流动，人身赖命门之正常机能而得以长寿。

二、四诊以问诊为首，脉证以证为先

望、闻、问、切四诊，是中医诊断学的特色，历来医家普遍主张四诊合参，同样王燕昌也强调四诊合参，他在本书卷六“临证须合四诊乃能分晓”一节中说：“脉仅二三十象，病乃无穷，故一脉不仅属一病一证，而一病一证亦不仅见于一脉。”“凡诊诸脉，均合四诊以施治，乃不侊侗。有谓不须望、闻、问，但一诊脉，即能悉其病者，欺人语耳！”这就是说，单靠脉诊不行，须四诊合参，才能准确地诊察疾病的全面情况，做出正确的诊断。那么望、闻、问、切四诊谁居首位呢？王燕昌的回答是问诊居四诊之首。如他在卷六“临证先问病因再合四诊两参之”一节中说：“因，乃病之由来也。问明病因，然后切脉，问证，望其形体之强弱、容色之枯润，闻其声音之巨细、呼吸之缓急，则是据其病因，参合望、闻、问、切四法，虽一脉有侊侗，或反形，或闭伏，而病情已得于五法中矣，指下之疑自释也。”看来临证先问明病因十分重要。

脉与证孰先孰后？王燕昌在本书卷六“临诊先据见证”一节做了答复。他说：“九窍者，脏腑之门户也，故临证先据九窍所见之证，与脉核对。自胸至头有证，必见象于寸；脐上、两手、两胁有证，必见象于关；少腹、两腿、大小便有证，必见象于尺。”临证时有舍脉从证者，有舍证从脉者，但更多的是前者。王燕昌根据他的经验，在本书卷六总结为“见证知病”一节，写道：“凡人饮食，嗜肥者，胃燥；嗜瘦者，脾湿；嗜茶水、冷果者，胃热；酢心、吐酸者，胃寒；食后倦卧者，胸有停积；呕者，积滞；阵疼而面有白点者，蛔虫；右胁痛者，气与痰；左胁痛者，气与血。”看来他主张就脉证而言，证应为先。

三、论老年医学之特点，述食各种烟之危害

老年医学是近来国内外医学界的热门话题之一。有关这方面的知识，在祖国医学的医籍中有丰富的内容。王燕昌的书中在第八卷就专题分析了老年人的生理、病理和治疗特点。他认为老年人的生理特点是元气亏损，“不足化生阴阳”。其病理特点是“真阴不足，津液既亏，故多燥证”；其阳不足，多“表虚

易汗”，“脾虚易泻”。其病变部位是：“虚寒常在肺、脾；虚热常在肝、肾、心、膻中；实热常在胆、小肠、三焦；湿热常在脾胃、大肠、膀胱；积滞常在胃脘。”治疗用药的特点是：“凡诸燥热证”，“皆宜养阴生津，固气益血。如白芍、二冬、石斛、乌梅、三仁、芝麻、蜂蜜、梨汁、萝卜汁、饴糖、北沙参、苁蓉，一切清润之味为妙”。“表虚易汗者”，“凡麻黄、羌活、独活、荆芥、防风、白芷、细辛一切发汗之药，固为慎用。然补虚方中，常有桂枝、肉桂、升麻、干姜，凡属宣扬疏达之性，皆能发汗。又如当归能温血，血温则汗出，得川芎更易汗矣。”同时又指出：“然则见为不宜汗则当留心于能汗之药。”“表虚易泻”者，凡大黄、芒硝、二丑、巴豆一切攻下之药，固当慎用。然补虚方中，常有二冬、二地、知母、莲子，凡属阴寒油湿滑润之性，皆能致泻。又“降香、沉香、山楂、麦芽、枳壳、苏子皆能破气”，能致泻下，甚至滑泻者。然，“见为不宜泻”者，“则当留心于能泻之药”。若真阳虚者而有热证者，“勿纯用寒凉药，恐灭其有限之元阳也。”王燕昌还认为，“老年病愈之后，亟须峻补元气。”这是因为“若元气足，则动而生阳则真火发，静而生阴而真水潮，神力自健，津液内生”。由上所述，说明王燕昌老年病学有系统的理论和治疗保健经验。

吸烟、吸食鸦片的毒害，早已成为妇孺皆知的事。然，祖国医籍中的明确记载，恐怕属于《王氏医存》了。本书卷十三，用一卷的篇幅讲述其危害及对所致疾病的治疗。设有“洋烟（即鸦片）伤元气与诸病不同”“治瘾者病要法”、“戒烟须先治其本病”等计15节。其中有“鼻烟水烟旱烟洋烟皆能为病”一节，说：“古有淡巴菰，即今之烟草。”“但作旱烟，后乃作水烟。吸受伤者，皆胸燥而生痰。”又说：“《本草纲目》有阿芙蓉，即今之洋烟。”“洋烟古以为药用，故人无瘾，斯无治法；今为日用常食之物，遂致成瘾，受其害者，几遍大千矣。医者当审其所伤，分立治法。”又说：“又见吸鼻烟太过者，每患鼻渊，依法治之多不效。盖鼻烟伤脑，非寻常鼻渊也。”这个记载与王燕昌这方面的临证，不仅在当时收到了社会效益，今天仍有一定的积极意义。

四、治医以“八要”为准，“八要”以医德为重

如何治医，即怎样才能成为一名医德高尚、医术高明的医生，历代医家都有宝贵的经验。王燕昌根据历代医家的经验和家传经验及自己的体验，总结为“八

要”。他在卷十六“临证”一节里说：“医有八要：一要立品；二要勤学；三要轻财；四要家学；五要师承；六要虚心；七要阅历；八要颖悟。”谈到读书，他指出应读《内经》《伤寒》《金匮》《本经》《难经》《千金》等，特别指出初学者应该读《医学实在易》《苍生司命》。谈到师古，他说：“善师古者，学其临证辨病、设法立方，务求真得，析群言而衷一是，夫是之谓良医！”医者应“食古能化”，“无须株守”。这些皆是治学良言。

“八要”之中，列“立品”为第一要，又单列“轻财”为第三要，足以见得王燕昌对医德的重视。对此又作了具体规定，他在“临证”一节说：“医人临证，全仗精神健旺，用志不分；若精神疲惫，乱听乱说，粗心浮气，先自病矣，奚以诊病？”就是说诊病时要精神专一。又说：“医有家学、师承者，一言一动，皆守规矩。诊室女视如侄女，诊幼妇视如姊妹嫂娣”，“无谈笑戏谑。”而且专设“诊妇女病雅言”一节，规定诊妇女病时使用的规范语言。还用“医人之误”一节，告诫医者说：“病急而医来迟。问证未确，遂立方剂，或术劣而无能，贪利强治。医在病家，取药既到，医不过目，服药致误。或醉后临证，误毙人命。或医多聚讼，袖手怀奸，以至误事。凡此数端，都宜切戒！”这方面的见解，对今天医学界讲，更具现实意义。

龙 子 章

龙子章，字绘堂，原籍河南太康，后迁河南项城，出身于书香门第。其祖父著有《四树堂文集》，父亲著有《学古斋文集》。本人天性孝友，生而颖悟，不事戏嬉，幼即专于学，为清末岁贡生，“工夫纯熟，为文亦卓然成家”。其父常常夸耀说：“是儿可以光门楣乎[1]！”然命运不佳，始终未能得第。又值兵燹，加之体弱，所以攻读之余，兼及岐黄。后在河南沈丘学馆结交晏廷予。廷予以抡元经魁，得名臣李子振之传，遂为医国名手。子章精于地理之学，声称藉藉。二人互相往来，各尽其传，切磋学问，相得益彰。继之。子章又得《石室秘录》一书[2]，切理餍心，医术日渐成熟。晚年，家遭不幸，长子、次子相继去世，子章念家计日艰，诸孙年幼，无以糊口，即授以医书，本人亦专心悬壶。在实践中，他举古人方略，与平日所心得历试有经验者，作为诗歌。取其浅俗易晓，以教诸孙。1882年终编成史册，名曰《蠢子医》。

龙子章在世时，《蠢子医》未能出版。后来其亲友争先诵读传抄，并于1882年集资，由胞侄金门、孙镇川校刊石印。该书1896年收入《珍本医书集成》（杂著类），由上海科技出版社出版。

本书四卷，卷一阐述脉理变化，强调脉证相应；卷二着重记载用药经验；卷三详论杂病辨证；卷四记录妇、儿、眼、外诸疾的治疗。

本书是颇具特色的医学启蒙读物。下面就谈谈它的学术思想及特点。

一、阐述医理简要摄烦，警透化障

龙子章学问渊博，文才横溢，入于医道者深，得于医道者邃，故论述医理，简要摄烦，警透化障。所议有正论，有反论，有逆治，有正治，有外治，有内治，皆语奇新颖，言简意切，述其所以然。《沈括良方》谓治病有五难：辨疾难，治疾难，饮药难，处方难，别药难，而于治疾尤难。《蠢子医》一语可使所谓辨疾难、治疾难、处方难冻解冰释，即“治病要有把握有提纲”。书曰：“治病总要有把握，有提纲。有了把握与提纲，下笔便是方。若无把握与提纲，纵学一世亦渺茫。试看今之翰苑（翰林院）客，能知几篇好文章。试看今之都督府，能知几路好刀枪。然而安天下，定四方，祇是有把握，有提纲，纵有不知亦何妨。请问今日病，千头万绪不能详。若是有把握，有提纲，三言两语便知常。不是气分起，便是血分藏。若是从气起，补中益气去酌量。若是从血起，六味地黄去推详。二方岂能包尽天下病，天下之病自此知深长。补中汤中重补气，亦有去了参术加硝黄。六味汤中重补血，亦有去了熟地加参羌。补中汤中重提气，提气亦有减了升柴用槟榔。六味汤中重凉血，亦有减了丹皮用桂姜。气血各有寒热虚实时，气血各有温凉补泻方。不过依着二方为规模，千变万化与精良。只要脉理透，药味详，何往不得神奇方。不必翻《素问》，不必溯轩黄，胸中自有真主张。方知岳夫子不泥宗泽意[(3)]，自足驰骋古战场，霸王不拘项梁法[(4)]，自可立扫秦边疆。……”作为医生，既脉理透，药味精，气血理论通，又可随疾病之千变万化灵活运用，就能如同将军一样，驰骋于疆场。该书对于脾胃学说，运气学说等理论的论述亦如此。

本书脉、病、药味，往往只在数句之中，诊脉即知病，知病即知药，极其简明。如“肺部脉宽点点花，有风有火有痰呀，头疼时呼一寒热，大用风药清肺家”。又如：“心脉寸头滞麦屑，头懵头晕心中咄，我用郁金与菖蒲，加入风药病立咄。”等等，使初学者一目了然，易诵、易记、易用。

二、用毒而反剂其平，师古而妙用其创

中医用药讲炮制，而且讲尊古炮制。龙子章集前人之经验，对毒药的炮制、运用，有众多新奇之理，用毒反剂其平。认为“毒药制好能治大病：毒药真正制得好，大病一见便罢了。忆昔一时大家症，惟有土信称至宝，面包烧红用醋洗一两，明雄三两 石膏生熟各二两 绿豆粉半斤 共捣，并合一处为仙丹，以治湿症真绝妙。又尝糯米半斤 炒斑蝥，以治下焦血滞窍。又尝沙土炒马前，以治偏枯身潦倒。多少名医不能痊，惟此三味一笔扫。休说诸药甚是毒，斩关夺隘他最巧。试看兴王佐命臣，那有一个和事佬。”该书还有“毒症非用毒药不行”“病有风火湿寒之毒便须从此下”“巴豆赞”“马前子赞”“斑蝥引子赞”诸论，皆属用毒药之临证体会。龙子章的孙子镇川在“霸药亦不可少”论的按语里评述说：“凡用霸道毒药，其势不得不然。非有过人之识，脉理分明，病原参透，不可妄加。

至炮制药时，尤要尊古今良法，百倍其功，转极毒之品，成极平之性，否则恐致误事。”镇川所言极是。

历史在变化，医学在发展，医家应在继承前人成就的基础上，同时具有随时为变的革新精神。龙子章就是这样的医学家。龙子章尝说：“医道亦从一贯来。”又说：“治病所谓君子而时中，此岂术士所能及欤？慨世运日非，气运亦日变，医国者泥古时之法，且不足以治今时，医人者泥古人之方，又岂治今人乎？”他对古说能探其蕴、能窥其奥，而又努力发人所未发。从书中所列的部分篇目就可一目了然。如“古今运气不同”“汤头歌不可泥”“驳汪讱庵加减古方”“今日脉案与古稍异”“今结胸症与古不同”“古今用药不同”“驳汪讱庵讥陶节庵伤寒论”等论(5)，均反映出他的治学思想。现将其“汤头歌不可泥”一则节录于后：“今日治病好依汤头歌，以为十大名医必不错。岂知妙理皆自脉中得，不得脉理枉用药，得了脉理细细思，其中自必有主药，有了主药往下排，此是汤头真大略。今人动说古方好，不知以古治今多有错。古人未看今日病，安知今日之用药，……古人用药条条好，安得今日病情恰恰合。”再录“脉学”一则：“脉形脉象已尽传，治病全靠古圣贤。一切三部九候理，何须鄙人肆口谈。然而今日之文章，犹步前人之陈言。然而今日之诗歌，犹步前人之旧编。不妨移宫而换羽，不妨改调而续弦。况且运会有不同，况且风气有变迁。不得泥住古人意，而忘今日之宫悬。医道亦如此，吾今得为后学一指点。”基于这样的治学精神，临证上他多有创造发明。在诊脉方面，除诊之三部九候外，主张候中指、脚心、手心。如认为人之头颠与中指相应，凡是风火上冲于头颠，则气脉必贯手中指，且当贯指之时，又有初节、中节、上节之异，又有有力无力之分，为气脉已移于上，不能拘于三部九候。在治疗方面，发挥东垣脾胃学说，强调“万病皆以脾胃为主”；创用大黄治虚劳阴热之疾，发散药用于催生；提出病在血分多从小肠而出，不必另找出路；发明“症疾不易治，要有把握，以伤寒瘟疫杂症括尽治症之理”等。

三、行文笔力超脱，字句光昌

行文笔力超脱，字句光昌，是其另一大特点。首先，他用的基本上是日常生活中的语言，妇孺老幼皆懂。如论“各种死脉”：如皮条、如灰里蚯蚓、如牛槽、如芦管、如秫莲、如弓弦、如游鱼、如线绳、如葱叶、如刀等。如《治病先看气色吉凶亦可预知》篇有："试观老树将发芽，必有嫩色透枝尖。试观田苗将结实，必有秀色之可餐。"也有些是中原方言土语，如"治病以胃为主不论粗细人"句中的"粗细人"和"死生多从脸上看，全靠脉理必不占"中的"不占"等。但就通篇看来，其笔力高超脱俗，字句光昌。兹随意录几篇，与读者共赏析。《治病有先霸后王之不同》篇："大热大凉有几番，用得好时病立痊。病一痊时便须已，不如和缓为上仙。大补大泻有几番，用得好者病立痊。病一痊时便须已，不如平妥为上仙。凡是病症皆有偏，不得矫枉过正必不安。好似秦人之暴虐，必得霸王之铁鞭。一若平定了，便须治世之曹参[6]。治病亦如治天下，有时用霸王霸药专治暴症，有时用曹参。且饮醇酒以自乐，又有黄老那一篇[7]，大病已竟抉去了，全凭盖公去周旋[8]。"《霸药亦不可少篇》："……有此奇奇怪怪症，必用奇奇怪怪药。安能舍此不用罢，吾尝立方时，必兼此味作舟驾。虽有堂堂正正药，舍了此味不能化。譬如由基射伯棼[9]，在当面那一诈。譬如关帝斩蔡阳，祇在背后那一吒。如此一点药不必多用一点就到也最灵，也最捷，好似神龙飞火射。今日谨告小后主[10]，莫谓江东无小霸。"《大药引子甚是得力》篇："治病引子最为先，引子便是先锋官。""好似乌骓马，全在霸王去着鞭。又如青龙刀，全在关帝去传宣。幸当用药时，不妨此笔添。"《治虚症以扶正为主》篇："……正气一足阳回来，一切阴霾尽扫净。纵有垒块不能达，略加和药命立定。试观虞廷去伐苗，一舞干羽苗遂听。试观文王去伐崇，一修德政崇立应。"上述所录数篇，足以反映本书之一斑：语言流畅，比喻恰当，医理表达尽致，典故寓意深长，使学者读之生快。

发展任何科学，既要有提高，又要有普及，医学也不例外，而且历代如此。单就清代而言，一方面有众多的医学全书、类书、丛书，用于医学的提高，另外又有不少医案、医话、入门书，用于医学的普及，龙子章的《蠢子医》正是医学普及读物中的奇葩。当然，也有不足的地方，如过于强调"气运就是医道之权衡"就是片面的。

注释：

（1）门楣：楣，门户上的横木。旧时贵显之家门楣高大，因以"门楣"喻门第。

（2）《石室秘录》：综合性医著。6卷。清代陈士铎著。刊于1687年。卷一至卷五，不分病证、脉象，统述正医、反医、内治、外治等128法，并分列方剂治疗。书中议论不同于一般医学论著；其中有不少独特的见解；治法、处方尤多新意；卷六为伤寒、杂病类证治。全书假托岐伯口授，张机、华佗、雷公评论，实为傅山遗著，经陈氏补充整理而成。

（3）岳夫子：即南宋抗金名将岳飞（1103—1142年）。宗泽（1059—1128年）：宋名将。

（4）霸王：即西楚霸王项羽（前232—前202年），秦末农民起义军领袖。项梁（？—前208年）：系项羽之从叔父，秦末农民起义军领袖。

（5）汪讱庵：王昂（1615—？），字讱庵，安徽休宁人，清代著名医家，撰述较多，其中有《医方集解》《素问灵枢类纂约注》《汤头歌诀》《本草备要》等。陶节庵：陶华，字尚文，号节庵，浙江余杭人，明代医家，撰《伤寒六书》，流传较广，颇有影响。

（6）曹参（？—前190年）：汉初大臣，沛县（今属江苏）人。曾为沛县狱吏。秦末从刘邦起义，屡立战功。汉朝建立，封平阳侯，曾任齐相九年，帮助高祖平定陈希、英布等异姓诸侯王。在齐时采用盖公的黄老之术。后继萧何为汉惠帝丞相，“举事无所变更，一遵萧何约束”。“有萧规曹随”之称。

（7）黄老那一篇：指黄老学说。战国、汉初道家学派，以传说中的黄帝同老子相配，共同尊为道家的创始人，推崇“清静无为”的思想，并加以发挥，成为黄老学说。

（8）盖公：汉代胶西人，善治黄老言。曹参为齐相，遣使聘之。既见，为言治道贵清静而民自定。参避正堂以舍盖公，用其言，齐国大治。

（9）由基射伯棼：由基，系养由基，春秋楚国人，擅长射箭。伯棼，春秋楚国大夫，被由基射杀。

（10）小后主：南汉后主刘伥。

附：中州医林人物一览表

王安邦　编

编者注：1984年，曾应编纂新方志之需，翻阅了一些旧方志和其他史书，初考从战国至清朝，见于史书记载，河南省有九百多位名医，并将其抄录、整理、编次，制成此表，分地区列出，供有关方面参考，其中一部分已由《中州古今》杂志发表。近来又做了一些修改和补充，名医数增至一千一百位，现把全文附于《中州古代医家评传》之后。由于水平和查阅的资料有限，遗漏及错误之处在所难免，敬请补充、纠正（本书以写作时的20世纪80年代河南省行政区划为主，本次出版时对部分改变的行政区划作了说明）。

籍贯	朝代	姓名	字、号	生活年代	职官	主要专长、贡献及著作	其他	资料来源
郑州市〔郑州市、荥阳县（今荥阳市）〕	隋	刘祐		六世纪	大都督、封索县庐令	奉诏撰兵书十卷，名曰《金韬》；复著《阴策》二十卷，《婚姻志》三卷，《归正易》十卷，并行于世。又著《产乳书》二卷。已佚。	荥阳（今郑州市）人	《荥泽县志·方伎》
	唐	郑虔	弱斋	?—760年	广文馆博士	善诗、画，本草学家，著有《胡本草》七卷。	荥阳人	《中医大辞典·医史文献分册》
	宋	娄居中				著有《食治通说》一卷。	东虢（今荥阳市）人	《河南通志·医家类》
	宋	张锐	子刚		团练使	笃好医方，遂得精妙。著有《鸡峰普济方》三十卷，行世。	郑州人	《中国医籍提要》
	宋	郑春敷				著有《女科济阴要语万金方》二册。	荥阳平桥人	《女科济阴要语万金方》

续表

籍贯	朝代	姓名	字、号	生活年代	职官	主要专长、贡献及著作	其他	资料来源
郑州市[郑州市、荥阳县(今荥阳市)]	明	李守钦	号肃庵			崇信太素脉，著有《方书一得》《太素精要》。	汜水人	《汜水县志·方伎》
		齐至道				精医术以济人，善治难、危症，且亲制丸味以给患者。	汜水人	《汜水县志·方伎》
		尹百祥	号巨川			长习岐黄，又通天文风角之术。	汜水人	《汜水县志·仙释》
		李鸣皋	闻宇		邑庠生	“访高士订本草药性，制丸散济人。”	居广武山畔	《荥泽县志·人物》
	清	弓士骏	伯超	十八世纪		究心医学，著有《弓氏医书辨讹》十六卷，存者四卷。	弓寨人	《郑县志·方伎》
		张希曾	省斋	十九世纪		精针灸，著有《针要诀》。	官井巷人	《郑县志·方伎》
		徐士彦	子美	十八、九世纪		素业岐黄，善小儿科，尤精于痘疹。“光绪二十七年大疫，施药疗病，全活无算”。	新庄寨人	《郑县志·方伎》
		马汝骏	伯良	十九世纪	训导	“兵农医卜靡不研究”。	京水镇人	《郑县志·人物》
		沙璞	莹侯	十九世纪		弃儒学医，延请者踵相至。	世居东街	《郑县志·孝子》
		阴维新	振业		廪生	习岐黄业，精通脉理，尤善治婴儿痘疹，著有《痘疹金鉴》。		《郑县志·耆德》
		张位西				精岐黄。		《郑县志·耆德》
		毛永贵				业精岐黄。		《郑县志·耆德》
		虎生寅				精岐黄。		《郑县志·耆德》

续表

籍贯	朝代	姓名	字、号	生活年代	职官	主要专长、贡献及著作	其他	资料来源
郑州市［郑州市、荥阳县（今荥阳市）］	清	尹式衡	少阿	十九世纪		习岐黄学导引之术。光绪三年大疫，“先生乘犊车应四方病，全活无算”。	世居马渡村	《郑县志·仙释》
		□元林				“善医，不嗜财利。”		《荥阳县志·人物》
		□□□				精痘疹科。	薛村保人	《荥阳县志·人物》
		丁青山	月樵堂			业医。	张村人	《续荥阳县志·义行》
		王元修	德符	十九世纪		通岐黄，精针灸。	河王村人	《续荥阳县志·义行》
		王居宸	寰一	十八、九世纪	监生	业岐黄，精运气。		《续荥阳县志·义行》
		张如良				精医。		《续荥阳县志·义行》
		张复曾				精医。	如良之孙	《续荥阳县志·义行》
		张珍瑞				精医。	如良之孙	《续荥阳县志·义行》
		张芝芳	香泉			“笃于孝友，以医济人。”		《续荥阳县志·义行》
		马万全				精医。		《续荥阳县志·耆德》
		马九成				精医道。		《续荥阳县志·耆德》
		弓泰	仁斋			以医名。著《眼科正谬》《幼科医案》《方脉合编》。		《河南通志·医家类》
		宋懋容	子温			“以医济人，药资听人自给。”		《续荥阳县志·耆德》
		宋文昭				“以医济人，有善名。”		《续荥阳县志·耆德》
		白鹤鸣	寿亭		骑射尉、守备	博极群书，尤好岐黄。	三李村人	《续荥阳县志·方伎》
		白绍曾				“论证洞彻，根源剖析微茫。”	鹤鸣之子	《续荥阳县志·方伎》

续表

籍贯	朝代	姓名	字、号	生活年代	职官	主要专长、贡献及著作	其他	资料来源
郑州市［郑州市、荥阳县（今荥阳市）］	清	宋辛酉	位西			洞悉素难，以脉候决生死。	懋容之孙	《汜水县志·方伎》
		宋树琴			增生	以医名。	辛酉之子	《汜水县志·方伎》
		宋树棋			岁贡	以医名。	辛酉之子	《汜水县志·方伎》
		宋多三				世业医。	辛酉之孙	《汜水县志·方伎》
		宋畏三				世业医。	辛酉之孙	《汜水县志·方伎》
		宋运善	普斋		议叙八品	世皆儒医，幼科尤精。	小京水西冈人	《汜水县志·方伎》
		宋凤起			廪贡	“医名噪一时。”	运善祖辈	《汜水县志·方伎》
		宋泽溥			恩贡	“医名噪一时。”	运善祖辈	《汜水县志·方伎》
		宋开第			贡生	悬壶须水镇，善针灸。	运善之父	《汜水县志·方伎》
		宋运时			廪贡	“以医显。”	运善之胞弟	《汜水县志·方伎》
		宋吉人			附生	“世业医。”	运善之堂弟	《汜水县志·方伎》
		宋其义				世业医。	吉人之子	《汜水县志·方伎》
		宋其瑾				世业医。	吉人之子	《汜水县志·方伎》
		宋捷三	锡堂			从宋凤起学医，“疹痘尤其所长”。	小京水北冈人	《续荥阳县志·方伎》
		宋广述				世业医。	捷三之子	《续荥阳县志·方伎》
		鲁中阳			生员	精针灸，善种牛痘。		《续荥阳县志·义行》
		翟广涵	泳吾			业医，晚年益精“一时有名医无出其右”。		《续荥阳县志·耆德》

续表

籍贯	朝代	姓名	字、号	生活年代	职官	主要专长、贡献及著作	其他	资料来源
郑州市［郑州市、荥阳县（今荥阳市）］	清	付贡	献公		邑庠生	研心读方书，无论贫富，悉为诊治。		《荥泽县志·人物》
		郝箴铭	惺斋		邑庠生	究心医术，尝制膏丸施济贫乏。		《河阴县志·人物》
		张联伟	经五			精医理。	世居白杨村	《汜水县志·仕绩》
		王化纯				通医术，活人甚众。	住梁庄	《汜水县志·忠义》
		赵全	明我		邑庠生	能文，工大草，兼精岐黄术。		《汜水县志·懿行》
		贾健				业岐黄术，贫病者辄出药饵医疗。		《汜水县志·懿行》
		武锡龄	梦与		岁贡	善医。	住武庄	《汜水县志·懿行》
		李元魁	梅亭			以医名，尤精疡科。	住西史村	《汜水县志·懿行》
		李沐荣				以医名。	元魁之曾祖	《汜水县志·懿行》
		李寅宾				以医名。	元魁之祖	《汜水县志·懿行》
		李兆麟				善医。	元魁之子	《汜水县志·懿行》
		张润	永和			潜心岐黄，《伤寒论》《金匮要略》领会尤深。	住王留村	《汜水县志·懿行》
		倪中魁	抡元	十九世纪		“究心岐黄之业，医名大著，汜、巩、荥间闻风踵相至，瘟疫、伤寒等症尤擅长……咸丰间尹令某聘为医官。”	住西沙固村	《汜水县志·懿行》
		倪用章		十九世纪		医名于梁（开封）、垣（长垣）间。	中魁之子	《汜水县志·懿行》
		赵钦伊				业医。	住蒋头	《汜水县志·懿行》
		王昆阳				精医，善针，不受酬。	家冈人	《汜水县志·懿行》

续表

籍贯	朝代	姓名	字、号	生活年代	职官	主要专长、贡献及著作	其他	资料来源
郑州市［郑州市、荥阳县（今荥阳市）］	清	禹成德	协先		增生	精岐黄，通堪舆。	住潘窑	《汜水县志·懿行》
		崔毓琨			庠生	精医。	住前丁村	《汜水县志·懿行》
		袁良玉				精岐黄术，尝著《医书三要》。	东柏社人	《汜水县志·懿行》
		杨绍溪	莲塘		廪生	晚年通医，辨别瘟疫、伤寒甚精，活人无算。	住妥要	《汜水县志·懿行》
		董联辉				著《瘟病说略》四卷、《外科症治》。		《续荥阳县志·艺文》
		武丕丞	烈卿		岁贡	能文善教，晚攻医，眼科尤精。	住武庄	《汜水县志·懿行》
		王凤翔	仞千		岁贡	博览群书，天文地理及星象医卜悉精通，窥堂奥。	住西关	《汜水县志·文苑》
洛阳市	唐	元希声				著有《行要备急方》一卷。	洛阳人	《河南通志·医家类》
		长孙无忌	辅机	？—659年	尚书右仆射司徒司空	著有《唐律疏义》三十卷、《本草》二十卷、《药图》二十卷、《药经》七卷。	洛阳人	《河南通志·医家类》
		李虔纵		七世纪	侍御医	医学家。与张文仲、韦慈藏齐名。	洛阳人	《中医大辞典·医史文献分册》
		李涉	号清谿子	八、九世纪	太学博士	著有《伤寒方论》二十卷。	洛阳人	《河南通志·医家类》
		张文仲		七世纪	侍御医尚药奉御	医学家。主持撰写《疗风疾诸方》《四时常服及轻重大小诸方》十八首、《随身备急方》十三卷、《法象论》一卷、《小儿五疳二十四候论》一卷等。	洛阳人	《河南府志·艺术类》
		张永		十二世纪	翰林医学太医令、礼部尚书	医学家。精于医术，尤精于儿科，著有《卫生家宝》《小儿方》。	洛阳人后随高宗南渡迁居余姚	《中医大辞典·医史文献分册》

续表

籍贯	朝代	姓名	字、号	生活年代	职官	主要专长、贡献及著作	其他	资料来源
洛阳市	宋	郭雍	子和	？—1187年	赐号冲晦处士	医学家。专心钻研医术，尤致力于伤寒，撰《伤寒补亡论》二十卷。	洛阳人	《中医大辞典·医史文献分册》
	金	李庆嗣		十二世纪		读《素问》诸书，洞晓其义，著有《伤寒类纂》四卷、《改正活人书》二卷、《伤寒论》三卷、《针经》一卷，传于世。	洛阳人	《洛阳县志·方伎》
	元	程彦泽		元末明初		以神医得名。	洛阳人	《洛阳县志·方伎》
	明	冯国镇				医家。长于儿科，著有《痘疹观要》《幼幼大全》，皆佚。	洛阳人	《中医大辞典·医史文献分册》
		何宜健			举人	究心岐黄之术，其效如神。	洛阳人	《洛阳县志·方伎》
		赵玉璧				精医术，弹指决生死，极有神效，与冯国镇齐名。	洛阳人	《洛阳县志·方伎》
		祝尧民	巢夫、号薜衣道人	十七世纪		医生。年轻时以文章名，后学医，长于疗疮疡及正骨等。	晚年入山修道	《中医大辞典·医史文献分册》
		寇衡美				著有《全幼心鉴》四卷。	洛阳人	《河南通志·医家类》
	清	王良策	风池			工医，效如神，善外科。	洛阳人	《洛阳县志·方伎》
		袁句	大宣、号双梧主人			医学家。于1753年撰《天花精言》，专门论述种痘法。	洛阳人	《中医大辞典·医史文献分册》
		潘子俊			学正	著有《方法源流考》。	洛阳人	《洛阳县志·艺术传》
		卢敏宽	仁斋		监生	以眼科著名。	洛阳人	《河南府志·义行》

续表

籍贯	朝代	姓名	字、号	生活年代	职官	主要专长、贡献及著作	其他	资料来源
开封市	清	白履忠	号梁丘子	八世纪	侍读	注《黄庭内景经》。	汴州浚仪（今开封西北）人	《唐书·艺文志》
		吴兢		665—749年		史家兼通医。撰有《贞观政要》，与刘知几等合著《武后实录》，又撰《五脏论应象》一卷，佚，又著《保圣长生》二卷。	汴州浚仪人	《中医大辞典·医史文献分册》
		陈士良		九世纪	医学助教、药局奉御	医药学家。撰有《食性本草》十卷。	汴州人	《中医大辞典·医史文献分册》
		开元升				著有《五脏论》五卷、《五脏论应象》一卷。		《开封府志·书目》
	五代	和凝	成绩		中书侍郎	著有《疑狱集》。	开封浚仪人	《河南通志·法家类》
	宋	王俣				著有《本草单方》三十五卷。		《开封府志·书目》
		平尧卿				医家。撰有《伤寒证类要略》二卷、《伤寒玉鉴新书》一卷，已佚。		《河南通志·医家类》
		王继先		？—1181年	军承宣使	医官。他的学生张孝直等校订本草，1159年编成《绍兴校定经史证类备急本草》二十二卷，他以“详定校正官”的名义挂名于书前。		《中医大辞典·医史文献分册》
		邓仲霄			太医院使太子赞善	通医术。文天祥赞曰：“邓氏儒医两全。”	开封人，后迁江西永丰	《中医大辞典·医史文献分册》
		许希		十一世纪	补翰林医学、殿中省尚药奉御	医生。以医为业，擅针灸。1034年仁宗病，希得荐而施针刺心下包络之法治愈。撰有《神应针要诀》一卷。	祥符（今开封）人	《祥符县志·医家类》
		沈良惠		十二世纪		医官。高宗赐名“良惠”。	由开封迁吴县（今江苏苏州）	《中医大辞典·医史文献分册》
		李信	别号李车儿		太医院判	高宗时医官。	开封人从高宗南迁	《中医大辞典·医史文献分册》

续表

籍贯	朝代	姓名	字、号	生活年代	职官	主要专长、贡献及著作	其他	资料来源
开封市	宋	陈沂	素庵	十二世纪	翰林金紫良医	南宋妇科医家。著有《陈秘兰妇科》五卷、《素庵医要》十五卷。	开封人后迁杭州	《中医大辞典·医史文献分册》
		靳豪		十二世纪	太医	北宋医家。原以卖药为主，后得秘方，治小儿有奇功。	开封人后从高宗迁杭州	《中医大辞典·医史文献分册》
		郑克	武子			著有《折狱龟鉴》八卷。	开封人	《河南通志·法家类》
		楚芝兰				著有《用药歌括》。		《开封府志·方伎》
	元	杨元直	大方		大学士太医院事	医官。业医，著有《医案》十卷。	祥符人泽之仲子	《祥符县志·方伎》
		杨泽	润夫	十三世纪	卒后追赠荣禄大夫司徒柱国梁公	善文词。“隐于野，潜心医术”。	元直之父	《祥符县志·方伎》
		严子成	伯玉			医生。精通医药，被称为“药师”。	开封人，后迁居秀州（今浙江嘉兴）	《中医大辞典·医史文献分册》
		倪维德	仲贤号敕山老人	1303—1733年		精眼科。著有《原机启微》二卷，行世。	原大梁人，后迁吴	《中医大辞典·医史文献分册》
	明	史仕			周府良医	正九世祖全业幼科，精于《素问》《难经》诸书。	居洛中，后迁汴	《祥符县志·方伎》
		刘辉	文华			幼喜医，受学于同郡李宽，久之尽其术，遂以医名。	祥符人	《祥符县志·方伎》
		李可全				精医，能研紫书。	祥符人	《祥符县志·方伎》
		李信	用诚			精幼科，“门悬金钟为号，邑人犹称为金钟李氏云。”	祥符人	《祥符县志·方伎》

续表

籍贯	朝代	姓名	字、号	生活年代	职官	主要专长、贡献及著作	其他	资料来源
开封市	明	周溥	文渊	十五世纪		医生。反对泥守官定的局方，编有《药用歌诀》若干首、《方法考源》，佚。	开封人，其先浙江会稽人	《祥符县志·方伎》
		郑疆	无疆		补弟子员	“以善医闻，能以济人为心。”	祥符人	《祥符县志·方伎》
		郑耀	号继源			晚娴声律，工于医术，“盛行于梁宋间”。	祥符人	《祥符县志·方伎》
		郑镃	尚宜			业医。著有《续医说》《医术百朋》《杏花春晓堂方》《方法考》行于世。	祥符人	《祥符县志·方伎》
		郑河	号星源			以医名。	镃之子耀之父	《祥符县志·方伎》
		张昶	甲弘			著有《百病问对辨疑》行于世。	张锐后裔	《百病问对辨疑》
		赵宜真	号原阳子			道士。著有《仙传外科集验方》十一卷。	开封人	《河南通志·医家类》
		李濂	川父	1488—1566年	进士、山西佥事	文人，以古文名于当时，又著《医史》十卷，为现存最早的医史人物小传的专书。又著《嵩渚文集》一百卷、《外集》《续集》若干卷、《祥符文献志》《汴京遗迹志》《乡贤志》《朱仙镇岳庙集》《稼轩长短句》诸书，行于世。	祥符人	《简明中医辞典》
		朱天泽				善医好施药。时邑染瘟疫，市中施药不讨药资，活千万余人。	陈留人	《陈留县志·善人》
		朱棣			周定王	著有《野菜本草》《普济方》一百六十八卷。		《开封府志·书目》

续表

籍贯	朝代	姓名	字、号	生活年代	职官	主要专长、贡献及著作	其他	资料来源
开封市	明	朱睦㮮	灌甫			著有《医史》四卷。	周定王后裔	《开封府志·书目》
		艾应奎	文所			“好文，更为良医。精脉理，疗病多中。”	祥符人	《祥符县志·方伎》
		刘双清	莲卿			业医。	祥符人	《祥符县志·方伎》
		常启祐			邑增生	晚精岐黄术，著有《医学心得》，分宫、商、角、徵、羽为五集。代备药资，全活甚众。	祥符人	《祥符县志·义行》
		沈廷杰	汉三			习岐黄，尤精针灸，著有《外科指南》《奇症良方》行于世。	祥符人	《祥符县志·义行》
		安治	舜琴			弃儒精治医术，贫病者助以药资。	祥符人	《祥符县志·义行》
		张肃安	敬斋			“儒而医者也。”	祥符人	《祥符县志·义行》
		黄梅				业岐黄，“更精于祝由科。”	世居东冈	《祥符县志·义行》
		王祥麟	子灵		附贡生	通医术。尝为丸散诸药以济贫人。	陈留人	《陈留县志·善人》
		李桐	仙琴			“所施丸药必亲手修合，不敢市诸肆。”	陈留人	《陈留县志·善人》
偃师市	清	马宏济				学医，活人，不索谢。		《偃师县志·人物》
		史洞	亦元		庠生	因母疾习医，著有《脉诀》《伤寒论纂》《增补寿世保元》行于世。		《偃师县志·孝义》

续表

籍贯	朝代	姓名	字、号	生活年代	职官	主要专长、贡献及著作	其他	资料来源
偃师县（今偃师市）	清	石方来				学医，活人，不索谢。		《偃师县志·人物》
		刘汉贤				学医，活人，不索谢。		《偃师县志·人物》
		李希藩			庠生	晚年邃于岐黄，多所全活。		《河南府志·义行》
		杨应会				学医，活人，不索谢。		《偃师县志·人物》
		杨抝谦				学医，活人，不索谢。		《偃师县志·人物》
		张继宽				学医，活人，不索谢。		《偃师县志·人物》
		景起武				学医，活人，不索谢。		《偃师县志·人物》
		薛良椿				学医，活人，不索谢。		《偃师县志·人物》
		裴希伊	党斋			精岐黄。		《偃师县志·孝义》
洛宁县	清	尚义		十八世纪		“素精岐黄，著手成春。”	底前里下峪镇人	《洛宁县志·方伎》
灵宝县（今灵宝市）	明	焦长禄	廉堂			精医术。		《灵宝县志·孝悌》
		马吉利	义轩	十八九世纪		专心医理，有贫人求医者，慨然施送，所活无算。		《阌乡县志·人物》
		许抚			增生	攻岐黄，尤邃仲景《伤寒论》。	杏花村人	《灵宝县志·孝悌》
		汤震龙	鲤门		廪生	博学嗜古，又好施药饵。		《阌乡县志·人物》
		汤招贤			生员	行医济世。		《阌乡县志·人物》
		陈修	敬斋		贡生	善医术。	牛庄村人	《灵宝县志·孝悌》

续表

籍贯	朝代	姓名	字、号	生活年代	职官	主要专长、贡献及著作	其他	资料来源
灵宝县（今灵宝市）	清	杜凌云	仰之		庠生	善医术，全活甚众。		《阌乡县志·人物》
		杨恒基			太学生	行医舍药。		《阌乡县志·人物》
		张丰盛			贡生	深明医理，施药济人。		《阌乡县志·人物》
		张九经	芸亭			精医理，名冠一时。		《阌乡县志·人物》
		祝铭恩			附生	通医术，所全活者不计谢仪。		《阌乡县志·人物》
		赵克敏	纯修			精岐黄术。		《灵宝县志·孝悌》
		贺德明				幼习儒，长业医，同治间疫疠大作，更施药不索财。		《阌乡县志·人物》
		贺印升				以良医闻。	德明子	《阌乡县志·人物》
		董凤仪	虞廷		庠生	精岐黄术，有相邀者即风雨寒暑不辞劳，亦不索谢。		《阌乡县志·人物》
		焦学书		十八九世纪	例贡	精医术。		《阌乡县志·人物》
		李锡庚	少白		孝廉方正	精岐黄。著有《静宜集》《养生篇》《医方心得》。尤工于诗。著有《二十四节咏》及各种诗歌。	阎李村人	《灵宝县志·孝悌》
		张应鳌	晓策 号海峰		训导	尤深《伤寒》《金匮》之秘蕴。著有《验方杂编》《伤寒辨证》。	南麻庄人	《阌乡县志·人物》
陕县	明	赵崇信				施药三十余年。		《陕县志·孝义》
	清	马超元	伯群			晚年精岐黄术，医人未尝求报。	河底村人	《陕县志·人物传》

续表

籍贯	朝代	姓名	字、号	生活年代	职官	主要专长、贡献及著作	其他	资料来源
陕县	清	王登墀	子丹	十九世纪	邑庠生	以岐黄济人，外科尤精。	樊村人	《陕县志·人物传》
		白鹤				精岐黄，济世活人，一时推为国手。		《陕县志·人物传》
		宁元善	长斋	十九世纪	岁贡	撰《农医寓言》。	陕州人	《中州艺文录》
		齐桂		十九世纪		精岐黄术，专以济世为心。咸丰初瘟疫流行，桂和药施人，全活无算。		《陕县志·孝义》
		齐太封	履先		拔贡	晚年究心岐黄术，以济世为怀。	后川人	《陕县志·人物传》
		吉来临		十九世纪	生员	尤精小儿科，活婴儿无算。		《陕县志·人物传》
		辛召棠		清末	附生	以医术名于世。“民国戊午岁瘟疫流行，召棠独运心机，参以医理，为人诊治，无不药到病除。”著有《医学一得》稿佚。	东樊人	《陕县志·孝义》
		张坤	子厚	晚清	庠生	著有《中西医串解》《兵法十三家类要》《左传分类》《陕县乡土志》等。	会兴镇人	《陕县志·人物传》
		杜兆太				精岐黄术，专心济世。		《陕县志·人物传》
		李凤阁	东方		监生	通岐黄。		《陕县志·人物传》
		段经元			监生	精岐黄，活人无算。		《陕县志·人物传》
		赵海涵			增生	精岐黄，活人无算。		《陕县志·孝义》

续表

籍贯	朝代	姓名	字、号	生活年代	职官	主要专长、贡献及著作	其他	资料来源
渑池县	清	王秉哲			庠生	博学善教，兼精医术。	乐村人	《重修渑池县志·艺术》
		王万超				精医术。	秉哲子	《重修渑池县志·艺术》
		史炳文				精内科，有神医名。	韶脉人	《重修渑池县志·艺术》
		史纪孔				名医。	炳文曾祖	《重修渑池县志·艺术》
		史修官				名医。	炳文祖	《重修渑池县志·艺术》
		史登泰				名医。	炳文父	《中州艺文录》
		史序明				名医。	炳文子	《中州艺文录》
		史序昭				名医。	炳文子	《中州艺文录》
		史克实				名医。	炳文孙	《中州艺文录》
		史克义				名医。	炳文孙	《中州艺文录》
		刘青山				精疡科，好制药施济于人，不求谢赏。	城内人	《中州艺文录》
		刘尚纯				客游大梁，以医治人。	洪阳人	《中州艺文录》
		刘岱云	澍普	十九世纪		撰有《奇疾辑考》《兰堂衡言》《铅刀录》《年号类编》《文苑》《诗则述要》《兰堂诗笔》《古哲籍贯》《兰堂诗文集》《四诊述要》，待梓。	渑池人	《河南通志艺文志稿》

续表

籍贯	朝代	姓名	字、号	生活年代	职官	主要专长、贡献及著作	其他	资料来源
渑池县	清	李印绶	公佩	十八世纪	岁贡、训导	撰《本草类典》《脉诀集要》《四书摘要》《杏林集》《寰宇一览》。	渑池县李家寨人	《中州艺文录》《渑池县志·艺文》
		陈景虞				脉证精通、名驰晋豫。	裴村人	《中州艺文录》
		陈炳星				名医。	景虞子	《中州艺文录》
		杨俊海				专精疡科，接骨起弹，手到病除。	官庄人	《中州艺文录》
		杨景福				著《一见能医书》。		《渑池县志艺文》
		张梓				“精医。遐迩延请、无论贫富，辄徒步往焉。”	付村人	《中州艺文录》
		张佩程			增生	儒医，尤精伤寒、妇科两门。	坻坞人	《中州艺文录》
		张朝震			潞城典史	善星命，尤精岐黄，著有《揣摩有得集》《是命集验》，行世。	南庄人	《中州艺文录》
		张熙荣				精痔漏，人称专门。	常村人	《中州艺文录》
		张鹏云				祖传四世，善医痔漏。	常村人	《中州艺文录》
		张重耀			庠生	精岐黄业。	东崇村人	《中州艺文录》
		张鹤眉				精于医。	东庄人	《中州艺文录》
		张其平				业医。	鹤眉子	《中州艺文录》
		张其寅				业医。	鹤眉子	《中州艺文录》

续表

籍贯	朝代	姓名	字、号	生活年代	职官	主要专长、贡献及著作	其他	资料来源
渑池县	清	张希圣				业医。	鹤眉孙	《中州艺文录》
		张平眉				通岐黄。	山底人	《中州艺文录》
		张步霄				通岐黄。	平眉子	《中州艺文录》
		张方香				通岐黄。	平眉孙	《中州艺文录》
		茹翰书				精女科、痘疹。	坡头人	《中州艺文录》
		茹之谟				精眼科、伤寒。	翰书子	《中州艺文录》
		茹绅				精内科，名驰一方。	翰书孙	《中州艺文录》
		茹松沂				精针灸。	翰书曾孙	《中州艺文录》
		段湘江				精银海术，内障云翳，以针拨之，立见光明。	二十铺人	《中州艺文录》
		段骏声				精银海术，人称专门。	湘江子	《中州艺文录》
		段虎文				精银海术，人称专门。	湘江子	《中州艺文录》
		段世基				精银海术，人称专门。	湘江孙	《中州艺文录》
		段世培				精银海术，人称专门。	湘江孙	《中州艺文录》
		胡锦堂			医学训科	医官。	圪增人	《中州艺文录》
		胡省三			医学训科	医官。	锦堂孙	《中州艺文录》
		胡绍寅				以医名。	锦堂曾孙	《中州艺文录》
		秦逢韶				精内、外两科，著《本草浅说》《秦氏医案》等书。		《中州艺文录》

续表

籍贯	朝代	姓名	字、号	生活年代	职官	主要专长、贡献及著作	其他	资料来源
新安县	明	郭琪			医士	精医理。		《新安县志·方伎》
	清	吕田	心斋号研平		恩贡生	医家。摘录杨璇、陈良佐的《伤寒条辨》一书，编成《伤寒条辨摘要》，又著《天花精言绪余》《澹成轩诗文集》。		《中医大辞典·医史文献分册》
		巴纯一	敬杨号怀庄			出家。素工刀圭之术。著《咽喉司命集》《可笑斋学吟稿》。	新安县人	《平望县志·释道》
		介亮	思明		贡生	撰《医学易知集》。	新安县人	《中州文艺志》
		王琮	瑞宇			工岐黄术，人呼为神医。		《新安县志·方伎》
		刘有德	慎先		庠生	精医，“人以其媲美王琮”。		《新安县志·方伎》
		李若恒	月如			精于医。		《新安县志·方伎》
		陈青云	从龙			精痘疹，就其先人所著《痘疹精言、琐言》二稿，证以古人各种痘科，集成《痘疹条辨》一书。		《新安县志·方伎》
		陈禄存				以痘疹名。		《新安县志·方伎》
		陈德慧				以痘疹名。		《新安县志·方伎》
孟津县	明	付挺	号玉衡		邑孝廉	因母病常制药饵，遂精岐黄。		《孟津县志·孝友》
汝阳县	明	张泽洁			医学训科	精医，有卢扁之目。	伊川县	《伊川县志·方伎》
		房焕生				世其祖父文实之术，名垂一时。		《伊川县志·方伎》
		房文实	德充			著《十八剂加减》《春天一览》。	（今汝阳县）泊镇人景敏四代孙	《伊川县志·方伎》

续表

籍贯	朝代	姓名	字、号	生活年代	职官	主要专长、贡献及著作	其他	资料来源
汝阳县	明	房景敏				潜心《素问》《难经》，而精其奥。		《伊川县志·方伎》
		窦淑仪	礼亭			精越人术，病愈不索谢。		《伊川县志·方伎》
	清	傅秉甫		十九世纪		撰《妇科经验良方》。	汝阳县人	《河南通志艺文志稿》
		张全仁	统万		邑增生	撰《经验良方》《痘疹备览》。	伊阳（今汝阳县人）	《河南通志艺文志稿》
		张同仁				著《痘疹备览》。		《伊阳县志·耆旧》
		李乃果	天木		邑增生	晚年究心医术，著有《经验良方》《痘疹备览》等书。		《伊阳县志·乡贤》
		杜廷标	锦堂			素精越人术，设药肆以给贫者。		《伊阳县志·乡贤》
		张汝霖				医药济人。		《伊阳县志·乡贤》
临汝县	唐	孟诜		约621—713年	台州司马、光禄大夫	医学家。少好医药，长于饮食疗法，撰有《食疗本草》三卷、《必效方》三卷、《补养方》三卷等，俱传于世。	汝州梁（今临汝）人	《中医大辞典·医史文献分册》
	清	李泰俨	东鲁			精医术。	汝州（今临汝）人	《汝州全志·方伎》
		陈基				精医术。	周家营人	《汝州全志·方伎》
		金光乾				精医术。	李官营人	《汝州全志·方伎》
		金立本				精医术。	李官营人	《汝州全志·方伎》
		焦宏弼	圣辑		监生	授秘传于会稽陶公及林燕公，方脉独步一时。		《汝州全志·方伎》
		程正谟				精医术。		《汝州全志·方伎》

续表

籍贯	朝代	姓名	字、号	生活年代	职官	主要专长、贡献及著作	其他	资料来源
嵩县	清	王肇太				精越人术。	居庙湾镇	《嵩县志·孝义》
		杨朝栋		十九世纪末		精医，“病家延视，无贫富远迩，徒步往诊，视毕即去”“贫者取药不索值，不记债”。		《嵩县志·孝义》
		杨凤阁				名医。	朝栋父	《嵩县志·孝义》
		蒋佺		十九世纪		精越人术。	邑东臬人	《嵩县志·孝义》
宜阳县	明	马呈图			医学训科	医官。		《宜阳县志·治理》
	清	周荣	东阳		贡生训导	精文辞，工篆隶，兼通医学。		《宜阳县志·治理》
		杨立勋			医学训科	医官。		《宜阳县志·官师》
		徐丙			医学训科	医官。		《宜阳县志·官师》
		张吉士	瑞庵			通医理，医人不择贫富，不计药资。		《宜阳县志·义行》
		张翃远	讷斋			著《讷斋医说》行于世。	流渠人	《宜阳县志·文字》
卢氏县	清	王桂青	林一			“读范文正公不为良相为良医之语，默有所契，精研方脉。”		《卢氏县志·方伎》
		王谦益				“人呼上大夫”“有起死回生之术”。	桂青子	《卢氏县志·方伎》
		王应林				“人呼上大夫”“有起死回生之术”。	桂青侄	《卢氏县志·方伎》
		常振坤			附贡生	精于哑科。		《卢氏县志·方伎》

续表

籍贯	朝代	姓名	字、号	生活年代	职官	主要专长、贡献及著作	其他	资料来源
中牟县	清	万金铎				喜究心典籍，精医卜。		《中牟县志·孝友》
		朱法思		十九世纪	恩贡生	学博。医理精深。著有《问心斋文赋诗》。		《中牟县志·懿行》
		孙墀	丹平		廪膳生	以医术济人。		《中牟县志·懿行》
		辛文献	炳蔚		太学生	习岐黄，兼精堪舆。		《宋以前医籍考》
		张宏业	图远			精医理，“疗疾不居功，不受谢。”		《宋以前医籍考》
		李伯雅	莲塘		太学生	凡先儒语录以及象数医卜收集十余万卷，领会贯通，细心研究。		《中牟县志·懿行》
		岳所钟	冠山		岁贡生	凡医象星卜无所不精。		《中牟县志·孝友》
登封县（今登封市）	唐	吴筠	贞节			通经谊，美文辞，隐居南阳倚帝山。原华阴人，请隶道士籍入嵩山。著《宗元集》《形神可固论》一卷、《著生论》一卷。		《河南通志》
		李八百				炼药于嵩峰之下。		《登封县志·逸人》
		王道士				炼药于嵩峰之下。		《登封县志·逸人》
		韦善俊				炼药于嵩峰之下。		《登封县志·逸人》
	清	景日昣	冬阳	十七世纪	进士	于公元1696年撰写综合性医书《嵩崖尊生全书》十五卷。		《中医大辞典·医史文献分册》
通许县	清	傅清原			监生	精医理，施药疗人。		《河南府志·义行》
		张东岭	震山			通医术，尤精眼科。贫者概不索值。		《通许新志·义行》

续表

籍贯	朝代	姓名	字、号	生活年代	职官	主要专长、贡献及著作	其他	资料来源
尉氏县	晋	阮侃	德如		河内太守	医生。精研本草及医方。撰《养生论》二卷。	陈留尉氏人	《中医大辞典·医史文献分册》
		阮炳	叔文		河南尹	精意医术。撰《阮河南药方》十六卷。	尉氏人	《宋以前医籍考》
	清	王贤良	宪周			精岐黄术。著有《方脉》一册。	洧川县人	《洧川县志·艺术》
		王洛涵			庠生	善医痘疹。	洧川县人	《洧川县志·艺术》
		许柄	耀南			幼习儒，长精医术，为丸散膏丹施人。	洧川县人	《洧川县志·艺术》
		师诵诗				精医学。不能买药者往往赠之。	洧川县人	《洧川县志·艺术》
		李成贵	培章			“通医理，尤多义举。”	洧川县人	《洧川县志·艺术》
		刘鸿恩	位卿 号春舫	十九世纪	按察使	精医术。撰《医门八法》四卷，发挥乌梅功用详尽。	洧川县人	《河南通志艺文志稿》
		李万生	百苍			“精岐黄，尤多义举”。	尉氏县人	《河南通志艺文志稿》
		张淮源				“业医，活人不索谢”。	尉氏县人	《河南通志艺文志稿》
		苏沛霖	化苍			业岐黄，尤精眼科。	尉氏县人	《河南通志艺文志稿》
		范忠社			庠生	精岐黄，为丸散济人，不取值。	尉氏县人	《河南通志艺文志稿》
		秦得宝				精外科，相传四世。	尉氏县人	《河南通志艺文志稿》
		董维诰	周书			业岐黄，“疗病不图谢”。	尉氏县人	《河南通志艺文志稿》
		魏纯仁	心一		国学生	“尤精岐黄，时有国手之誉”。	尉氏县人	《河南通志艺文志稿》

续表

籍贯	朝代	姓名	字、号	生活年代	职官	主要专长、贡献及著作	其他	资料来源
杞县	汉	蔡邕	伯喈	132—192年	议郎侍御使中郎将	通经史、音律、天文，工篆隶。著《蔡中郎集》《本草》七卷，佚。	陈留圉（今杞县）人	《辞海》《河南通志·医家类》
杞县	明	李可大	汝化		太医院修职郎	医生。先业儒。因母病学医，医病效果较好，名震当地。	杞县人	《中医大辞典·医史文献分册》
杞县	明	李中立	正宇		大理寺评事	官吏兼本草学家。于1593年编撰《本草原始》（1612年刊行）。	雍丘人	《中医大辞典·医史文献分册》
杞县	明	刘伋	宪思	十六世纪	诸生	撰《太素脉经》四卷。	杞县人	《河南通志艺文志稿》
杞县	清	马光炳	维栋			精通痘殇兼痘疹。		《杞县志·方伎》
杞县	清	王泽	振五		武庠生	精《素问》诸书。	邑南郭外	《杞县志·方伎》
杞县	清	王大麓			邑庠生	通岐黄。	王泽子	《杞县志·方伎》
杞县	清	张心易	允中		邑庠生	撰《医学汇编》一百卷。		《河南通志艺文志稿》
巩县（今巩义市）	清	马炎午	友文号九城	十九世纪	岁贡生	家世业医。光绪十年，瘟疫流行，触手奏效，声重一时。	南候人	《巩县志·人物》
巩县（今巩义市）	清	王淮				医术特精，遇贫辄施药。		《巩县志·人物》
巩县（今巩义市）	清	王永彦	子俊号香村			先世以医鸣，永彦踵理旧业，所诣日高。	新沟村人	《巩县志·人物》
巩县（今巩义市）	清	王薰梅	馨斋			通灵素，以医名。晚年工书善画。	康沟人	《巩县志·人物》

续表

籍贯	朝代	姓名	字、号	生活年代	职官	主要专长、贡献及著作	其他	资料来源
巩县（今巩义市）	清	杜生南	召芨号宗川	十八世纪	岁贡生	撰《订正神应心书》二卷。著《制艺三才集遗稿》。	巩县（今巩义市）人	《河南通志艺文志稿》
		卢士选	青臣号月川		开封府学教授	浸淫《三指禅》《医宗金鉴》等，著有《月川医案》。素喜吟诗，著有《醉饮窗诗草》《规劝录》《闻见录》《别野闲谈》等。	北官庄人	《巩县志·人物》
		冯安涧	普庆			究心眼科。		《巩县志·人物》
		孙作生	活宇			业医，善治热证及痘疹等。		《巩县志·人物》
		孙崇朴				工医术，熟于方剂。	七里铺人	《巩县志·人物》
		孙德彰	韫玉			“早承家学，习医，别具心得”。	鲁村人	《巩县志·人物》
		王梦魁				“小儿科，起死回生，屡著奇效”。		《巩县志·人物》
		孙沐恩	波及			晚年留心岐黄，集《药方类编》十卷。	罗庄人	《巩县志·人物》
		刘复性				善疗痘疹，儿科尤精。		《巩县志·人物》
		白九如	号孔固		武庠生	“精外科，志存济世”。	石关人	《巩县志·人物》
		李兴诗	可之		诸生	中年因病弃儒研医，造诣日深。		《巩县志·人物》
		白古勋				精外科。	九如子	《巩县志·人物》
		王登甲				“因母病，医艺高，性洽习”。	王沟人	《巩县志·人物》
		张光先	绳武			“缵先业，能窥奥妙”。		《巩县志·人物》
		张性仁				医士。究心《内经》《伤寒》等。	益家窝人	《巩县志·人物》

续表

籍贯	朝代	姓名	字、号	生活年代	职官	主要专长、贡献及著作	其他	资料来源
巩县（今巩义市）	清	邵应甲	春轩			“中年习医，造诣日精，用药轻灵，每奏奇效”。	回郭镇人	《巩县志·人物》
		康汉章	希畴			继父业，以痘疹著称。	康店人	《巩县志·人物》
		贺立志	心农 号静斋			少习医。光绪戊寅疠疫大起，拯救无量。	车园人	《巩县志·人物》
		曹德泽	育万 号蕙庵		太学生	弃儒习医。著有《卫生提纲》数卷。兼攻书法。	洛口人	《巩县志·人物》
		曹建福	符五			泛滥各家，精研王仞庵之学，“一时洛岸南北赖以息黥补劓者，踵趾相接”。		《巩县志·人物》
		窦发荣	培元			精岐黄。	曹寨人	《巩县志·人物》
		翟诚之				善医，精痘疹。		《巩县志·人物》
兰考县	晋	蔡谟	道明			晋代官吏兼懂医术。	陈留考城人	《中医大辞典·医史文献分册》
	宋	王贶	士亨	11—12世纪	朝散大夫	官吏兼医家。撰有《全生指迷方》四卷。	考城人	《中医大辞典·医史文献分册》
	金	张从正	子和 号戴人	约1156—1228年	太医	金元四大医家之一。继承刘完素的学术思想，用药多偏于寒凉，并善用汗、吐、下三法，后人称之为攻下派。代表著作有《儒门事亲》十五卷，据传还著有《治病百法》三卷、《十形三疗》三卷、《撮要图》一卷、《三法六门》一卷、《刘河间三消论》一卷、《扁华生死诀》、《世传神效诸方》一卷、《张氏经验方》二卷、《神效名方》《治病撮要》一卷、《秘传奇方》二卷。	睢州考城（今睢县兰考一带）人	《中医大辞典·医史文献分册》《中国医籍考》《考城县志·艺文志》《开封府志·书目》
		李元			阴阳训术	幼攻儒业，兼擅岐黄，于天文历数之学无所不精。	邑人	《考城县志·方伎》

续表

籍贯	朝代	姓名	字、号	生活年代	职官	主要专长、贡献及著作	其他	资料来源
兰考县	明	王乾福		约十四世纪	医学训科	洪武十七年（1384年）任医官。	砀山籍兰封县（今兰考境）人	《兰封县志》
		毛存信		十五六世纪	医学训科	医生，弘治十三年（1500年）任医官。	兰封县（今兰考境）人	《兰封县志》
		毛泽		十六世纪	医学训科	医生，嘉靖四年（1525年）任医官。	兰封县（今兰考境）人	《兰封县志》
		李仪		十四五世纪	医学训科	医生。洪武（1368—1398年）末任医官。	兰封县（今兰考境）人	《兰封县志》
		李仿		十四五世纪	医学训科	医生。永乐八年（1410年），任医官。	兰封县（今兰考境）人	《兰封县志》
		李景繁	邦泰		太仆寺丞嘉议大夫	政绩显著，著《本草捷要》《相人大略》各四卷。		《仪封县志·名宦传》
		张浩		十五世纪	医学训科	医生。成化十五年（1479年）任医官。	兰封县（今兰考境）人	《兰封县志》
		赵之林		十七世纪	医学训科	医生。崇祯四年（1631年）任医官。	兰封县（今兰考境）人	《兰封县志》
		黄和		十五世纪	医学训科	医生。正统元年（1436年）任医官。	兰封县（今兰考境）人	《兰封县志》
		戴希孔		十七世纪	医学训科	医生。崇祯七年（1634年）任医官。	兰封县（今兰考境）人	《兰封县志》
		张保				精岐黄业。诊人脉预知生死，以医鸣于考。	邑人	《考城县志·方伎》
		朱大贞				逢一异人赐仙方八九，活人甚多。	邑人	《考城县志·方伎》
		付汝舟				采经方本草，精研《脉诀》，以医名一时。著有《医学旁通》二十卷。	圈头乡人	《仪封县志·方伎》

续表

籍贯	朝代	姓名	字、号	生活年代	职官	主要专长、贡献及著作	其他	资料来源
兰考县	清	李廷阶				精医术，病者应手即愈。	邑人	《考城县志·方伎》
		汪浩		十九世纪	博士弟子员	精医术。贫乏者不受药资，尝给以钱文食物，活人以数百计。	邑人	《考城县志·方伎》
		秦生				精于医学，时人目为“神医”。	邑人	《考城县志·方伎》
		王德元	仁甫			弃儒学医。其术颇精，求诊者盈门，“道远则自驾车往治”。	邑人	《考城县志·方伎》
		梁彦彬	少甫			精岐黄之术。著有《四言脉诀》。明白晓畅，远近医活人无数。	邑东梁寨人	《考城县志·方伎》
		梁有年				名医。	彦彬子	《考城县志·方伎》
		庄之海	朝宗 号杏林			儒医。素精医理，“勿问贫富辄往，应手即愈，不言利。”		《仪封县志·方伎》
		庄珍			医学训科	医官。	之海子	《仪封县志·方伎》
密县（今新密市）	清	马朝聘	君选		邑庠生	著有《崇实录》《论语讲义》《周易正义》等书，又精岐黄，著《资生灵通》五十七卷。		《密县志·人物志》
		王心一				绩学未售，遂业医。著《验方新集》《痘疹新集》藏于家。		《密县志·人物志》
		冯裕昆				长工医，好施药饵。		《密县志·人物志》

续表

籍贯	朝代	姓名	字、号	生活年代	职官	主要专长、贡献及著作	其他	资料来源
密县（今新密市）	清	任中麟	伯祥			家传，医痘如神，有求必应，不受谢。		《密县志·人物志》
		孙建业				少好学医，常以济世活人为心，恒施药，不索谢。		《密县志·人物志》
		朱三元			邑庠生	善岐黄，活人甚众。		《密县志·人物志》
		陈大谟	显功		国学生	善疡医，不惮劳，不受值。		《密县志·人物志》
		张如修	永叔		国学生	精眼科，求医者如市。		《密县志·人物志》
		张世荣				精岐黄，蓄方药，求无不应，济世活人，不索谢，亦无德色。		《密县志·人物志》
		张烜	熙止		岁贡生	善岐黄。		《密县志·人物志》
		张基年			增广生	诗文有名，亦精医术。		《密县志·人物志》
		传一经	子授		恩贡生	精医术。		《密县志·人物志》
		李维刚	敦伦		国学生	精岐黄术，多活人，未尝索谢。		《密县志·人物志》
		路坦	平子			精岐黄，活人甚众。		《密县志·人物志》
		周郓	沂川		国学生	精岐黄，延请辄至，不受谢。		《密县志·人物志》
		慕来泰	大来		增贡生	精岐黄，家甚贫而不索谢。		《密县志·人物志》
		樊湑			邑庠生	精于医，活人多，不索谢。		《密县志·人物志》
		周同文	衡章		廪膳生	著有《伤寒辨证详说》。		《密县志·人物志》

续表

籍贯	朝代	姓名	字、号	生活年代	职官	主要专长、贡献及著作	其他	资料来源
密县（今新密市）	清	杨永锡				著有《伤寒摘要》八卷、《痘疹详说》十二卷、《杨氏医案》若干卷，藏于家。		《密县志·人物志》
		杨鼎三				世其父永锡业，人皆称为杨七先生，而不名。	永锡子	《密县志·人物志》
		樊通润	号云鹤			精岐黄术，治病因症处方，无不应手立愈。著有《医学述要》十卷，藏于家。		《密县志·人物志》
安阳市、县	唐	崔玄亮	晦叔	约761—827年	谏议大夫	医家，撰有《海上集验方》十卷。		《中医大辞典·医史文献分册》
	清	任暄	光远		太学生	善岐黄，尤长于针灸。		《德彰府志·技艺》
		吴尔瑞			贡生	遭母病，恐误于庸医，究心岐黄，著《医方选要》四十卷，《症治诗歌》二十卷。		《德彰府志·人物》
		黄嘉诚	复轩	十七世纪	庠生	留心岐黄，仿太乙膏多奇效。		《安阳县志·识余》
		郭玉柱	擎天			精岐黄术。著《妇科辨解备要》两册，刊发行世。		《续安阳县志·方术》
林县（今林州市）	清	九贞大				习岐黄，以济世为乐。	河村人	《重修林县志·人物》
		田祁昌				施医药。		《重修林县志·人物》
		石雁峰				幼学举业，晚年善医卜星算。	南岑山人	《重修林县志·人物》
		杨法恭				精岐黄。		《重修林县志·人物》

续表

籍贯	朝代	姓名	字、号	生活年代	职官	主要专长、贡献及著作	其他	资料来源
林县（今林州市）	清	杨从道				施药多年，赖全活者甚多。	丁冶集人	《林县志·人物》
		徐定唐	邻海淮阳	1794—1854年		精理学，善交游。著《东海家乘》《济世良方》《考终录》《龙溪女训》《语录》《日记》若干卷，藏于家。	原康人	《林县志·人物》
濮阳县	宋	李师圣				得《产信》二十一篇。	濮阳	《女科准绳》
	元	郭大巨				精岐黄，以医名驰齐、梁、燕、赵、晋、魏间。		《开州志·杂志》
		郭隆				精岐黄，以医名驰齐、梁、燕、赵、晋、魏间。	大巨之子	《开州志·杂志》
	明	李先芳				著《一壶千金》《医家须知》《壶天玉镜》。		《濮州志·北山野史传》
	清	韦林芳	春墅			精外科术，广施方药，数十年中，活人无算。		《开州志·杂志》
		李会霖			州贡生	博洽多闻，长于诗歌，通《周易》、善草书，尤精岐黄术，著《伤寒论辨脉诗》。		《濮州志·隐德》
		刘永安				时疫咽喉，尤称妙手，活人无算。著《咽喉七火论》传于世。	引马里刘双楼人	《濮州志·方伎》
滑县	唐	崔瓘				精《内经》。	滑州人	《滑县志·艺术》
	明	匡忠	体道			世业医。	邑人	《滑县志·艺术》
		宋济霖		十四五世纪	医学训科	业医。		《滑县志·艺术》

续表

籍贯	朝代	姓名	字、号	生活年代	职官	主要专长、贡献及著作	其他	资料来源
滑县	清	马禹锡			庠生	精医术，善治疯癫。	城南梁固寺人	《滑县志·艺术》
		王启文	字全质	十九世纪	监生	善诊虚痨等症，尤精痘疹，著有《痘疹辨证》，未得行世。	城东大王庄人	《滑县志·艺术》
		毛士达			例贡生	著有《经验奇方》《怪症备要》《舌苔三十六种》《本草医方》《本草按症》。	城东南上官村人	《滑县志·艺术》
		刘双祥	莲卿	十九世纪		精医道，善治瘟症。	城东傅村人	《滑县志·艺术》
		李廷寀	干臣	？—1856年		精岐黄术。	城北善堂集人	《滑县志·艺术》
		李光宗				善医小儿科，尤精痘疹。	城东山木村人	《滑县志·艺术》
		耿宫中				家世业医，宫中尤专精。著有《经验简便方》《医方分类》。	邑人	《滑县志·艺术》
		耿世禄				世其父耿宫中之业。	邑人	《滑县志·艺术》
		高德彰				通《内经》，尤精针灸。		《滑县志·艺术》
南乐县	清	马景良				精咽喉科。	罗町村	《南乐县志·人物》
		石巽吉	庚三			长于医。		《南乐县志·人物》
		李文祥	文庵			以字行世，守岐黄业。		《南乐县志·人物》
		苏梦松	公兆		腾录侯、驿丞	博学能文，邃于医。	卒于汴	《南乐县志·人物》
		顾言				精正骨术。	佛村人	《南乐县志·人物》
		刘闻一				传顾言术，著有《正骨秘法》。		《南乐县志·人物》

续表

籍贯	朝代	姓名	字、号	生活年代	职官	主要专长、贡献及著作	其他	资料来源
南乐县	清	章可闻	学礼			精眼科。		《南乐县志·人物》
		章恒昌				精眼科。	系章可闻子	《南乐县志·人物》
		章世昌				精眼科。	系章可闻子	《南乐县志·人物》
		魏养				精医术。工小楷。		《南乐县志·人物》
长垣县	元	李毅		元末明初	医学提举、训科	长于医。		《长垣县志·技术》
	明	傅世桢				精于幼科。		《长垣县志·方伎》
		宋济霖		十四世纪	医学训科	精于医。		《长垣县志·技术》
		张栊		十六世纪		精医术。	系张可爱之子	《长垣县志·技术》
		张枳		十六世纪		精医术。	系张可爱之侄	《长垣县志·技术》
		张可爱		十五六世纪		初学儒，后精医。著《蠢子医便》《伤寒捷径》。嘉靖戊戌，瘟疫大作，全活者甚众。	子振，侄枳。	《长垣县志·技术》
		李谨			医学训科	医术精明。		《长垣县志·方伎》
		李敬恒		十五世纪	医学正科	精医术。	系李毅之子	《长垣县志·方伎》

续表

籍贯	朝代	姓名	字、号	生活年代	职官	主要专长、贡献及著作	其他	资料来源
长垣县	明	李士德		约十五世纪	医学正科	世以儒医称。	系李敬恒之子	《长垣县志·方伎》
		李岫		约十五世纪	医学训科	精医理。	于内黄县任职	《长垣县志·方伎》
		唐殷			太医院医士	秘传眼科，名重当世。		《长垣县志·方伎》
		唐海			太医院医士	精于眼科。	系唐殷之子	《长垣县志·方伎》
		唐相		十五六世纪	太医院院判	精于医。	系唐殷之孙	《长垣县志·方伎》
		唐斌		约十六世纪	太医院吏目	精于医。	系唐相之子	《长垣县志·方伎》
		宋培	太素	十六七世纪	生员	著有《心法便览》。		《长垣县志·方伎》
	清	王连成	赵璧	清末民国初	邑庠生	通医学。		《长垣县志·方伎》
		乔义和		清末民国初	邑庠生	精岐黄。		《长垣县志·方伎》
		朱伯德			太医院左判	精医理。		《长垣县志·方伎》
		朱庸			太医院吏目	精医理。		《长垣县志·方伎》
		吴灿		清末民国初		精岐黄。		《长垣县志·方伎》
		夏民悦			生员	明医理，精于针灸。		《长垣县志·方伎》
		赵祥麟				长于疗痘疹。		《长垣县志·方伎》
		侯俊			生员	长于疗痘疹。		《长垣县志·方伎》
		徐文林	翰园			尤长于婴儿痘疹科。		《长垣县志·方伎》
		黄更新	灿然			精医理。		《长垣县志·方伎》

续表

籍贯	朝代	姓名	字、号	生活年代	职官	主要专长、贡献及著作	其他	资料来源
长垣县	清	孙永吉	子庆		监生	精医理。		《长垣县志·方伎》
		崔印宏	兴我		监察御史	有政绩，晚年辑《禁方》。岁施药饵，活人无算，精幼科。		《长垣县志·方伎》
		常光祚						《长垣县志·方伎》
		常文明				精幼科。	系常光祚之子	《长垣县志·方伎》
		韩溥	博广	清末民国初		著有《中西医考》《眼科抉微》《伤寒抉》。		《长垣县志·方伎》
		韩澍勋	凌阁	清末民国初		长于瘟疫。	系韩溥之子	《长垣县志·方伎》
		樊五云			武生	长于疔痘疹。		《长垣县志·方伎》
		陈琨山	玉峰	清末		精于医，尤善针灸。		《长垣县志·方伎》
		庞还纯	培德			精于医。		
		庞顺元				长于补牙。	系庞还纯之父	《长垣县志·方伎》
		庞鸿熙	子洽			精于医。	系庞还纯之子	《长垣县志·方伎》
		苏向荣				精于医。		《长垣县志·方伎》
		王继统			廪缮生	精于医。		《长垣县志·方伎》
		于恒炎			监生	精于医。		《长垣县志·方伎》
		何道行				精于外科。		《长垣县志·方伎》
		杨志诚	实庵			精于外科。		《长垣县志·方伎》

续表

籍贯	朝代	姓名	字、号	生活年代	职官	主要专长、贡献及著作	其他	资料来源
长垣县	清	杨浚				长于外科。	系杨志诚之子	《长垣县志·方伎》
		杨魁章			生员	长于外科。	系杨志诚之孙	《长垣县志·方伎》
		李义如	京惠			精通医道。		《长垣县志·方伎》
		李河云				精于医。	系李义如之孙	《长垣县志·方伎》
		李华峰	莲甫			妇科尤精。		《长垣县志·方伎》
		李恩澍	均沾	清末民国初		精于医，尤善妇科。		《长垣县志·方伎》
		李鼎新		清末民国初		长于医。		《长垣县志·方伎》
		李儒珍				长于瘟疫。		《长垣县志·方伎》
		项敬纯	钦斋			深明医道，尤精小儿科。		《长垣县志·方伎》
		项兆梦				长于医。	系项敬纯之孙	《长垣县志·方伎》
内黄县	唐	张遂	僧一行			博览经史，尤精历象、阴阳五行学，著《大衍论》三卷、《摄调伏藏》十卷、《天一太一经》及《太一局遁甲经》《释氏系录》各一卷。	内黄人	《彰德县府志·仙释》
	明	刘全备	克用	十六世纪		著有《病机赋》《注解药性赋》。	柯城人	《内黄县志·方伎》
		张懋昌	九之			精于医。		《内黄县志·方伎》
	清	宗上达			邑庠士	长于按摩科。		《内黄县志·方伎》
		邵亭	荫棠			学问洽博，晚年博览医书，存心济世，与谈岐黄者无不服其精妙。		《内黄县志·耆旧》
		尹逢庚	毓西	十九世纪	恩贡	弃举业，殚精岐黄。		《内黄县志·孝悌》

续表

籍贯	朝代	姓名	字、号	生活年代	职官	主要专长、贡献及著作	其他	资料来源
范县	元	申屠致远	大用	元初	经略司知事肃政廉访司事	聚书万卷，名曰墨庄。著《忍斋行稿》《释奠通礼》《杜诗纂例》《集古印章》和《集验方》十二卷。	寿张（今范县）人	《河南通志。医家类》
	清	阎诚心	正斋		训导增生	外科本世传，至诚心尤精，集《活人定本》数册。		《读修范县志·善行》
新乡县	明	李秉宝	号信斋			善谈兵，善占卜精于脉理，著有《遁甲八阵图》《医卜闲谈》。		《新乡县志·技术》
		岳灿	大文		医学训科	善切脉，尤工手搏之术。		《新乡县志·技术》
		赵琄	廷珪		医学训科	精于医。	大赵社人	《新乡县志·技术》
		赵钺	德威		医学训科	精于医。	琄之子	《新乡县志·技术》
	清	王精一	子中	约十九世纪	太医院吏目	精眼科。		《新乡县续志·技术》
		王少白				工篆书。探仲景奥旨，尤精眼科。	子中弟	《新乡县续志·技术》
		王增香	华亭			精黄岐业，“用药调引，多非时医所能及”。	曜坡人	《新乡县续志·技术》
		王若春	孟和		庠生	通“五运六气十二经脉之秘”。能画能文。		《新乡县续志·技术》
		朱秉钧	道远			精于医。		《新乡县续志·技术》
		朱　鋕	铭也			善于医，“针灸药饵所投必效”。		《新乡县续志·技术》
		陈偰	溧阳			“明天地运气五行之道，通脏腑经络之精微”。		《新乡县续志·技术》

续表

籍贯	朝代	姓名	字、号	生活年代	职官	主要专长、贡献及著作	其他	资料来源
新乡县	清	陈锦塘				精岐黄。	偰之子	《新乡县续志·技术》
		陈杞枳				精岐黄。	偰之孙	《新乡县续志·技术》
		陈绍虞	爱卿			专术数。绘《五运六气详图》，作《奇门全图》，藏于家。		《新乡县续志·技术》
		杨汝梅	小鹤			精岐黄，善切脉，且炼形服气。		《新乡县续志·技术》
		赵修身	道纯			精小儿花痘及瘟疹白喉等症。		《新乡县续志·技术》
		茹祥春				习岐黄，兼内外科。	后辛庄人	《新乡县续志·技术》
		孟增河	时清			精针灸。		《新乡县续志·技术》
		魏琳			医官	善脉诊。	赵村人	《新乡县续志·技术》
济源县（今济源市）	明	崔来富	凤山		郑藩引礼	精医，善以丸药疗疾。		《济源县志·方伎》
孟县（今孟州市）	宋	孙兆		十一世纪	殿中丞	北宋医家。著有《伤寒方》《伤寒脉诀》，编修《重广补注黄帝内经素问》。	河阳（今孟州市）人	《中医大辞典·医史文献分册》
		孙奇		十一世纪	殿中丞	精岐黄，北宋医家。	河阳人	《中医大辞典·医史文献分册》
温县	唐	司马承祯	子微号白云			事藩师正，传辟谷导引术。著《天隐子养生书》《修身养气诀》一卷。	温人	《河南通志·道家类》
	清	张四斗			庠生	精天文六壬诸术，又通内养法。		《温县志·艺术》

续表

籍贯	朝代	姓名	字、号	生活年代	职官	主要专长、贡献及著作	其他	资料来源
武陟县	清	王克哲				学问渊博，尤精医术。著《简便医方》。		《武陟县志·经籍志》
		王鸿印	雪堂号柏岭		举人训导	著《伤寒论注》《瘟疫论新编》。		《续武陟县志·经籍志》
		王似之	式谷			究心岐黄之术，著有《痘疹慎始集》。		《武陟县志·方伎》
		王启元	复初			长于内、外科。		《武陟县志·方伎》
		申嵩阳	岳云号雪宾			专心医术，著有《雪宾医案》八卷。	字岳云	《武陟县志·方伎》
		申佩琚	玉方		邑庠生	精于医。	有文名	《武陟县志·方伎》
		申佩瑀	贯中			辑《主客运气图》《四诊要旨》。	字郭驿人	《武陟县志·方伎》
		孙玉田				内外两科皆精。著有《病原》数册。	东司徒村人	《续武陟县志·方伎》
		杨绍先			邑庠生	素习医，尤精眼科。著有《眼科辑妙》。	高村人	《续武陟县志·方伎》
		李朝栋			庠生	医术精。		《武陟县志·方伎》
		柴文正				精于外科刀圭之术。		《武陟县志·方伎》
		薛灿	明庵			精于医术，尤善疗痘疹，集有《痘疹心法》。	赵庄村人	《续武陟县志·方伎》

续表

籍贯	朝代	姓名	字、号	生活年代	职官	主要专长、贡献及著作	其他	资料来源
武陟县	清	薛本立				长于医。	灿之子	《续武陟县志·方伎》
		薛本善				长于医。	灿之子	《续武陟县志·方伎》
		薛士俊				长于医。	灿之孙	《续武陟县志·方伎》
		薛百顺				长于医。	灿之曾孙	《续武陟县志·方伎》
		薛百隆				长于医。	灿之曾孙	《续武陟县志·方伎》
		薛百敬				长于医。	灿之曾孙	《武陟县志·方伎》
		贾存明	素丰		监生	善疡医。		
获嘉县	清	陈其昌	兆隆		岁贡生	著《寒温穷源》一卷、《温症发微》二卷。		《获嘉县志·艺文》
		郭永章				“精岐黄，施药饵，全活甚众”。	落纣人迁居大位庄	《获嘉县志·孝友》
汲县（今卫辉市）	宋	高若纳	敏之		枢密使	著《素问误文阙义》一卷、《伤寒论要》四卷。	卫州（今卫辉市）人	《宋史·艺文志》
		孙用和			尚药奉御	医家。精医术，善用张仲景法治疗伤寒。曾治愈国医治疗无效的光献皇后病，而授尚药奉御。著有《传家秘宝方》三卷。子孙奇、孙兆，皆以医闻名。	本卫州人，后客居河阳（今孟州市）	《中医大辞典·医史文献分册》
	明	赵继淑				学医，博采名方，广制药饵，赖救济以生颇多。	柚召村人	《汲县志·人物》
		阴秉旸	子寅	十六世纪	监察御史陕西佥事参议	著有《内经类考》十卷，又著《黄帝内经始生考》六卷、《四书赘说等编》六卷、《四书自训歌》一卷、《阴氏谈书抄》二卷。		《汲县志·人物》《河南通志·医家类》

续表

籍贯	朝代	姓名	字、号	生活年代	职官	主要专长、贡献及著作	其他	资料来源
原阳县	明	李萃然				精于医。		《阳武县志·义行》
		阎谦	少川		岁贡生	博学，精通方脉，有著书数种，毁于兵火，邑父老尝传艺之神。		《原武县志·方伎》
	清	口一鹏	仲明	清初		精岐黄术，“人有病辄以一刀圭药起之，而不索其值，以医名于世”。	由江南迁阳武县（今原阳市）	《阳武县志·流寓》
		口全玑				业受岐黄。		《阳武县志》
辉县（今辉县市）	清	毛都侯				精于伤寒。		《辉县志·方伎》
		方士谅			医学训科	“脉理精微，方术绝妙”。	师事孙奏雅	《辉县志·方伎》
		宁士均	号季和			精于医。		《卫辉府志·方伎》
		孙奏雅	君协		监生	遂于医，著有《医学宗传》三十卷。		《卫辉府志·方伎》
		胡嵩	维岳			精岐黄。		《辉县志·方伎》
		郭宗林	子中		庠生	善岐黄，著有《身世金丹集》《活幼心法要诀》，“书画堪舆俱妙”。		《辉县志·方伎》
		常子刚				善痘疹术。		《辉县志·方伎》
延津县	明	口辐	号柳溪			精岐黄术，市药不责其报。		《延津县志·人物》
	清	李序礼	国华		举人	精岐黄术。		《卫辉府志·方伎》

续表

籍贯	朝代	姓名	字、号	生活年代	职官	主要专长、贡献及著作	其他	资料来源
封丘县	清	马训			医学训科	以医为业。		《封丘县志·技术》
		王朝用			医学训科	以医为业。		《封丘县志·技术》
		王邦直			医学训科	以医为业。		《封丘县志·技术》
		王邦元			医学训科	以医为业。		《封丘县志·技术》
		王聘			医学训科	以医为业。		《封丘县志·技术》
		刘英			医学训科	以医为业。		《封丘县志·技术》
		刘原政			医学训科	以医为业。		《封丘县志·技术》
		赵仲臣			医学训科	以医为业。		《封丘县志·技术》
		侯庸			医学训科	以医为业。		《封丘县志·技术》
修武县	清	王裕				精医，“多奏其效”。		《修武县志·艺术》
		卢乃仓	佩玉			精岐黄术。		《修武县志·艺术》
		卢敏政			岁贡生	晚年究岐黄，著有《医案》数卷、《素问浅注》《五运六气图解》，未刊。		《修武县志·艺术》
		刘栋	隆吉	十九世纪	邑庠生	精医。		《修武县志·艺术》
		刘立仁		约十九世纪		精医。“光绪四年大疫，活人无算”。	栋之次子	《修武县志·艺术》
		张凌奎	星垣		例贡生	遂于医，探《内经》《金匮》之奥。		《修武县志·艺术》
		梁廷机			邑庠生	精岐黄术。	见《冯志》	《修武县志·艺术》
		薛本仁				遂于医，善种痘。		《修武县志·艺术》

续表

籍贯	朝代	姓名	字、号	生活年代	职官	主要专长、贡献及著作	其他	资料来源
沁阳县（今沁阳市）	北齐	马嗣明				精于脉诊，善针灸。	野王人	《河内县志·艺术》
	北齐	张子信			尚药奉御	以医术知名，又善易筮及风角之术。		《河内县志·艺术》
	宋	卢多逊				著《评定本草》二十卷、《补注本草》二十卷。	怀州河内人	《河内县志·经籍志》
	金	宋云公				伤寒学家。著《伤寒类证》，刊于1163年。	河内（今沁阳）人	《仲景全书》
	明	何塘	号栢斋		右付都御史	善养生。撰《医学管见》一卷，主大攻大补。	怀庆人	《中医大辞典·医史文献分册》
	明	萧守身	尚本		郎中监运使	著《经书辨疑》《医学管见》及《诗文集》各若干卷。		《河内县志·经籍志》
	清	李二阳		十八世纪	武举	著《脉诀详注》。	河内（今沁阳）人	《河内县志·经籍志》
	清	郭泰				善医术，著《医方便用》《幼学集成》。		《河内县志·艺术》
	清	娄阿巢	湑承子		庠生	精于医，著《寿事偶录》《女科》二卷行于世。		《河内县志·经籍志》
	清	李家骏				著《崇辨堂医课》。	河内县（今沁阳）人	《河南通志·医家类》
商丘市、县	战国	文挚				医家。据《吕氏春秋》记载，曾以激怒患者的方法治愈齐闵王的病。	宋国（今商丘一带）人	《中医大辞典·医史文献分册》
	宋	王怀隐		十世纪	尚药奉御翰林医官使	医官。初为道士，精通医药，998年与副使王祐等，奉政府命编成《太平圣惠方》一百卷。	宋州睢阳（今商丘南）人	《中医大辞典·医史文献分册》
	清	乔采	善来		诸生	著《幼儿心裁》，刊于1638年。	商丘人	《河南通志·医家类》
	清	朱光熙	一丹			著《痘疹摘锦》。	商丘人	《河南通志·医家类》
	清	袁恕	惟天		诸生	著《生生理言》。	商丘人	《河南通志·医家类》

续表

籍贯	朝代	姓名	字、号	生活年代	职官	主要专长、贡献及著作	其他	资料来源
夏邑县	清	杨璇	栗山	十八世纪	贡生	医家。著有《伤寒瘟疫条辨》六卷、《伤寒瘟疫条辨眉批》六卷。		《河南通志·医家类》
		李明渠	镜波号亦痴		廪生	“乡闱数困，改业岐黄，治多奇效。”通风鉴，著《地理辑要》，待梓。		《夏邑县志·方伎》
		陈天赐	眉寿			以痘疹术济世。	世居张秋店	《夏邑县志·方伎》
		张慕曾	效鲁		六品军功	精医术，存心济世。		《夏邑县志·方伎》
		曹顗	参皇		邑庠生	以医名，贫者施治不取值。		《夏邑县志·方伎》
柘城县	清	白立山		十八九世纪		理咽喉，济人甚多。	嘉庆时人	《柘城县志·耆寿》
		陈嘉谟	翊吾	清初	邑庠生	邃于易，精于医，工诗。		《柘城县志·隐逸》
		刘化鲸				业岐黄。		《柘城县志·耆寿》
		李汝霖	良弼			精岐黄。		《柘城县志·耆寿》
		李雅堂				精岐黄术。		《柘城县志·耆寿》
		周兆临				乐善好施，常备药饵为人疗病。		《柘城县志·耆寿》
		董蔚亭	豹变			业医，专治伤寒证，以济人为急。		《柘城县志·耆寿》
		窦玉璟	岚谷		岁贡生	精岐黄术，贫者给药不取值。		《柘城县志·耆寿》
	清	陈学程	传道			业岐黄，治痘疹尤精。		《柘城县志·耆寿》
		李鸿皋	闻天		邑庠生	善书法，专精痘科。		《柘城县志·耆寿》
		许康正	牧童			弃儒业医，活人颇多。		《柘城县志·耆寿》

续表

籍贯	朝代	姓名	字、号	生活年代	职官	主要专长、贡献及著作	其他	资料来源
睢县	北宋	宋道方	毅叔（一作义释）			医生。精医术，以医闻名。	拱州（今睢县）人	《中医大辞典·医史文献分册》
		底五昌	号竹兰			精岐黄术，“应手起疴”。		《续修睢州志·仙释》
		李振祖	士俊			“精黄岐释老之学”。	隐居东村	《续修睢州志·隐逸》
宁陵县	宋	程迥	可久	十二世纪	文林郎、训武郎、历扬州、泰兴尉、进贤令	医家。著《古易考》《玉泉讲学》《古易章句》《古占法》《易传外编》《春秋传显微例目》《论语传》《孟子章句》《太元补赞》《户口田制》《贡赋书》《乾道赈济录》《条具乾道新书》《度量权三器图仪》《四声韵》《淳熙杂志》《南齐小集》等书，深受唯心主义理学家朱熹推崇，著《医经正本书》（1176年）。从孝道出发，不科学地提倡伤寒无传染之说，又作《活人书辨》。	原为宁陵沙随（今宁陵南）人，后迁至余姚（今浙江余姚）	《中医大辞典·医史文献分册》《宁陵县志》
	明	吕坤	叔简 号心吾		巡抚 刑部 侍郎	以明道为己任。著有《呻唫语》《四体疑》《四体翼》《交泰韵》《闺范》《实政录》《去伪斋文集》《痘疹》一卷。	宁陵人	《中国人名大辞典》《河南通志·医家类》
	清	刘茂萱	增荣		监生	善岐黄，尤精外科，“诊视针砭日不暇给”“遇贫者即令食于其家，且赐以刀圭，必痊愈乃去，未尝受谢”。		《宁陵县志·懿行》
民权县	清	冯又昭	义宣		州庠生	研究性理，继精岐黄，洞悉运气。		《民权县志·方伎》
		刘勤贵	锡爵			精医术，咽喉尤为精妙。		《民权县志·方伎》

续表

籍贯	朝代	姓名	字、号	生活年代	职官	主要专长、贡献及著作	其他	资料来源
永城县（今永城市）		丁澂	清源号晴园			少工诗，晚留心岐黄术，求者踵至，著有《秋浦诗抄》。		《永城县志·隐逸》
许昌	晋	范汪	玄平，又称东阳		东阳太守	医家。善医术，常以拯恤为事。撰有《范东阳方》（又称《范汪方》或《范东阳杂药方》）一百七十卷。原书已佚。	颍阳（今许昌）人	《中医大辞典·医史文献分册》
	宋	阎孝忠	资钦，又名季忠		大梁（今开封）宣教郎	儿科医家。因自幼屡患重病，经钱乙拯救治愈，遂致志于钻研钱乙的学术思想，并对其进行了系统的整理研究，于1119年编成《小儿药证直诀》，此外，还编有《卫生信效方》。	许昌（今许昌）人	《中医大辞典·医史文献分册》
	清	赵文灿			医学典科	许州医官。	康熙时人	《许州志·医官》
		赵凤仪			医学正科	许州医官。	康熙时人	《许州志·医官》
		赵辅清			医学典科	许州医官。	乾隆时人	《许州志·医官》
		赵中道			医学典科	许州医官。	乾隆时人	《许州志·医官》
		黄宗昌			医学典科	许州医官。	康熙时人	《许州志·医官》
		廖成林			医学典科	许州医官。	康熙时人	《许州志·医官》
		魏昭			医学训科	石梁县医官。	康熙时人	《许昌县志·职官》
		曾兴楷	睽瞻		庠生	以医济世，兼精小儿天花，相形视色，着手成春，著有《幼科指南》，藏于家。	石固镇人	《许昌县志·方伎》
		周之德				捏骨奇术，跌打损伤，着手即愈，性耿介，不索谢。	许逯保人	《许昌县志·方伎》
		张会卷	殿璧			名医，“承数世心传秘诀，故其术益显”，其治肺痈恶疮尤擅长。	椹涧保人	《许昌县志·方伎》
		王桂				以儒医名世		《许昌县志·义行》

续表

籍贯	朝代	姓名	字、号	生活年代	职官	主要专长、贡献及著作	其他	资料来源
许昌	清	王廷珍	殿璧			以医名。岁制良药为膏济人。		《许昌县志·义行》
		王瑞				业医。	廷珍之长孙	《许昌县志·义行》
		王九皋			生员	业医。“奉遗方施济”。	廷珍之次孙	《许昌县志·义行》
		王映离				业医。“奉遗方施济”。	廷珍之曾孙	《许昌县志·义行》
		岳殿魁			庠生	精岐黄术，救人无算，概不受谢。		《许昌县志·义行》
		赵来安			庠生	精医理，不受谢，贫者并施药济之。		《许昌县志·义行》
		卢梦卜			庠生	以医济世，病痊不受谢。		《许州志·义行》
鲁山县	清	王廷侯	锡斋			祖法岐黄，善医痘疹，著有《伤寒论读法》数卷。	良里大王庄人	《鲁山县志·列传》
		田景瑗	幕蘧		监生	好集方书，常以济人，设药局遇贫无钱者以善药与之，不计其值。	法里西关人	《鲁山县志·列传》
		江河	百川		武生	习医，兼内外科。	阜里陈家圪垱人	《鲁山县志·列传》
		王燕天				祖法岐黄，工医术。	廷侯之父	《鲁山县志·列传》
		宋蕤宾	应午			幼习医，“尝集所已验方数百条，名曰《医方摘要》，凡二十卷”。	良里雅街人	《鲁山县志·列传》
		李□涵			国子监生	业医。精《黄帝内经》及诸方书，疗疾尤于贫苦者不惮险远治之。	法里西五里头人	《鲁山县志·列传》
		秦国栋	君弼		医学训科	有医名。“人踵门求医终日不绝。”	法里城内人	《鲁山县志·列传》

续表

籍贯	朝代	姓名	字、号	生活年代	职官	主要专长、贡献及著作	其他	资料来源
郏县	清	王伊乐	幸农	十八九世纪		精岐黄业。		《郏县志·仪行》
郏县	清	王希舜	允中		武生	精外科，“贫者使居已家饮食之，亲为调治”。		《郏县志·仪行》
郏县	清	李艺	六公		庠生	究心医术，遇病施药。		《郏县志·孝友》
郏县	清	魏鹤荐	士一		监生	通医术。		《郏县志·孝友》
郏县	清	张可象			拔贡、教谕	著《四书五经注解》《诗学指南》《鸿雪斋诗稿》《金匮要略注》。	邦人后迁叶县	《叶县志·流寓》
叶县	清	田太平				“精医术，而心存施济，起疾救死”，“有酬以金币者，谢不受”。		《叶县志·艺术》
叶县	清	田万立				以良医名。	太平之子	《叶县志·艺术》
叶县	清	乔可升				精医理，全活甚众，好吟五、七言诗。		《叶县志·艺术》
叶县	清	孙志云	别号柳溪居士			“少业儒，能文章，以父病乏医，弃举业，潜心越人术，得岐黄之奥，遂于以医名。”		《叶县志·艺术》
叶县	清	杜馨			儒士	“耽黄帝素问之书，遂以名医见称于世，所著《福幼遂生编增注》，多所发明，亦好作诗，有《适情草》。”		《叶县志·艺术》
叶县	清	张瑶				精通方脉，治疗多验，不辞劳，不受馈，著有《伤寒集解》藏于家。		《叶县志·艺术》
叶县	清	周谅者				习儒业，兼精于医，为人居心忠厚，不务虚名，为时人所重。		《叶县志·艺术》
叶县	清	娄承洁			儒家	因母病肆力医书，独有心得，遂知名。		《叶县志·艺术》
叶县	清	徐士声			监生	通医术，尤善针灸。		《叶县志·艺术》

续表

籍贯	朝代	姓名	字、号	生活年代	职官	主要专长、贡献及著作	其他	资料来源
襄城县	元	滑寿	伯仁，晚号樱宁生	十四世纪		著名医学家。自幼习儒学，擅长诗文。从王居中学医，精读《素问》《难经》等古医书，深有领会，作《读素问钞》三卷、《难经本义》三卷、《诊家枢要》一卷，又从高洞阳学针法，精通针术，对经络理论很有研究，认为督、任二脉应与十二经相提并论，于1431年作《十四经发挥》三卷，对经络腧穴的考订有相当的贡献。对针学的发展有一定的影响。另著《伤寒例钞》三卷、《脉诀》一卷、《本草发挥》一卷、《医韵》《痔瘘篇》等，已佚。	元初，祖父官江南，自许徙仪真（今江苏仪征市），后又徙余姚（今浙江余姚）	《中医大辞典·医史文献分册》
襄城县	明	司恭	居敬			儒医，治人多效。		《襄城县志·方伎》
襄城县	明	曹义	克让			博通经史，善医术。	邑人	《襄城县志·方伎》
襄城县	明	颜守正				儒医，尤精于小儿科，且善书，颇知吟咏。	邑人	《襄城县志·方伎》
襄城县	明	陈亮工				精于医。		《许州志·人物》
襄城县	明	陈瑄				“继父业，起人沉疴，不计利。”	亮工之子	《许州志·人物》
禹县（今禹州市）	南齐	褚澄	彦道	？—483年	左户尚书、侍中等职，死后追赠金紫光禄大夫	医家。撰有《医论十篇》，世称《褚氏遗书》。本书系唐朝人从褚氏椁中发现石刻整理而成，宋嘉泰年间刊行流传。作者重视精血、津液学说，对血证及妇科病证治的见解，为后世医家所重视。又撰《杂药方》二十卷。	阳翟（今禹州市）人	《中医大辞典·医史文献分册》《禹县志·经籍志》
禹县（今禹州市）	北周	褚谈	孝通			医生。	阳翟（今禹州市）人	《中医大辞典·医史文献分册》
禹县（今禹州市）	元	孙相		元末	山西平阳府医学教授	名医。	阳翟人	《禹州志·方伎》

续表

籍贯	朝代	姓名	字、号	生活年代	职官	主要专长、贡献及著作	其他	资料来源
禹县（今禹州市）	明	刘宇				著《安老怀幼书》四卷。		《禹县志·经籍志》
		孙思忠		明初		名医。	相之子	《禹州志·方伎》
		孙奉源		十四世纪	医学典科	有医名。	思忠之子	《禹州志·方伎》
		孙希礼		十五世纪	太医院博士	医家。	奉源之子	《禹州志·方伎》
		孙镐钊		十五世纪	学正	有医名。	希礼之子	《禹州志·方伎》
		孙清				传祖父秘诀，医尤精妙。	镐钊之子	《禹州志·方伎》
		李恭		十四五世纪	太医?	以医著名。永乐三年（1405年）为司马廉知荐于太医院。		《禹州志·方伎》
		侯邦宁				善医。		《禹州志·方伎》
	清	张恕	推已号重隐			精易理，业岐黄。著《合意录》一卷，行于世。		《禹州志·方伎》
		张百祥				继父学，著有《合意禄》一卷传世。	恕之子	《禹州志·方伎》
		黄甲第	千石		州学生员、太医院院判	善风鉴，善卜术，尤精岐黄。		《禹州志·方伎》
		黄璋考			太医院吏目	业医。	甲第之子	《禹州志·方伎》
		王际泰				善医。		《禹县志·笃行》
		陈应泗				以医传世。		《禹县志·笃行》
		杨居午				著《伤寒夺命》。		《禹县志·经籍志》
长葛县（今长葛市）		马景周	际唐		博士弟子员	精于《易》。攻医。“切脉如神，善于望气。”		《长葛县志·人物》
		王建常	铭勋			精医术，“凡跌打损伤及风寒拘挛症，着手即除。”	城东杜庄人	《长葛县志·人物》

续表

籍贯	朝代	姓名	字、号	生活年代	职官	主要专长、贡献及著作	其他	资料来源
长葛县（今长葛市）	清	关吉堂	普照		邑痒生	业医，“有延者召之即至，不索谢。”	城西南关庄人	《长葛县志·人物》
		关庆云	崇道		增生	业医，集有《治验方论》数十册。	吉堂堂弟	《长葛县志·人物》
		关锡蕃				有医名。	吉堂侄孙	《长葛县志·人物》
		关积学				有医名。	吉堂侄孙	《长葛县志·人物》
		关洵	济众			以医术名于时，先世皆业医，洵专心岐黄，殚究义蕴，尤精伤寒。	吉堂曾孙	《长葛县志·人物》
		李万轴	邺三 号春严		商水县教谕	精于医，著有《奇经灵龟飞腾八法》《针灸述古》，均待梓，及猝，为门人私。		《长葛县志·人物》
		时光斗	映奎			精于医，尤工喉症。	城西南时庄人	《长葛县志·人物》
		武长龄	延年			因母病留心岐黄，遂精于医。		《长葛县志·人物》
		胡建之				精医理，药囊随身，人有延请者，药对症，便探囊予之。		《长葛县志·人物》
		胡文彪				以医显。	天德之子	《长葛县志·人物》
		胡金章			武生	业医。	天德之孙	《长葛县志·人物》
		胡应南				业医。	天德曾孙	《长葛县志·人物》
		胡凤瑞				业医。	天德曾孙	《长葛县志·人物》

续表

籍贯	朝代	姓名	字、号	生活年代	职官	主要专长、贡献及著作	其他	资料来源
长葛县（今长葛市）	清	赵志端		纯一	太学生	“以亲疾精医，日往还于长渮间，门前如市”。	城北赵名环村人	《长葛县志·人物》
		魏广贤		蔼人		精医术，“凡危症，无不应手立愈”。所辑有《医方类编选要》《眼科经论》《经验良方》《折伤要略》，均未梓。		《长葛县志·人物》
		魏梦明				精医术，尤长瘟疫、少儿等科。	广贤兄之子	《长葛县志·人物》
		蒋栋				著《救急奇方》。		《长葛县志·艺文志》
		胡天德	成九			精于脉理。著《得心应手方》。子文彪，亦以医显。孙今章，武生。曾孙应用，凤瑞，均世其业。		《长葛县志·人物》
		李守先	善述	1736—?		针灸学家，1798年著成《针灸易学》（亦称《绘图针灸易学》）三卷，于1847年刊行。		《针灸易学》
		王敏修			医学训科	医官，业岐黄。		《许州志·医官》
		王清宇			医学训科	医官，业岐黄。		《许州志·医官》
		王文光			医学训科	医官，业岐黄。		《许州志·医官》
		马逢试			医学训科	医官，业岐黄。		《许州志·医官》
		刘鸣蛟			医学训科	医官，业岐黄。		《许州志·医官》
		乔明扬	显亭 号凌阁		廪贡生 奉直大夫	致仕后，与童二树、郑板桥相往还，歌咏赠答适志。著有《雪泥鸿水》《医方集要》，均未梓。		《长葛县志·人物阙访》

续表

籍贯	朝代	姓名	字、号	生活年代	职官	主要专长、贡献及著作	其他	资料来源
临颍县	明	安肃				“疗人应手立效，成化（1465—1487年）中入太医院。”	琚之子	《临颍县志·方伎》
		安琚			医学训科	以医名。	肃之父	《临颍县志·方伎》
鄢陵县	唐	崔知悌		约620—?	中书侍郎户部尚书	医家。撰《骨蒸病灸方》一卷，已佚。对结核病有着深刻的认识。唐宋医家多予以赞扬。		《中医大辞典·医史文献分册》
	明	刘阶	思善 号易庵			尤精医卜算法，旁通绘事。	大司冠景季子	《鄢陵县志·艺术》
		刘赍卿	以成	明末	夔州太守	撰《伤寒传经论》。		《鄢陵县志·丽藻志》
	清	王子相	公俊			究心痘疹，立志济人。		《鄢陵县志·艺术》
		苏廷臣	文林			“精青囊术，当疠疫流行时聘之者，踵相接，所至全活甚众。”		《鄢陵县志·艺术》
		郑二阳			大中丞	著《伤寒方注方药》《生生集》。		《鄢陵县志·经籍志》
		韩程愈	幼平 号智度			熟读经史子集，著《大雅棠集方》八卷。		《鄢陵县志·经籍志》
		王澎棠	德远			学问渊博，应试不售，以医术终身。著《心身要语》。		《鄢陵县志·人物志》
郾城县（今漯河市郾城区）	宋	郑蕃	公静	清初	举人	编辑《中丞益楼集》《郑氏家乘》《仁寿堂医方评注》《鄢陵杂志》《艺文志》《确园集》（按《河南通志》称郑二阳撰）。	郑二阳长子	《鄢陵县志·人物志》

续表

籍贯	朝代	姓名	字、号	生活年代	职官	主要专长、贡献及著作	其他	资料来源
郾城县（今漯河市郾城区）	宋	掌禹锡	唐卿	十一世纪	光禄卿直秘阁	北宋地理学家，兼通医药。1507年奉命与林亿、苏颂、张洞等以《开宝本草》为蓝本，撰成《嘉祐补注神农本草》二十卷。又将全国各郡县所献药图，编成《图经本草》二十卷。在地理方面，曾参加编修《皇祐方域图志》《地理新书》等。	许州郾城	《中医大辞典·医史文献分册》《郾城县志·乡贤》
	明	中士				少习儒，继而学医。		《郾城县志·耆旧》
		赵鉴	克亮	十五世纪		以儒者而通于医。		《郾城县志·耆旧》
		卢阶平	衡云		生员	精于岐黄之学，多所施济。		《郾城县志·耆旧》
		魏遇顺				娴于《素问》。	西阜大王清村人	《郾城县志·耆旧》
		高位东	乙亭		岁贡生	以宿学著称，而尤精于医，善起沉疴。		《郾城县志·耆旧》
		张炳灿				精外科，治病愈不受谢。		《郾城县志·耆旧》
	清	高峻峰	攀云	十九世纪		行医，活人至多，遇贫者则增以药。	嘉庆时人	《郾城县志·耆旧》
		王钦		十九世纪	监生	世业医，尤精喉症。同治初岁饥，时疫大作，钦所医全活甚众。		《郾城县志·耆旧》
		王化龙		十九世纪		克继父业。		
		王锦堂		十九世纪		世以眼科著称。自其身以逮其孙，贯父、子、祖孙三世五人咸精其业，所谓金针还瞳人。	钦之子	《郾城县志·耆旧》
		朱文朗		十九世纪		以眼科名。		《郾城县志·耆旧》
		胡中清	冰玉		生员	博学经籍，教于乡里，读方脉诸书，“奇险之症，应手辄愈。”著《医方独断》《医学驳误》。		《郾城县志·艺文篇》

续表

籍贯	朝代	姓名	字、号	生活年代	职官	主要专长、贡献及著作	其他	资料来源
郾城县（今漯河市郾城区）	清	李怀瑗	玉如			知二十七脉，识五运六气，亦著有书：《医学捷术》四卷。		《郾城县志·耆旧》
		李怀亮				以医著名于邑。		《郾城县志·艺文篇》
		孟昭纶	经斋		生员	以医著名于邑。		《郾城县志·耆旧》
		孟昭统	绪臣		生员	以医著名于邑。		《郾城县志·耆旧》
		黄顺兴	邻祥	十九世纪		以眼科得名，设肆于郑州，乞医者趾错于门。	居邑西北前黄庄。	《郾城县志·耆旧》
		张楷	端劬		廪生	通于医，所活无算。	迁居于临颍、郾城之间	《郾城县志·耆旧》
		谢长	初名善长右燧			治《易》《春秋》《四书》咸有得所。亦娴于医，并著《痘疹正宗批解》。		《郾城县志·艺文篇》
宝丰县	清	王体元	善长		监生	精岐黄，窭人无力延医者辄为诊治施以药。		《宝丰县志·人物》
		牛梦麟	青阁		监生	精岐黄。		《宝丰县志·人物》
		牛月川				业医。		《宝丰县志·人物》
		李从趯	则野			精医术，门恒如市。	梦麟之子	《宝丰县志·人物》
		杨卓立		十九世纪	职员	精岐黄术。		《宝丰县志·人物》
		盛健一	徕公 号东轩		邑庠生	工书，善诗，尤精于医，“几于十治十全。”著《医学集要》。	县二里人	《宝丰县志·艺文》

续表

籍贯	朝代	姓名	字、号	生活年代	职官	主要专长、贡献及著作	其他	资料来源
商水县	明	李立本	起生			窥岐黄之奥，生死夭寿一见而决，不爽毫发，时以神医目之。	隐居不仕	《商水县志·方伎》
	清	足明礼				精痘疹，延无不至，活人无算。		《商水县志·方伎》
		李滑公	开周		监生	精于医，应手辄愈，未尝索谢，贫者施以药饵，遇危证虽寒暑风雨必往。		《商水县志·方伎》
		李绳检	述祖			工书翰，精岐黄，人称“善士”。		《商水县志·方伎》
		张海成		十九世纪		好施济，精医术，药诸精良。		《商水县志·方伎》
		苗灵著	卜堂		庠生	书法工柳，精岐黄术，治瘟疹应手辄效。		《商水县志·方伎》
		郭庆甲			医学训科	精岐黄，众举为医学训科。		《商水县志·方伎》
		柴继孟				托业岐黄，治疮痘尤精，不市药，不受谢。		《商水县志·方伎》
		魏钰	连璧			精岐黄术，虽险证多获奇效，一时有神医称之。		《商水县志·方伎》
		魏硕儒			庠生	以医名。	钰之子	《商水县志·方伎》
		魏德馨				以医名。	钰之子	《商水县志·方伎》
		魏孟云				以医名。	钰之孙	《商水县志·方伎》
		魏鼎臣				以医名。	钰之孙	《商水县志·方伎》
		魏体元			庠生	广求良方济世。	钰之曾孙	《商水县志·方伎》
		赵启莘	介庵			著《眼科秘诀贯珠》四卷、《选择捷要》一卷，藏于家。		《商水县志·人物》
		王广运			邑庠增生	精岐黄，著有《十二经络针灸秘法》和《注解仲景伤寒论》。		《商水县志·方伎》

续表

籍贯	朝代	姓名	字、号	生活年代	职官	主要专长、贡献及著作	其他	资料来源
西华县	晋	殷浩				著《殷浩方书》。		《西华县志·艺文志》
	清	书田	经畲			晚年学医，诊病不受谢。		《西华县志·人物》
		洪大龙	飞天			精于医术，尝在陈州府衙治病，信为国手，著有《洪氏心法》四卷藏于家。	洪庄人	《西华县志·人物》
		李溶	千古		贡生、训导	著《伤寒指南》一卷。		《河南通志·医家类》
		张公裔				著《医门法眼》。		《西华县志·艺文志》
		理安和				著《日记》一卷、《性命圭旨解》若干卷、《等字》一卷、《诗》一卷。		《西华县志·人物》
扶沟县	唐	甄权		约540—543年		名医。因母病而与其弟立言发奋学医，长于针灸术。643年，唐太宗以权寿102岁，亲临其家访视长寿的饮食药性，并赠寿杖衣服。撰有《脉经》一卷、《脉诀赋》一卷、《针经钞》三卷、《针方》一卷、《明堂人形图》一卷、《名医集验方》。	许州扶沟（今扶沟）人	《中医大辞典·医史文献分册》《扶沟县志·艺文》
		甄立言		七世纪		医家。长本草，善于治疗寄生虫病。撰有《本草音义》七卷、《本草药性》三卷、《古今录验方》五十卷。	许州扶沟（今扶沟）人权之弟	《中医大辞典·医史文献分册》
	明	宁守道		十四世纪		精针灸法。“应招入京，试以铜人，举手辄中，奏闻授太医院大使。”		《扶沟县志·方伎》
	清	刘一鹏				“博通诸家，凡天文地理太乙奇门以及五运六气之术靡不精研。”通医。		《扶沟县志·方伎》

续表

籍贯	朝代	姓名	字、号	生活年代	职官	主要专长、贡献及著作	其他	资料来源
扶沟县	清	何出图	启文	兵部主事、员外郎		著《摄生浅言》。		《扶沟县志·人物》
		薄永秀				著《医学真实录》五卷。		《扶沟县志·艺文》
淮阳县	东晋	殷仲堪				大臣，兼通医学。著有《殷荆州要方》，已佚。	陈郡（今淮阳）人	《中医大辞典·医史文献分册》
	宋	怀敏	仲纳		医博士	医家。少好医方，遍读古书。后隐居，信佛教，人称“怀居士”。	宛丘（今淮阳）人	《中医大辞典·医史文献分册》
		怀和				守父业。	敏之子	《淮阳县志·方伎》
		怀遘				业医。	敏之孙	《淮阳县志·方伎》
		阎士安			医学助教	医官。以善画墨竹闻名，兼通医学。	陈州（今淮阳）人	《淮阳县志·方伎》
	明	刘懋武			徽江知府，福建运使	著《校阅书言故事》《草堂随笔》《时日悬镜》《宦游奇方》，行于世。		《陈州府志·人物》
		阎坦	平之	十七世纪		工风雅，精岐黄，著《罗经图说》《阴虚燮理篇》。		《陈州府志·人物》
	清	丁九皋	鸣洲	十八九世纪		内外两科，名医，著有《疡医求真》四册，道光间毁于兵焚爨。		《淮阳县志·方伎》
		于运康	际泰			业医，能著奇验，光绪十五年秋疫行霍乱，求诊者门如市。		《淮阳县志·方伎》
		于金标				业医。	运康之子	《淮阳县志·方伎》
		牛殿士	冠三			善妇科病。		《淮阳县志·方伎》
		王允芝				精通医术，尤精喉科，闻咳定吉凶，不一爽。		《淮阳县志·方伎》
		王树梯				善医，尤精喉科。	允芝之长子	《淮阳县志·方伎》

续表

籍贯	朝代	姓名	字、号	生活年代	职官	主要专长、贡献及著作	其他	资料来源
淮阳县	清	王树棠				善医，尤精喉科。	允芝之四子	《淮阳县志·方伎》
		王来同	会如			幼多病，因业医，卧床览书，脉理精通，集有《医门简要》，门人抄诵四方。		《淮阳县志·方伎》
		王元太	善长			得母李氏口授，以医名，精医，尤擅长外科。		《淮阳县志·方伎》
		王广爱	惠溥			继父业，施治多效，不受谢金。	元太之次子	《淮阳县志·方伎》
		王秀成	俊明			精医道，砥砺廉隅，不设药肆，不受聘仪。		《淮阳县志·方伎》
		王逢之	奇遇			喉症专门，屡著奇效。		《淮阳县志·方伎》
		王树桐	凤鸣			仰承父业，尤有体验，断症吉凶如响。	逢之之子	《淮阳县志·方伎》
		王凤山				通医术，能预知吉凶。		《淮阳县志·方伎》
		傅振苍	闻远		武举	“遂于学兼娴武略”，“潜心医学，能窥其奥，疗病不执成法，历著奇效。”著有《七十二病论》，今佚。		《淮阳县志·方伎》
		田继和	致中			业医，尤精痘疹，施药不计值。		《淮阳县志·方伎》
		卢庚辛	玉峰		郡庠生	业扁卢，专心致志，所医辄效。		《淮阳县志·方伎》
		冯玉琇	华彰			精医。		《淮阳县志·方伎》
		任兴泰	景阳			精脉理，临症持脉逆所苦无不中，一时有神仙之目。		《淮阳县志·方伎》
		齐化宁	康庵			以医名世，“乡人以十全为上额其门”。		《淮阳县志·方伎》
		刘书珩	楚卿			通医，“撰方用药多暗合古人”。	德成次子	《淮阳县志·方伎》

续表

籍贯	朝代	姓名	字、号	生活年代	职官	主要专长、贡献及著作	其他	资料来源
淮阳县	清	刘维新	焕然	清末		两世以医鸣，善针灸小儿疯癫，临证不择贫富，不受谢。		《淮阳县志·方伎》
		刘德成	培心		监生	六世业医。广集方书。家藏《验方八阵》，拟梓未果卒。		《淮阳县志·方伎》
		刘书珍				“称神技”。著有《妇科指南》《眼科详解》《医学入门》，未梓。	德成长子	《淮阳县志·方伎》
		刘景太	际昌			良医，施方历著奇效。		《淮阳县志·方伎》
		刘化文	焕章			良医，施方历著奇效。	景太之子	《淮阳县志·方伎》
		刘玉衡	仰斗			精医学。贫家延诊不索药资。		《淮阳县志·方伎》
		刘方晓	训俗			三世业医，悉心研究，见称于时。		《淮阳县志·方伎》
		刘应传	薪斋			精痘疹，“为一时痘疹科所仅有。”		《淮阳县志·方伎》
		孙宪曾				著《四诊述要》。		《淮阳县志·方伎》
		孙敬亭			增生	工书法，精医术。		《淮阳县志·方伎》
		孙有仁				少得父授，后术益精，知县给额曰：“杏林春煦”。		《淮阳县志·方伎》
		孙垣	魏贤			世医，深得《外台秘要》，每诊能洞病源，缕陈经脉快人心脾……不拘成方。		《淮阳县志·方伎》
		孙鹤鸣	廷选			善医术，晚年与其徒庠生孙宪曾集纂《脉经精义》，稿甫脱而卒。		《淮阳县志·方伎》
		朱全峰	孚占		太学生	通岐黄。“咸丰二年疫作，峰步诣诊视，日无暇晷，活人不可胜计。”		《淮阳县志·方伎》

续表

籍贯	朝代	姓名	字、号	生活年代	职官	主要专长、贡献及著作	其他	资料来源
淮阳县	清	朱暄				医药济人。		《淮阳县志·方伎》
		朱瑛				医药济人。		《淮阳县志·方伎》
		朱苍海				医药济人。		《淮阳县志·方伎》
		朱恭	敬斋	太学生		善治疸痈，乡里额曰“年高德劭”。		《淮阳县志·方伎》
		宋会谦				博览医书，遂精其道，“危病立起，翕然目为一路福星”。		《淮阳县志·方伎》
		宋之范	益斋		庠生	好诗工书，著《考订本草纲目》。		《淮阳县志·方伎》
		宋清兰				“嗣家学，亦精妙。”	会谦之长子	《淮阳县志·方伎》
		宋馥兰				“受家传，有时名。”	会谦之次子	《淮阳县志·方伎》
		陈云峰	奇观		监生	“脉理、针法均越伦辈”，乡人额曰：“功参化育”。		《淮阳县志·方伎》
		安竟成			庠生	遂于医。光绪三年汴省疫作，竟成旅涉，一时全活不计其数。		《淮阳县志·方伎》
		辛秉纯	云仙			悉脉理，“所医辄效。”		《淮阳县志·方伎》
		李广谦				精医，“全活无算。”	曹堂人	《淮阳县志·方伎》
		李英士	应聘			“诊脉断吉凶如响”，“邑侯罗额以扁鹊仙术。”		《淮阳县志·方伎》
		李桂实	天香			临症诊脉心细手敏，“所治妇女血块、小儿痞块，全方屡试屡验。”		《淮阳县志·方伎》
		李鼎玉	水椎		监察御史	著有《伤寒》《痘疹》，张冯缮刻成集。		《淮阳县志·方伎》

续表

籍贯	朝代	姓名	字、号	生活年代	职官	主要专长、贡献及著作	其他	资料来源
淮阳县	清	邵长勤	功敏			精医术，临症立方细心斟酌，曰：他人性命，系此指间，稍不尽心，是死于医也。		《淮阳县志·方伎》
		张耀来	光临			累世名医。	育万之孙	《淮阳县志·方伎》
		张育万				名医。		《淮阳县志·方伎》
		张乃来	敏修			精岐黄，尤善外科，著有《疮症辨》《瘟疫条辨》藏于家。		《淮阳县志·方伎》
		张金印	玉堂			业医。	士贤之子	《淮阳县志·方伎》
		杨金铎	振鲁		太学生	名医，继父业。		《淮阳县志·方伎》
		杨士贤	圣传	十八世纪	太学生	精岐黄，采《古今集验方》合药济人。乾隆五十一岁大饥，出资以拯贫困，时人比之橘井。		《淮阳县志·方伎》
		杨百禄	在中			精医术，“撰方用意大似古人。”家设药局，以药拯人。		《淮阳县志·方伎》
		杨起云	从龙			精痘疹。		《淮阳县志·方伎》
		郑吉安	厚祥			医学精，研究痘疹尤多奇妙。		《淮阳县志·方伎》
		郑嘉祥	瑞钟			精岐黄，于妇科独心得，著有《郑氏妇科》藏稿于家，未梓。	嘉祥之子	《淮阳县志·方伎》
		郑茂锡				业医。	嘉祥之孙	《淮阳县志·方伎》
		郑文轩				业医。		《淮阳县志·方伎》
		赵锡川			郡庠生	精通医理，尤善疗虚胀，“乡里送额建碑，一方称妙手焉”。		《淮阳县志·方伎》

续表

籍贯	朝代	姓名	字、号	生活年代	职官	主要专长、贡献及著作	其他	资料来源
淮阳县	清	夏茂林	森然			“医学谙练，诊脉断症如身亲。”		《淮阳县志·方伎》
		夏端木	效赐		监生	施药济人，道光初年咸丰二年疫大行，赖全活者数百人。		《淮阳县志·方伎》
		夏连芳				业医。	端木之孙	《淮阳县志·方伎》
		罗玉亮	明远			精妇科，“远近胥称罗神仙。”		《淮阳县志·方伎》
		范振兰	馨庵			世业医，长痘疹。不设药室，不受谢仪，不避寒暑，不择贫富。		《淮阳县志·方伎》
		范金垒				继父业，人以世医称。	振兰之子	《淮阳县志·方伎》
		黄文广	允卿			精于医，尤善针砭。		《淮阳县志·方伎》
		黄澄云				习针法，通医道，“诊脉断病，语多奇怪中。”	文广之孙	《淮阳县志·方伎》
		黄清湛	蕴智			博览群书，悉心研究，“与人诊治，应手辄效。”著有《四言秘诀》。		《淮阳县志·方伎》
		理思恩	惠远		从九品衔	医传五世，思恩尤臻精妙。		《淮阳县志·方伎》
		理崇德				业医。	思悬次子	《淮阳县志·方伎》
		理崇修				业医。	思恩之三子	《淮阳县志·方伎》
		理学礼			廪生	传祖术。	思恩之孙	《淮阳县志·方伎》
		理继武				精医术。		《淮阳县志·方伎》
		喻性真	本善			精眼科，能退经年云翳，著有《眼科家传》。		《淮阳县志·方伎》

续表

籍贯	朝代	姓名	字、号	生活年代	职官	主要专长、贡献及著作	其他	资料来源
淮阳县	清	鲁东木	辉光		廪生	晚年精岐黄。		《淮阳县志·方伎》
		蔡璐	佩玉			精痘症。晚岁目盲，以手按即知轻重。		《淮阳县志·方伎》
		蔡思明				精痘疹。	璐之子	《淮阳县志·方伎》
		雷效先	绳武			业岐黄。乡里延诊，自备车马，兼施药饵。		《淮阳县志·方伎》
		雷继贤	圣传	十九世纪		“积学未遇，后学岐黄，药饵针灸各臻其妙。道光十八年秋时疫流行，延医者昼夜不遑一时，全活不可胜数。”		《淮阳县志·方伎》
		雷乐善	同与		邑庠生	“每医险症，能起死回生。”		《淮阳县志·方伎》
		雷春华				以医显。	乐善之子	《淮阳县志·方伎》
		雷日钫				以医显。	乐善之孙	《淮阳县志·方伎》
		董汝贤				因母病学医，渐通其奥，名遂籍。		《淮阳县志·方伎》
		王天爵	元良			著《三世良医》《艺文志》。		《淮阳县志·方伎》
		雷继祖	聿斋		州同	工诗文，尤精岐黄。著《医论》行于世。		《淮阳县志·方伎》
太康县	魏晋	何曾		198—278年	魏司徒西晋丞相	魏晋间官吏，兼通医学。纂有《食疏》已佚。	陈州阳夏（今太康）人	《中医大辞典·医史文献分册》
	清	龙之章	绘堂	十九世纪	岁贡生	医家。注重实践，不泥古说，于1882年撰《蠢子医》四卷，是一种颇具特色的学医启蒙读物。本书收入《珍本医书集成》中。		《中医大辞典·医史文献分册》

续表

籍贯	朝代	姓名	字、号	生活年代	职官	主要专长、贡献及著作	其他	资料来源
太康县	清	朱映离	瑞廷	1775—1851年	增生	著《养真录》藏于家。	南朱寨人	《太康县志·人物传》
		朱奎光	健庵		邑庠生	精岐黄，著有《万全正书》《梅村诗集》，未梓。	朱堂人	《太康县志·人物传》
		赵运振			监生	长于外科，遐迩著名，贫者兼给药，从不索值。著《医学见解》四卷。		《太康县志·人物传》
		费成章				以医名。		《太康县志·艺文志》
鹿邑县	周	李耳	伯阳		史官	相传春秋时思想家，道家的创始人。著《老子》（后人托名）《石室兰台三癞符》一卷。	苦县（今鹿邑东）厉乡曲仁里人	《河南通志·道家类》
	宋	陈抟	图南			道家。著《指玄篇》八十一章、《案节坐功法》一卷。	真源（今鹿邑）人	《鹿邑县志·人物》《河南通志·道家类》
		王溥			宰相	著《指玄篇笺指》。		《鹿邑县志·人物》
	明	张信贤	赓俞号简吾		贡生	著《家训》一卷、《诗文》二卷、《集验良方》一卷，藏于家。《古文选》行于世。		《鹿邑县志·人物》
	清	牛同豹	平阳	十九世纪	岁贡生、训导	著《古文辞》若干卷、《脉经直指》一册。		《鹿邑县志·义行》
		张辉	旭之	？—1892年	监生	究心医术，著有《妇科摘要》数卷。		《鹿邑县志·义行》
		崔篪	仲生			习疡医，操术颇精。	东北厂里人	《鹿邑县志·义行》
		张蟠玉				著《本草辑要》四卷、《群方荟萃》二卷、《万方集成》十卷。		《鹿邑县志·义行》

续表

籍贯	朝代	姓名	字、号	生活年代	职官	主要专长、贡献及著作	其他	资料来源
鹿邑县	清	王秘中			监生	工诗文，旁通岐黄之术，活人甚众，著有《蚓窍吟》二卷、《医诀》四卷藏于家。	真源（今鹿邑）人	《鹿邑县志·义行》
		张允蹈			知兴化军	著《外科保安要用方》五卷。		《河南通志·医家类》
		张阶平				著《外科集成》三十六卷。		《鹿邑县志·艺文》
项城县（今项城市）	清	王允惠	迪吉	十八世纪	八品农官	博考方书，以济人为怀。		《项城县志·方伎》
		王应华	藻公			以医术济人，“自言生平于痘疹虚实寒热，颇了然于心，著有《渔樵耕牧四图》等，甚工画兰”。		《项城县志·方伎》
		王宏裔	瑞三		庠生	因病弃举子业，留心岐黄，遂精其术，著《王宏裔医书》数种藏于家。		《项城县志·方伎》
		刘维缠	违常			世精医术，尤善治痘疹，“人以刘神仙目之”。		《项城县志·方伎》
		束择升	应选			精岐黄术，全活无算。		《项城县志·方伎》
		束立诚				以医为业。	择升之子	《项城县志·方伎》
		束兆昆				以医为业。	择升之孙	《项城县志·方伎》
		薛凤德	翔化		太医院吏目	精岐黄术，肄业太医院，旋补医士，例州九品吏目。		《项城县志·方伎》
		田炳勋	耀功			晚年殚心医理，有求诊者，虽寒暑必往。著《医学节要》藏于家。		《项城县志·方伎》
沈丘县	明	李如霖	媚泽号蓄英		天启辛酉举人山西沂州学正	晚年留心岐黄，著有《伤寒痘疹》诸书，缮刻成集。		《沈丘县志·乡宦》

续表

籍贯	朝代	姓名	字、号	生活年代	职官	主要专长、贡献及著作	其他	资料来源
沈丘县	清	唐橘	干诚		庠生	潜心岐黄，求诊视者风雨必往。		《沈丘县志·乡宦》
		刘璞	右友 号尔琢			精于医理，要求诊视者，无论风雨，必诣其家。贫者即裹药与之，著《医学集要》六卷行于世。		《沈丘县志·乡宦》
确山县	清	安增	益洲 号卓泉		同治甲子举人	精阴阳医术星命。		《确山县志·人物》
		高景龙	雨民		光绪丁酉科拔贡	精医术，“共推国手”，不计贫富，延请即至，活人甚众。		《确山县志·人物》
汝南县	东汉	费长房				巫医。	汝南人	《后汉书·本传》
	宋	杨大均				善医，能默诵《素问》《本草》及两部《千金方》，一字不遗，用药精微深妙。	蔡州（今汝南）人	《汝阳县志·方伎》
	明	张龙甲	蜚元		诸生	精岐黄，治奇疾多效。	汝南人	《汝阳县志·方伎》
		房景敏				潜心《素问》《难经》而通其奥，又参仲景诸家，不拘古方。	汝阳人	《汝宁府志·方伎》
		房文实			郡庠生	业医，尤善察脉，称“国手”，著有《春田一览》，行于世。	景敏四代孙	《汝宁府志·方伎》
		贵济良		十四世纪	太医院院判	医官。医懿文太子疾愈。	汝阳人	《重修汝南县志·人物》
		贵茂	文实	十五世纪		业岐黄。	济良之父	《重修汝南县志·人物》
		贵宣嗣				良业。	茂之子	《重修汝南县志·人物》
		李仙材	伯珩			博学宏才，精通医术。		《重修汝南县志·人物》

续表

籍贯	朝代	姓名	字、号	生活年代	职官	主要专长、贡献及著作	其他	资料来源
汝南县	明	傅应台	耀平		拔贡、举行	“博学，虽医药地理涉焉即精，有患疫者修药饵，亲率僮仆分给，多所存活。”		《重修汝南县志·人物》
		何金熔	剑光	十九世纪	增生	潜心于医书，以医济世，著有《伤寒论》《瘟疫论》《经验良方》，府守廖牲为之刻板发行。		《重修汝南县志·人物》
		张汝滨	观烂		庠生	精医术，施医无贫富，有求即应。		《重修汝南县志·人物》
		李寿增	松乔	清末民国初	邑增生	世医药。	罗店人	《重修汝南县志·人物》
		廖牲	鹿侪		知府	道光末年知汝州府时，除备急医药施舍外，复刻《应验良方》一书。筹公款购药聘医，设牛痘一所。		《汝南县志·循史》
西平县	清	李培源				著《医学备考》《妇科捷要》。		《西平县志·艺文》
		张国瑄				著《方脉摘验》《胎产指南》。		《西平县志·艺文》
		于兰台				著《男女险症治疗新篇》《妇科产症心得录》《医小儿惊风捷要》。		《西平县志·艺文》
		于福纯	粹轩			博学精医，善治瘟疫、产后各证，不受酬金。录以术授予嘉善，族侄省三，皆称名医。		《西平县志·艺文》
		袁应海				著《妇科摘要》。		《西平县志·艺文》
		蔡临溪		嘉庆间		名医。子孙世习其业，著《痘疹要论》一卷。		《西平县志·艺文》
		牛灿辰	子莫			专心学医。光绪初，时疫大作，皆著手立愈。著《瘟疫明辨》。		《西平县志·文献》
		陈本虞				著《本草解要》《妇科铁镜》。		《西平县志·文献》

续表

籍贯	朝代	姓名	字、号	生活年代	职官	主要专长、贡献及著作	其他	资料来源
西平县	清	赵镤				通医理，煮药施舍，活者甚众。		《西平县志·人物》
		袁应西	位庚 号金渠		诸生	通医术。著有《增高录》《制锦录》《百篇抄》等书。	常济保下里管庄人	《西平县志·人物》
		郑名卿	君显	十九世纪	同治丙寅岁贡	通岐黄术。	新丰保上里管庄人	《西平县志·人物》
		张凤阁		十九世纪		咸同间儒医，著有《医学心得》《瘟症秘诀》。子孙世继其业。	张湾村人	《西平县志·文献》
		彭德周				著《瘟症要诀》。		《西平县志·文献》
		郭凌云	仙槎		诸生	著《瘟症新编》。		《西平县志·文献》
		于省三	绍曾			咸丰间，疫大作，医活极众。著《瘟症论心得录》。		《西平县志·人物》
		韩画	甄吾		诸生	精医。为人诊疗，不受酬谢。著《问心堂诗草》《瘟疫条辨》。	云庄山寨	《西平县志·文献》
		于嘉善				著《男女科经验良方》十七卷、《妇科备要》二十一卷。		《西平县志·文献》
遂平县	清	王永宁			邑医官	明于岐黄，投饵多效。	邑人	《遂平县志·乡贤》
		魏圣伦			邑农官	精岐黄，以医药济人。		《遂平县志·乡贤》
正阳县	明	刘清曲				究心《素问》《灵枢》，剖析其妙，著有《方论》若干卷，行世。	土扶桥人	《重修正阳县志·方伎》
	清	于保仁				精医术，著有《医学集成》二十四卷，行世。	岳城店人	《重修正阳县志·方伎》
		王道立	卓如	清末	优廪生	著《养生治生救时合论》。		《重修正阳县志·方伎》

续表

籍贯	朝代	姓名	字、号	生活年代	职官	主要专长、贡献及著作	其他	资料来源
正阳县	清	王居仁	安亭			精医施药，尤擅长痘疹。	王勿桥人	《正阳县志·方伎》
		王遵贵				善眼科，人称为拨云圣手。		《重修正阳县志·方伎》
		王百朋	锡我			精大小方脉，能治异候。		《重修正阳县志·方伎》
		王传位	君一		监生	精小儿科，尤娴痘疹。	寒冻店人	《重修正阳县志·方伎》
		王德魁	宗颜		邑庠生	善切脉。	固城店人	《重修正阳县志·方伎》
		石文秀				祖传六代，专治跌打损伤，筋骨碎烂诸症。	城东十六里石庄	《重修正阳县志·方伎》
		付正升	凌阁			嗜学好施，兼精医道。	王勿桥人	《重修正阳县志·方伎》
		付克世				世父业，精医道。	王升之子	《重修正阳县志·方伎》
		冯斌	建武		附监生	精岐黄术，“贫人病，施药治之，必愈而后已。”		《重修正阳县志·方伎》
		冯鸣豫	乐轩			儒医，“豫研旧方书，医学冠一时。”	鸣豫之父	《重修正阳县志·方伎》
		冯霖雨			贡生	精岐黄术。	涂家店人	《重修正阳县志·方伎》
		冯立春				儒医，精研灵素，尤擅长痘疹。	城东人	《重修正阳县志·方伎》
		刘文焕				“专治痤疮，收效甚捷”。	范庄店人	《重修正阳县志·方伎》
		胡恭安	原名献琛子淮		优增生	著有《论语节解》《大学解》及《医术》各种。		《重修正阳县志·方伎》

续表

籍贯	朝代	姓名	字、号	生活年代	职官	主要专长、贡献及著作	其他	资料来源
正阳县	清	江耀廷	紫垣		庠生	精儒学，工丹青，晚精医药术。	大林店人	《重修正阳县志·方伎》
		孙培初	本真		处生	“精研医术，独有心得，药止三五味，无不奇效。”著有《心得专集》，未及付梓，为族某所秘。	王大林店人	《重修正阳县志·方伎》
		孙从仁				善痘疹，名噪一时。		《重修正阳县志·方伎》
		刘汝泉	鼎玉		诸生	精眼科，尤善针灸。		《重修正阳县志·方伎》
		刘之府				善医，尤精幼科，“治痘疹立效，能望气知人生死”。		《重修正阳县志·方伎》
		刘子通				有医名。	知之府之弟	《重修正阳县志·方伎》
		刘斌	雅士			“以医术济人，应手立效”。		《重修正阳县志·方伎》
		刘纯士				精医。	斌之弟	《重修正阳县志·方伎》
		刘景章	文轩			善眼科，“先祖得异传，拨翳如神，贫不计药资”。	寒冻店人	《重修正阳县志·方伎》
		朱存仁				精医术，尤长痘疹科，药不索资。	皮店人	《重修正阳县志·方伎》
		吴开荣	华堂		廪生	“得岐黄之秘，望气切脉，断病情，定生死”。	汝南埠人	《重修正阳县志·方伎》
		陈永运				精岐黄，痘疹二科研究尤深，时人颂为痘疹圣手。	朱家店人	《重修正阳县志·方伎》
		汪经	子隆			能医，尤精外科。		《重修正阳县志·方伎》
		汪渊	深甫			善疗筋骨损伤，摸捏即愈。知县秦本题奖之曰：“捏骨神手”。	寒冻店人	《重修正阳县志·方伎》

续表

籍贯	朝代	姓名	字、号	生活年代	职官	主要专长、贡献及著作	其他	资料来源
正阳县	清	张殿元				精医。光绪二十三、四年，连荒缺食，用芝麻和药制丸，施度饥民，资全活者百余家。	增益店人	《重修正阳县志·方伎》
		张淑仪		十九世纪		精喉科，施药饵，著有《咽喉摘要》十二卷。	岳城店人	《重修正阳县志·方伎》
		张光照				精喉科。	淑仪之侄	《重修正阳县志·方伎》
		张志刚				精喉科。	淑仪之孙	《重修正阳县志·方伎》
		张复恒	久道			精于岐黄术，有延必应，瘳不索谢，殁后，乡人立石志遗德。		《重修正阳县志·方伎》
		李华章				“祖传疯药，其效如神”。	城东人	《重修正阳县志·方伎》
		李学正			岁贡生候选儒学训导	精医术，救济极多，人称国手，著有《伤寒三疫论》《松圜癖论》《醒迷传》数种，付梓行世。		《重修正阳县志·方伎》
		李存安	心平			精医术，痘疹尤见长。	潘店人	《重修正阳县志·方伎》
		李建儒				精医术，善痘疹。	存安之子	《重修正阳县志·方伎》
		郜守经	熔庵		附生	医术济人。	寓居寒冻	《重修正阳县志·方伎》
		姚春华				精外科，尤长接骨疗伤，未尝索谢，时人重之。	皮家店人	《重修正阳县志·方伎》
		徐登第				祖传施妇科黄病调经药，数代不索价。	仝陂塘人	《重修正阳县志·方伎》
		涂法章		十九世纪		弱冠娴医业，尤精外科。咸同间，避乱息罗边境，医声卓著，受徒庞学颜、周保安等。	涂家店人	《重修正阳县志·方伎》
		涂沛章		清末		继法章术。	法章同族	《重修正阳县志·方伎》

续表

籍贯	朝代	姓名	字、号	生活年代	职官	主要专长、贡献及著作	其他	资料来源
正阳县	清	涂鸿模		清末		继法章术。	法章同族	《重修正阳县志·方伎》
		高文贵				精通医术，施诊极谨慎。	范庄店人	《重修正阳县志·方伎》
		袁文华				“祖传膏药奇方，疮疡肿毒起时，一贴即清，时人重之。”	西街人	《重修正阳县志·方伎》
		袁如琏	国器			习医，有心得，“施诊无或爽，乡里神之。”	城内人	《重修正阳县志·方伎》
		萧才	理全			善小儿惊风，“回生如神，施药多年不受谢。”	大林店人	《重修正阳县志·方伎》
		萧文田				精疯狗咬方，无轻重，一诊立效，并不忌铜器等事，救人甚多，药不索价。	大林店人	《重修正阳县志·方伎》
		谢应政		清末		娴医术，名著遐迩，好善乐施。	王勿桥人	《重修正阳县志·方伎》
		彭人杰	子英			喜读灵素书，用药极其精，熟经方而神化之，咸颂为救难生佛。	皮店人	《重修正阳县志·方伎》
		温永庆	瑞五			常读黄帝灵素经等书。	汝南埠人	《重修正阳县志·方伎》
		黎振泗	一名东山		监生	医学精通，求诊必应，并施药济贫。		《重修正阳县志·方伎》
		黎鸿盘	荣渐	十九世纪		幼读儒书，壮精岐黄，乡里延诊，不取资。		《重修正阳县志·方伎》
		魏华万				幼多病，弄药度日，遂知医。		《重修正阳县志·方伎》
		阮泰理	昆山	1854—1922年	太学生	年十四患失血症，遂业医。施诊四十余年，活人无算。著《阮氏家藏医解》二册。	城南街人	《正阳县志·人物》
上蔡县	明	袁忱	诚甫			治岐黄术，尤精于痘疹，全活小儿甚多。	上蔡人	《汝宁府志·方伎》
	清	刘荆璧		十五世纪	贡生	咸同间，瘟疫大作，施药救济全活甚众。著《小儿瘟疫解》，未梓。		《上蔡县志·艺文志》

续表

籍贯	朝代	姓名	字、号	生活年代	职官	主要专长、贡献及著作	其他	资料来源
泌阳县	明	王鼎新		万历年间（1573—1619年）	邑诸生	精奇门遁甲术，又善医，著有《本草医用参考》《集验奇方》。	居凤凰山之南谷中	《泌阳县志·艺术》
	清	程人坊		十八九世纪		以医名于乡，著有《针灸捷径》二卷藏于家。	昆阳保人	《泌阳县志·艺术》
		谭震东		十八九世纪	庠生	善医术，尤精于太素脉法。嘉庆癸酉间疫疠大流行，所全活人无数，著有《伤寒捷要》，藏于家。	高邑保人	《泌阳县志·艺术》
南阳市、县	唐	樊宗师				著《服气口食诀》一卷。		《南阳县志·艺术》
	清	乔大迁				习医学，颇精方术，卖田产购药物为丸散济人。	博望保人	《南阳县志·杂记》
		李绔			户部广东司郎中	深于医，以医名京师。	先世邓人	《南阳县志·乡宦》
		李雨若				善小儿科。		《南阳县志·乡宦》
		李遇文				善眼科。	雨若之弟	《南阳县志·乡宦》
		张震山				幼业儒，长习医，尤精眼科，悬壶于通许吴沼集。	原籍南阳村人	《通许县志·流寓》
方城县	清	王撰文	以行			善治眼及小儿内外等科，著有《六科指南》八卷，为时所重，未刊行。	蒿庄人	《方城县志·艺术》
		张士吉				精内外科方脉，济世活人，不索酬仪。	月庄人	《方城县志·艺术》
		廖维司		十八九世纪		嘉庆年间名医，医术精妙，善疗奇证。	陌陂东南廖庄人	《方城县志·艺术》
内乡县	清	庞铭本	警庵			弃儒就医，研究外科，凡遇奇疮异症无名肿毒，一经调治，罔不应手立愈。著《随身录》及《有定集》等药方藏于家。	庞营人	《内乡县志·艺术》
		王贤			医学训科	习世业，精于岐黄，活人甚众。	夏馆人	《内乡县志·人物》

续表

籍贯	朝代	姓名	字、号	生活年代	职官	主要专长、贡献及著作	其他	资料来源
内乡县	清	王懋			医学训科	业医。	贤之父	《内乡县志·人物》
		杨茂	时育			精脉理，“为人疗疾无不立痊”。	杨集人	《内乡县志·义行》
		杨锡康				以岐黄业著名。	茂之父	《内乡县志·义行》
		杨绾				以岐黄业著名。	茂之祖	《内乡县志·义行》
		庞沣章	号芑园			精岐黄术，施药饵多奏效，著有《守寨简章》《疡医指南》藏于家。	石桥人	《内乡县志·义行》
		谢文选	明理			平生精通医理，皆效如神。著《脉诀》《青囊秘要》《迷津普渡》行于世。	东区大浆子人	《内乡县志·义行》
邓县（今邓州市）	东汉	张伯祖				“性志沈简，笃好方书，精明脉证，疗病十全，当时所重，张仲景从之。”	南郡人	《古今医统》
		张机	仲景	二世纪中至三世纪	据传为长沙太守	杰出医学家。在“勤求古训，博采众方”的思想指导下，创造性地著成《伤寒杂病论》。此书后人整理成《伤寒论》及《金匮要略》二书。奠定了中医学术沿着辨证施治原则发展的基础，被后代人尊为“医圣”“医方之祖”。还著有《辨伤寒》《评病要方》《疗妇人方》《五脏论》《口齿论》等，已佚。	南郡涅阳（今南阳邓州市）人	《中医大辞典·医史文献分册》
	宋	周洪	文渊		中进士、任秘书省著作佐郎、通判戎州	官吏。任通判戎州（今四川宜宾）时下令禁巫术，取古代医方刻于石上，此后，戎州一带始用医药。	邓州穰（今南阳邓州市）人	《中医大辞典·医史文献分册》

续表

籍贯	朝代	姓名	字、号	生活年代	职官	主要专长、贡献及著作	其他	资料来源
邓县（今邓州市）	明	廖作栋	伯隆			晚年精于医，著有《痘疹指掌》，行于世。	邓州（今南阳邓州市）人	《南阳府志·人物》
	清	张泰恒	德一号踽踽子	约十七八世纪	举人	中年弃儒从医，精仲景之学，善男妇老幼诸科，著有《伤寒类证解惑》四卷，光绪十五年始由著者曾孙张炳义，友人廖掞刻版梓行。		《伤寒类证解惑·叙》
新野县	明	乔隆			监生医学训科	精于医。		《新野县志·孝义》
	清	马献可	骏卿			素邃于医，凡延请者，必尽力治之。	西赵庄人	《新野县志·懿行》
		赵辑五				素通疡医，施成药以救危症。	青羊人	《新野县志·懿行》
		冠学山	海蓬		附生	学医以长沙为宗，参与俞嘉言，方中行……变化出之，所全活不可胜计。	冠庄人	《新野县志·懿行》
		樊允德	芹斋		增生	业岐黄，医必尽方，愈不索谢。		《新野县志·懿行》
唐河县	清	赵播			庠生	精岐黄业，痘疹神效。		《唐县志·人物》
镇平县	明	刘文易	沧阳			“精太素脉，断吉凶皆验、神圣巧工四妙皆具。”		《镇平县志·名医》
	清	李振坤				善岐黄，平时施药济世。		《镇平县志·名医》
		张昌麟			庠生	精医道，“决人疾病存亡，毫发不爽，人推为中医和缓”。		《镇平县志·名医》
		许三元				精岐黄，活人甚众。		《镇平县志·名医》
		康际华			庠生	精桐雷之学，审症不差，人以圣手称之。		《镇平县志·名医》
		姜迎祥			岁贡生	精岐黄，施药济世。		《镇平县志·名医》

续表

籍贯	朝代	姓名	字、号	生活年代	职官	主要专长、贡献及著作	其他	资料来源
信阳县	明	高我冈				医家。著有《仙传痘疹奇书》二卷，刊于1598年。		《中医大辞典·医史文献分册》
		方应时		十六世纪	岁贡	精岐黄，有神医之称，著有《方书金镜》。		《信阳县志·艺术》
	清	陈再田			邑庠生	悉心岐黄，博览医书，乡里赖以全活者甚众。晚年发明医理，著有《伤寒阐微》《金匮要旨》，稿多散佚。	洋河店人	《信阳县志·艺术》
		杨光有				幼为人牧，借医书读之，日久愈精，讲脉理，审证候，“有非时医所能辨”。		《信阳县志·艺术》
信阳市、县	清	胡毓秀				著《伤寒论集注折衷》七卷。		《信阳县志·艺文志》
		曹宴林	晓园			精医理，著有《医学指南》。	冯河村人	《信阳县志·艺术》
		黄信道	晦庵		邑附生	闭门研讨《素问》《难经》等，三年后“出诊应手无不愈者，声誉噪一时”。著有《医方经验》四卷，为门人卢姓者取去不肯示人，稿遂佚。	五里店人	《信阳县志·艺术》
		黄醇度	雅宣			精外科，“求诊者不远千里”。	信道之子	《信阳县志·艺术》
		黄慎修	福堂			名医。	信道长孙	《信阳县志·艺术》
		黄敬修	椵纯			名医。	信道次孙	《信阳县志·艺术》
		黄启萱				业医。	信道曾孙	《信阳县志·艺术》
		黄启英				业医。	信道曾孙	《信阳县志·艺术》
		王永钦	子谟		补博士子弟员	凡琴棋书画星象医卜等学皆通。著有《药性征实录》二卷，梓行于世，辑《医俗格言》。		《信阳县志·艺文志》

续表

籍贯	朝代	姓名	字、号	生活年代	职官	主要专长、贡献及著作	其他	资料来源
信阳市、县	清	戴日暄	秋阳		岁贡生	邃于医。		《信阳县志·艺术》
		周光第		?—1861年		著《医学合纂》。		《重修信阳县志·艺文志》
		曹淦				著《医方合录》。		《信阳县志·艺文志》
		危恕中				著《近仁堂济世良方》。		《信阳县志·艺文志》
		余殿香				著《保赤全书》。		《信阳县志·艺文志》
息县	清	栗上	岸登			幼多疾，于是专心学医，十年精通，“凡治病如见肺肝”，光郡守吴公一嵩，赠以匾曰：“功高国相”。	息邑	《息县志·医术》
		栗同橘				肆祖业，精通医术。	上之子	《息县志·医术》
		栗世铭				肆祖业，精通医术。	上之孙	《息县志·医术》
		夏云集	祥宇，又字英白	晚清	廪生知县	医家。长于儿科推拿，撰有《保赤推拿法》，又名《推拿精要保赤必备》（1885年刊行）。	新息（今息县）人	《中医大辞典·医史文献分册》
固始县	明	徐仁富		十四世纪	太医院医士	元末避乱，采药金刚台山，通医学，洪武间充太医院医士，以神医名。	固始人	《固始县志·方伎》
		王瓘			医学训科	精医道，“能起人危疾，绝口不言利”。	固始人	《固始县志·方伎》
		徐时				业医，喜吟咏，著有《橘隐遗藁》行于世。	仁富之子	《固始县志·方伎》
		张珍				幼诵《素问》《难经》，遂以医鸣，“人以神医称之”。	固始人	《固始县志·方伎》

续表

籍贯	朝代	姓名	字、号	生活年代	职官	主要专长、贡献及著作	其他	资料来源
固始县	明	高选				习叔和《脉诀》，“一诊即知人生死，投剂无不立愈”。	固始人	《固始县志·方伎》
	清	吴其濬	瀹斋，别号云娄农	1789—1847年	翰林院修撰、学政、兵部侍郎、巡抚总督	他在各地广泛搜集植物标本，绘制成图，参考古代本草及有关文献800余种，用七年（1841—1847年）时间编成《植物名实图考》三十八卷，为我国第一部较大型的区域性植物志。在我国近代植物分类学及本草学上均有重要贡献，在国际上也有一定声誉。另编《植物名实图考长编》二十二卷。	固始人	《中医大辞典·医史文献分册》
		万青选	一轩	咸同时人		著《医贯》十八卷、《寿世保元辨证》十二卷。	固始人	《河南通志·医家类》
		王云锦	柳溪		按察使	著《伤寒论》。		《河南通志·医家类》
		王文孝	百顺			幼谙方脉，“汤液概准丹溪……善疗异症”。		《固始县志·方伎》
		王应乾				亦精医术。	文孝之长子	《固始县志·方伎》
		王应恒				精医术。	文孝之次子	《固始县志·方伎》
		王燕昌	汉皋			医家。家中七代为医，著有《王氏医存》（1871年刊行）。	固始人	《中医大辞典·医史文献分册》
		张有临	莅南			少习儒，后因父病究心脉理，随臻精妙，远近赖生活者甚众。		《固始县志·方伎》
		孙秉衡				究心脉理，“痘疹危时，投剂立愈”。	邑人	《固始县志·方伎》
		林继宗	克绍	约十七世纪		幼习儒，后究脉理，“不以计利，世称为神医”。	原籍江南和州人，迁固始	《固始县志·方伎》

续表

籍贯	朝代	姓名	字、号	生活年代	职官	主要专长、贡献及著作	其他	资料来源
固始县	清	梅云				“精奇经八脉，里人皆称为神医”。		《固始县志·方伎》
		穆元济	文标			博学，精于医。“儿科尤臻神妙，不计利”。	原籍江南含山人，迁入固始	《固始县志·方伎》
		穆望	东陵			习父业，亦以神医称于时。	元济之子	《固始县志·方伎》
罗山县	清	徐士进	号环洲		邑弟子员	“幼得羸疾往就医于楚之黄安十载始归，遂精通医理，所至无不奏效。”		《罗山县志·方伎》
光山县、潢川县	明	张德恭	子安		户部主事、河东转运副使	著《易解岐黄》诸书行于世。	光山人	《光州志·仕贤列传》
		黄朴				善医术，洞究《素问》《灵枢》旨要，切脉如神，著《方脉》诸书，惜明末毁于寇。	光州（光山？潢川？）人	《光州志·方伎》
	清	胡之杞				工诗，假医术以济人，诊疾制方必慎，贫者予之药，不责其值。		《光州志·方伎》
		黄永傅	奕久			集《方书》四十余卷，纂《春秋要义》十二卷。	光州人	《光州志·善行列传》
		唐锡纯				幼业儒，改学医，潜志方书治疗多验，尤精于疡科。	光州（今潢川）人	《光州志·方伎》
商城县	明	兰槐				儒医。		《商城县志·方伎》
		袁本德				儒医。		《商城县志·方伎》
		李根				儒医。		《商城县志·方伎》
		符名世				儒医。		《商城县志·方伎》

续表

籍贯	朝代	姓名	字、号	生活年代	职官	主要专长、贡献及著作	其他	资料来源
商城县	清	李生鲁				儒医。		《商城县志·方伎》
		汪亦临				儒医。		《商城县志·方伎》
		傅怀德				儒医。		《商城县志·方伎》
		张恩煦				儒医。		《商城县志·方伎》
		杨蓕	牧生（一作特生）	十七世纪	汜水训导	博通诸子百家，工诗，尤精岐黄术，诊脉辨证，全活无算。	康熙时人	《商城县志·文苑》
		王祐	言一		诸生	晚年尤擅岐黄术，施药济人。		《商城县志·卓行》
		黄约	御繁		廪生	曾刊行《痘疹正宗》《万氏女科》等书。		《商城县志·卓行》
		吴起			庠生	潜心医术，遂以济人。		《商城县志·卓行》
		吴超			庠生	通医，施药活人。		《商城县志·卓行》
里居所在市、县待考者	商	伊尹	（一说名挚）			著《汤液经法》三十二卷。		《河南通志·医家类》
	陈	周弘让			太常卿	博学多通，著《玉衡隐书》七十卷。		《河南通志·医家类》
	明	万纯忠				著《本草单方》。		《河南通志·医家类》
	清	万青选				著《士材三书辨证》。		《河南通志·医家类》
		马之飞				著《脉望钞正编》。		《河南通志·医家类》
		吕法曾				著《力园谈医》一卷。		《河南通志·医家类》

续表

籍贯	朝代	姓名	字、号	生活年代	职官	主要专长、贡献及著作	其他	资料来源
里居所在市、县待考者	清	高建章				著《伤寒辨鮭》《金匮要略注匡谬》。		《河南通志·医家类》
		原随凤				著《医杂说》。		《河南通志·医家类》
		郭建庚				著《急救方》。		《河南通志·医家类》

参考目录

中医大辞典（医史文献分册）…………………………………… 编辑委员会编
中国人名大辞典……………………………………………………… 臧励和等编
中国古今地名大辞典………………………………………………… 臧励和等编
中国分省医籍考……………………………………………………… 郭霭春主编
四库全书总目……………………………………………………………… 纪昀著
中国医籍提要………………………………………………………… 王道瑞主编
辞海……………………………………………………………………… 编辑委员会编
辞源……………………………………………………………………… 商务印书馆
简明历史辞典………………………………………………………… 阙勋吾主编
中国医学史略……………………………………………………………… 贾得道
中医各家学说………………………………………………………… 任应秋主编
中国医学史…………………………………………………………… 甄志亚主编
中国历代名医传…………………………………………………………… 陈梦赉
中国医籍考…………………………………………………………… 日·丹波元胤编
中医内科学……………………………………………………… 上海中医学院主编
中医妇科学……………………………………………………… 湖北中医学院主编
中华医史杂志……………………………………………………… 编辑委员会编
河南中医…………………………………………………………… 编辑委员会编
中医眼科杂志……………………………………………………… 编辑委员会编
二十六史医家传记新注…………………………………………………… 杨士孝注
古今图书集成医部全录……………………………………………… 陈梦雷等编
备急千金要方……………………………………………………………… 孙思邈
诸病源候论………………………………………………………………… 巢元方等
名医治学录………………………………………………………………… 曾时新等
黄帝内经素问译释………………………………………………… 南京中医学院编
中国针灸史…………………………………………………………… 郭世余编著
河南通志…………………………………………………………………… 田文镜等

续河南通志……阿思哈等

河南通志……河南通志馆

河南通志稿……河南通志馆

郑州直隶州志……张钺等

郑县志……周秉彝等

荥阳县志……李煦等

续荥阳县志……张向农等

荥泽县志……崔淇等

汜水县志……田金祺等

河阴县志……申奇彩等

开封府志……管竭忠等

祥符县志……沈传义等

开封县志草略……陶钟翰

陈留县志……武从超等

杞县志……周玑等

通许县志……阮龙光等

通许县新志……张士杰等

尉氏县志……刘厚滋等

洧川县志……何文明等

中牟县志……肖德馨等

密县志……汪忠等

密县志……景纶等

新郑县志……黄木诚等

登封县志……陆继萼等

巩县志……王国璋等

兰阳县续志……涂光范等

仪封县志……纪黄中等

彰德府志……崔铣

考城县志……赵华亭等

新德府志……卢松等

安阳县志……………………………………………………………… 贵泰等
续安阳县志……………………………………………………………… 方策等
汤阴县志……………………………………………………………… 杨世达
林县志……………………………………………………………… 王怀斌等
内黄县志……………………………………………………………… 董庆等
淇县志……………………………………………………………… 王谦吉等
续浚县志……………………………………………………………… 黄璟等
重修滑县志……………………………………………………………… 马子宽等
长垣县志……………………………………………………………… 宋静溪
卫辉府志……………………………………………………………… 德昌等
新修怀庆府志……………………………………………………………… 唐侍陛等
汲县今志……………………………………………………………… 魏青铓
新乡县志……………………………………………………………… 赵开之等
获嘉县志……………………………………………………………… 邹古愚等
河内县志……………………………………………………………… 袁通等
续济源县志……………………………………………………………… 何荇芳等
修武县志……………………………………………………………… 肖国桢等
续武陟县志……………………………………………………………… 史延寿等
孟县志……………………………………………………………… 阮藩侪等
温县志……………………………………………………………… 王其华等
原武县志……………………………………………………………… 吴文炘等
阳武县志……………………………………………………………… 窦经魁等
辉县志……………………………………………………………… 周际华等
延津县志……………………………………………………………… 余心孺
胙城县志……………………………………………………………… 刘纯德等
封丘县志……………………………………………………………… 孟镠等
河南府志……………………………………………………………… 施诚等
洛阳县志……………………………………………………………… 魏襄等
偃师县风土志略……………………………………………………………… 乔荣筠
偃师县志……………………………………………………………… 汤毓倬等

宜阳县志…………………………………………………………张源等
新安县志…………………………………………………………李庚白等
孟津县志…………………………………………………………孟常裕等
汝州志……………………………………………………………王雄等
陕县志……………………………………………………………欧阳珍等
陕州直隶州志……………………………………………………赵希曾等
灵宝县志…………………………………………………………张椿荣等
阌乡县志…………………………………………………………刘恩恕等
阌乡县志…………………………………………………………黄觉等
重修卢氏县等……………………………………………………郭光澍等
洛宁县志…………………………………………………………贾毓鹗等
重修渑池县志……………………………………………………陆治等
嵩县志……………………………………………………………龚文明等
许州志……………………………………………………………张良知等
许州志……………………………………………………………肖元吉等
许州县志…………………………………………………………王文秀等
重修临颍县志……………………………………………………陈垣等
郾城县志…………………………………………………………陈台等
重修长葛县志……………………………………………………陈鸿畴等
鲁山县志…………………………………………………………董作栋等
续郏县志…………………………………………………………张熙端等
郏县乡土志………………………………………………………清末修抄本
宝丰县志…………………………………………………………李仿梧等
鄢陵县志…………………………………………………………靳蓉镜等
钧州志……………………………………………………………谢濂
禹州志……………………………………………………………朱炜等
舞阳县志…………………………………………………………王德英
叶县志……………………………………………………………欧阳霖等
汝宁府志…………………………………………………………德昌等
汝阳县志…………………………………………………………邱天英等

汝南志……………………………………………………………………… 黄似华等

正阳县志…………………………………………………………………… 刘月泉等

重修上蔡县志………………………………………………………………… 翟受之

新蔡县志…………………………………………………………………… 莫玺章等

西平县志…………………………………………………………………… 李毓藻等

遂平县志…………………………………………………………………… 金忠济等

确山县志……………………………………………………………………… 张缙璜

泌阳县志…………………………………………………………………… 倪明进等

陈州府志…………………………………………………………………… 崔应阶等

汦宁县志…………………………………………………………………… 永铭修等

汦阳县志…………………………………………………………………… 郑康侯等

商水县志…………………………………………………………………… 徐家璘等

西华县志…………………………………………………………………… 凌甲烺等

项城县志…………………………………………………………………… 张镇芳等

沈丘县志……………………………………………………………………… 何源等

太康县志…………………………………………………………………… 郭成章等

扶沟县志……………………………………………………………………… 熊灿等

鹿邑县志…………………………………………………………………… 于沧澜等

归德府志…………………………………………………………………… 陈锡辂等

商丘县志…………………………………………………………………… 刘德昌等

民权县志…………………………………………………………………… 康成修等

宁陵县志…………………………………………………………………… 孟广赀等

夏邑县志…………………………………………………………………… 韩世勋等

永城县志……………………………………………………………………… 岳楷等

虞城县志……………………………………………………………………… 李淇等

续修睢州志…………………………………………………………………… 王枚等

柘城县志……………………………………………………………………… 李藩等

信州志………………………………………………………………………… 张钺等

信阳县志…………………………………………………………………… 方延汉等

罗山县志……………………………………………………………………… 葛荃等

光州直隶州志……………………………………………… 杨修田等
光山县志约稿……………………………………………… 许希之等
重修固始县志………………………………………………… 谢聘等
固始县志……………………………………………………… 张梯等
息县志……………………………………………………… 刘光辉等
续修息县志………………………………………………… 赵辉棣等
商城县志…………………………………………………… 武开吉等
南阳府志……………………………………………………… 孔传金
南阳县志…………………………………………………… 藩守廉等
南召县志…………………………………………………… 陈之熉等
唐县志……………………………………………………… 黄文莲等
桐柏县志…………………………………………………… 巩敬绪等
镇平县志……………………………………………………… 吴元等
邓州志……………………………………………………… 蒋光祖等
淅川厅志……………………………………………………… 徐光第
新野县志……………………………………………………… 徐金位
内乡县志…………………………………………………… 滕云龙等
裕州志……………………………………………………… 董学礼等
方城县志…………………………………………………… 杜绪赞等
河阴县志…………………………………………………… 高延章等
开州志……………………………………………………… 陈兆麟等
禹县志………………………………………………………… 车云等